astrojildo pereira

crítica impura

astrojildo pereira

crítica impura

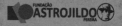

© desta edição, Boitempo e Fundação Astrojildo Pereira, 2022

Conselho editorial da coleção Astrojildo Pereira
Fernando Garcia de Faria, Ivana Jinkings, Luccas Eduardo Maldonado, Martin Cezar Feijó

Fundação Astrojildo Pereira

Conselho Curador
Presidente: Luciano Santos Rezende
Diretoria Executiva
Diretor-geral: Caetano Ernesto Pereira de Araújo
Diretor financeiro: Raimundo Benoni Franco

Fundação Astrojildo Pereira
SEPN 509, bloco D, Lojas 27/28, Edifício Isis
70750-504 Brasília DF
Tel.: (61) 3011-9300
fundacaoastrojildo.org.br
contato@fundacaoastrojildo.org.br
facebook.com/FundacaoAstrojildoFap
twitter.com/FAPAstrojildo
youtube.com/FundacaoAstrojildoPereira
instagram.com/fundacaoastrojildo

Boitempo

Direção-geral: Ivana Jinkings
Edição: Tiago Ferro
Coordenação de produção: Livia Campos
Assistência editorial: Luccas Maldonado, Fernando Garcia, Frank de Oliveira e Pedro Davoglio
Preparação de texto: Clarisse Cintra
Revisão: Carmen T. S. Costa
*Diagramação e
tratamento de imagens:* Mika Matsuzake
Capa: Maikon Nery
Equipe de apoio: Camila Nakazone, Elaine Ramos, Erica Imolene, Frederico Indiani, Higor Alves, Isabella Meucci, Ivam Oliveira, João Cândido Maia, Kim Doria, Lígia Colares, Luciana Capelli, Marcos Duarte, Marina Valeriano, Marissol Robles, Maurício Barbosa, Raí Alves, Thais Rimkus, Tulio Candiotto, Uva Costriuba

Jinkings Editores Associados Ltda.
Rua Pereira Leite, 373
05442-000 São Paulo SP
Tel.: (11) 3875-7250 / 3875-7285
editor@boitempoeditorial.com.br
boitempoeditorial.com.br | blogdaboitempo.com.br
facebook.com/boitempo | twitter.com/editoraboitempo
youtube.com/tvboitempo | instagram.com/boitempo

CIP-BRASIL. CATALOGAÇÃO NA PUBLICAÇÃO
SINDICATO NACIONAL DOS EDITORES DE LIVROS, RJ

P489c

Pereira, Astrojildo, 1890-1965
Crítica impura : (autores e problemas) / Astrojildo Pereira. - [2. ed.]. - São Paulo : Boitempo ; Brasília : Fundação Astrojildo Pereira, 2022.

ISBN 978-65-5717-150-9

1. Literatura e política. 2. Comunismo. 3. Literatura e sociedade. 4. Literatura brasileira - História e crítica. I. Fundação Astrojildo Pereira. II. Título.

22-76841
CDD: 869.09
CDU: 821.134.3(81).09

Meri Gleice Rodrigues de Souza - Bibliotecária - CRB-7/6439

É vedada a reprodução de qualquer
parte deste livro sem a expressa autorização das editoras.
1ª edição: março de 2022

A meu amigo argentino
Norberto A. Frontini

A meu amigo tcheco
Zdenek Hampejs

A meu amigo brasileiro
Nelson Werneck Sodré

Se a crítica científica considera a história da arte como o resultado do desenvolvimento social, ela própria é um produto desse desenvolvimento. Se a história e a atual situação de uma dada classe social nela fazem nascer necessariamente certos gostos estéticos e certas opiniões preconcebidas e não outros, também os críticos científicos podem ter seus gostos e determinadas ideias preconcebidas, porque esses críticos não caem do céu, e também são criados pela história.

Plekhánov

Trecho de manuscrito de Astrojildo, em que menciona o livro *O fim da criação*, de Araújo Ribeiro, publicado em 1875. Arquivo Asmob/AIP/CEDEM.

SUMÁRIO

Nota da edição 13
Astrojildo Pereira, literatura e militância, *por Joselia Aguiar* 15

Prefácio 27

ENSAIOS E NOTAS DE LEITURA

O cronista Eça de Queiroz 31
Posições políticas de Lima Barreto 49
A vida e a morte no romance de José Lins do Rego 71
A tragédia de Sacco e Vanzetti 75
A Semana Santa 79
Testamento sob a forca 95
José Veríssimo sem ilusão americana 99
Uma biografia de Monteiro Lobato 107
Um discurso na Academia e uma batalha em Lisboa 119
O brasileiro Paulo Rónai 135
Panfletários do Segundo Reinado 141
O padre Carapuceiro 147
Memórias, etc. 153
Memórias da cidade 157
No termo de Cuiabá 171
Mutirão 175
Brasil século XX 181
A miséria é nossa 185
Grande experiência 189
Um panfletário no Senado 193
Furacão sobre Cuba 199
O movimento sindical no Brasil 205

TESTEMUNHOS SOBRE A NOVA CHINA

Lo que sabemos hablamos... 213
A China de hoje 221
China sem muralhas 235
Viagens ao planeta China 241
A nova China 251
Flor de loto 259

CULTURA E SOCIEDADE

Definidor que se define 263
Poesia e sociedade 267
Bicentenário da Enciclopédia Francesa 273
Ciência e sociedade 277
Crise do espírito? 283
Cultura, classe, política 291
Lição de Lima Barreto 301
Partido e liberdade de criação 305
Os intelectuais e o abolicionismo 311
A Revolução Russa e os escritores brasileiros 325
Saudação a Aníbal Machado 331
Congressos de escritores 339
Ao lado do povo 353
Os escritores e o petróleo 357
A juventude e o marxismo 361
Imprensa e sociedade 365
Educação e sociedade 369
Lazer operário 373
Três notas sobre o *Manifesto Comunista* 377
O capital: notícia de aniversário 387
O caso Pasternak 393

APÊNDICE

Astrojildo Pereira (1890-1965), *por Leandro Konder* 405

Sobre o autor 413

NOTA DA EDIÇÃO

No ano do centenário de fundação do Partido Comunista Brasileiro (PCB) a Boitempo e a Fundação Astrojildo Pereira relançam um autor fundamental de nossa cultura: Astrojildo Pereira (1890-1965). Militante comunista e crítico literário, Astrojildo publicou em vida cinco livros – alguns esgotados há décadas – que voltam agora à circulação, em novas edições: *Crítica Impura*; *Formação do PCB*; *Interpretações*; *Machado de Assis*; e *URSS Itália Brasil*.

A obra que o leitor tem em mãos, *Crítica impura*, foi o último livro publicado por Astrojildo. O trabalho apareceu em 1963 pela Civilização Brasileira dentro da coleção Vera Cruz, selo focado em literatura e estudos literários, e reunia em sua maior parte textos publicados em jornais e revistas. O desenho de capa da única edição publicada foi assinado pelo artista plástico Eugênio Hirsch, diretor de arte da Civilização Brasileira.

Esta segunda edição de *Crítica impura* preserva a integridade da obra lançada em 1963, realizando apenas uma atualização gramatical e uma padronização editorial, incorporando novos textos que enriquecem a experiência de leitura: o prefácio assinado pela escritora Joselia Aguiar e o texto de orelha do jornalista Paulo Roberto Pires. Inclui-se ainda como anexo um ensaio de Leandro Konder (1936-2014) sobre a vida e a obra de Astrojildo Pereira. Esse escrito, intitulado "Astrojildo Pereira (1890-1965)", apareceu originalmente no livro *Intelectuais brasileiros & marxismo*, lançado pela Oficina de Livros em 1991.

Na Associação Brasileira de Escritores (ABDE), década de 1940. A mesa é presidida por Manuel Bandeira, ao centro. Nas laterais estão Carlos Drummond de Andrade (primeiro à esquerda) e Astrojildo Pereira (o terceiro da direita para a esquerda). De pé, Dalcídio Jurandir (o sexto da direita para a esquerda), Samuel Wainer (penúltimo à direita) e Moacir Werneck de Castro (último à direita). Acervo Luis Avelima.

ASTROJILDO PEREIRA, LITERATURA E MILITÂNCIA

Em 1962, Astrojildo Pereira completava meio século de literatura e recebia, no Rio, no mês de maio, um jantar em sua homenagem capitaneado por medalhões das letras nacionais. "Novos e velhos amigos" reuniam-se para saudar "um dos nomes mais respeitados da crítica brasileira", como registrou o jornal *Última Hora*, assegurando uma conta de três centenas de convidados. O ecletismo dos que figuravam como patrocinadores do evento dá a medida do seu prestígio. O rol incluía, por exemplo, Álvaro Lins, apelidado de "imperador da crítica brasileira". O filólogo Aurélio Buarque de Holanda. O romancista Jorge Amado. O poeta Vinicius de Moraes. De outros campos da arte e cultura, o arquiteto Oscar Niemeyer, os pintores Di Cavalcanti e Djanira, o crítico de cinema Alex Viany. O editor Ênio Silveira, também na lista, fez o discurso.

Astrojildo teve atuação decisiva no primeiro meio século de construção da esquerda brasileira, assumindo papéis de formulador, articulador e, muitas vezes, ocupante de cargos diretivos. No entanto, naqueles dias de homenagem era chamado tão somente de escritor. Seu vínculo com a literatura remontava à infância e não se distanciara dos livros mesmo após ter abandonado a escola ainda na terceira série ginasial. Como parte de sua mitologia pessoal, conta-se sobre sua visita, ainda muito moço, ao escritor Machado de Assis quando estava prestes a morrer — anos mais tarde seria um dos seus objetos caros de leitura e interpretação. O envolvimento nas lutas políticas não o impedia de escrever seus próprios livros, tampouco de dedicar-se a pensar a respeito de outros escritores e obras. Ao morrer, em 1965, deixava cinco títulos publicados, uma infinidade de artigos e resenhas distribuídos por jornais, revistas e suplementos.

Curioso é que, se gozava de reconhecimento junto à classe literária naqueles dias, Astrojildo não tenha hoje repercussão entre quem se interessa por literatura no Brasil. O mais comum é que seu nome seja ignorado fora da seara política. A reedição desta *Crítica impura* é oportuna por trazer de volta a faceta pouco conhecida de crítico. Oportuna também porque chega novamente às livrarias, quando a cena cultural brasileira fervilha outra vez às voltas com a discussão — tão presente agora quanto naquela época — em torno do diálogo entre a literatura e as questões sociais e políticas de seu tempo.

O correr das páginas desta *Crítica impura* nos mostra que Astrojildo era um homem duplamente de partido. A militância, ele a exercia tanto como participante de uma estrutura político-partidária quanto como autor de artigos e resenhas. O seu interesse recaía em criadores que, como ele, também se posicionavam, e se posicionavam à esquerda. A neutralidade artística não lhe parecia possível. No seu entender, diferentemente do que alguns teóricos apregoavam, uma literatura "pura" não existia, tampouco poderia haver uma "crítica pura". Recorde-se que *Crítica pura* foi a obra publicada em 1938 por Henrique Abílio, um dos participantes do Grupo Festa, nascido em torno da revista de mesmo nome e constituído por poetas modernistas de linha espiritualista e católica — tendo a poeta Cecília Meireles como a integrante de maior destaque. Como conta Astrojildo, era esperado que alguém publicasse resposta a Abílio. Na falta de tal iniciativa, ele mesmo a engendrou, só que de outro jeito. Se a obra de Abílio propunha um debate teórico, Astrojildo respondia à sua maneira, mais de duas décadas depois, com o resultado de sua prática constante da "crítica impura". Como diz no prefácio da primeira edição, em 1963, os praticantes da "crítica impura" não acreditam numa "arte pela arte", à margem das lutas ideológicas e políticas. Aqueles que não se posicionam também têm posição.

A literatura que Astrojildo viu acontecer em meio século de vida literária, matéria-prima para seus artigos e resenhas, abarca, como se sabe,

Machado de Assis, e não somente. Outro autor negro da virada do século XIX para o XX, Lima Barreto mereceu seu entusiasmo e validação mesmo antes de seu nome ter sido mais largamente aclamado. No mesmo ano de 1922, quando Astrojildo ajudava a fundar o Partido Comunista do Brasil, aconteceu em São Paulo a Semana de Arte Moderna. Mais que os modernistas, vão despertar seu interesse os autores nordestinos que aparecem na década seguinte, quando começa a se constituir de fato uma indústria do livro no país. Uma história aliás marcada por disputas ideológicas, contexto para toda a discussão sobre impurezas — vamos relembrá-la aqui.

Compreender essa peleja — e as circunstâncias do livro de Abílio sobre "crítica pura" — nos leva a retomar a trajetória de um dos pioneiros desse novo mercado editorial, o poeta Augusto Frederico Schmidt, disposto a descobrir, no começo da década de 1930, a nova geração de literatos do país amontoando inéditos em sua livraria e editora na rua do Ouvidor, o endereço badalado da vida literária do Rio de Janeiro. A cada estreante que aspirava publicação, um padrinho lhe trazia manuscritos, frequentadores da roda literária que se formara ali e ficara conhecida como Círculo Católico, porque chamava-se Livraria Católica quando fundada por Jackson de Figueiredo, que fora o mais importante líder católico do país até sua morte, em 1928. O movimento católico vinha se fortalecendo desde a instauração da República, numa reação ao positivismo que desvinculara Estado e religião. Schmidt, ao assumir o negócio, preferiu abrir seu leque de atuação e logo tratou de adequar o nome de seu estabelecimento. Passou a Livraria e Editora Schmidt.

Schmidt não deixou de investir em autores católicos e de posicionamento abertamente à direita, como Octavio de Faria. Mas abria também as portas para outros perfis, como Jorge Amado, que estreou por suas mãos num momento em que ainda não havia abraçado a esquerda. O negócio editorial era de risco, como contou Schmidt a *O Jornal* sobre a precariedade das vendas naqueles dias: "Um grande romance, como ainda não existe no país, não teria 5 mil leitores". Adiante explicou: "Obra séria que não seja romance" encontrava apenas "uns mil interessados". O censo no país ampliava o sentido de suas palavras: o índice de analfabetismo beirava os 80%. Antes de 1930, o comum eram as edições de mil exemplares pagas pelo próprio autor e que demoravam a sair das prateleiras — era o caso dos títulos modernistas. Ao mesmo tempo, a depressão mundial favorecia iniciativas editoriais locais. Com a desvalorização da moeda brasileira, os livros importados ficavam proibitivos, o que acabava pressionando o aumento da produção nacional e a tradução de livros.

A fala de Schmidt não esclarecia o que de fato vendia no país, provavelmente aquilo que não considerava "obra séria", porém bastante popular: os folhetins românticos para moças e as edições licenciosas para homens. Existiam, claro, exceções: Monteiro Lobato, autor que, entre 1918 e 1923, vendeu 30 mil exemplares de seu livro de estreia, *Urupês*, com personagens e histórias do interior paulista em um estilo coloquial. Nota-se, portanto, que para além da literatura mais cultivada havia espaço para edições populares.

O maior editor daquela geração iniciou seu negócio pouco depois de Schmidt, para desbancar a todos. Chegando de São Paulo, José Olympio fundou a sua livraria e editora em 1934, ocupando também a rua do Ouvidor. Em pouco tempo seria identificado com a onda nordestina, em grande parte levada adiante por autores de esquerda. Olympio fez uma investida arrojada para inaugurar sua linha editorial, apostando no fiscal de rendas paraibano José Lins do Rego, que estreara dois anos antes, aos 31, com *Menino de engenho*, um relato sobre a infância num engenho de açúcar, em edição paga do próprio bolso porque nenhuma editora se interessara. Olympio telegrafou ao autor: queria fazer uma segunda edição de *Menino de engenho*, de 3 mil exemplares, e uma de 5 mil do inédito *Banguê*. Conta-se que, na agência de telégrafo, num impulso, aumentou a cifra, para 5 mil e 10 mil, nove contos de réis no ato, proposta inédita em valor, tiragem e modo de pagamento. O destinatário não titubeou.

A presença de José Lins do Rego para autografar os dois livros era evento inédito no mercado brasileiro em junho de 1934, na abertura da Livraria José Olympio. O ritmo de lançamentos se manteve: o jovem editor colocou nas livrarias mais duas obras do paraibano, em julho de 1935, *O moleque Ricardo*, com 3 mil exemplares, e *Doidinho*, com 4 mil. Olympio combinou seu tino comercial à fornada industriosa de autores que, vindos do Nordeste para o Rio, ofereciam uma nova proposta literária, contribuindo para impulsionar essa nova indústria do livro com apelo popular; era o romance social brasileiro que trazia à tona a questão agrária, a seca, a permanência de estruturas forjadas ainda na escravidão.

Sobre o sucesso do romance nordestino, o modernista Oswald de Andrade comentaria com o humor de sempre: "Os búfalos do Nordeste, em furiosa arremetida, tomaram todo o campo". A fornada de autores novos que faziam o "romance do norte", como se dizia naquele tempo, encontrava resistência dos que contestavam seu posicionamento de esquerda e defendiam o que, em sua busca do universal, se revelava apenas como católico ou de fundo psicológico, o que não necessariamente lhes garantia literatura superior. Para dar nomes: a peleja, de um lado, reunia Octavio de Faria e um dos seus interlocutores mais constante, Lúcio Cardoso. De outro, os nordestinos que já se haviam aproximado do comunismo, como Graciliano Ramos e Jorge Amado. O apreço literário baseado em diferença geográfica virou chacota para Graciliano numa crônica de época: "Essa distinção que alguns cavalheiros procuraram estabelecer entre o romance do norte e o romance do sul dá ao leitor a impressão de que os escritores brasileiros formam dois grupos, como as pastorinhas do Natal, que dançam e cantam filiadas ao cordão azul ou ao cordão vermelho". Em defesa do tipo de livro que fazia, Graciliano explicou, numa crítica em nada velada ao dito romance psicológico: "O que há é que algumas pessoas gostam de escrever sobre coisas que existem na realidade, outras preferem tratar de fatos existentes na imaginação", fazendo "um espiritismo literário excelente como tapeação". Continuava: "Os inimigos da vida torcem o nariz e fecham os olhos diante da narrativa crua, da expressão áspera. Querem que se fabrique nos romances um mundo diferente deste, uma confusa humanidade só de almas, cheias de sofrimentos atrapalhados que o leitor comum não entende. Põem essas almas longe da terra, soltas no espaço".

Esse, o contexto para o livro *Crítica pura* de Abílio. Pelas palavras de Graciliano, compreende-se também o que essa geração de escritores de esquerda, Astrojildo incluído, entendia por "literatura impura".

Tal briga literária nas páginas de jornais e suplementos pode ser vista, hoje, como quase pueril, quando recordamos o mergulho do país no autoritarismo após o golpe do Estado Novo, que levaria muitos autores brasileiros à prisão. Graciliano seria um caso extremo de intelectual no cárcere. À época diretor da Instrução Pública de Alagoas, com iniciativas extravagantes como distribuir tecido e livro para alunos pobres e suspender o hino nas escolas, começou a receber "misteriosos telefonemas, com veladas ameaças" até o dia em que foi dispensado do cargo sem justificativa. Um tenente o procurou em casa à noite para levá-lo até a cadeia em Maceió. Foi embarcado num navio com outros presos recolhidos em capitais nordestinas. No Rio, chegou em março para somar-se a uma leva significativa de outros artistas e intelectuais que ocupavam celas na Casa de Detenção, na rua Frei Caneca. Graciliano chegou a ser transferido para a Colônia Correcional Dois Rios, na Ilha Grande, abrigo de presos comuns, lugar temido pelo histórico de maus-tratos. No fim da vida, Astrojildo passaria por uma situação de prisão igualmente insólita, trataremos disso adiante.

O Estado Novo incorporou artistas e intelectuais a sua máquina, e a liberdade vigiada seria vivida com resiliência. Entre a coerção e a cooptação, constrangiam-se todos, e mesmo os divergentes foram sendo integrados ao Ministério da Educação e Saúde e ao Departamento de Imprensa e Propaganda (DIP), a máquina de controle da informação e divulgação oficial que operava para difundir a ideologia do Estado Novo. No mesmo saco de gatos estariam juntos tanto os do "norte" quanto os do "sul", os "sociais" e os "psicológicos". A sedução dos literatos, mesmo os de esquerda, se fez de variadas formas: não só lhes oferecendo emprego, mas também por encomendas para revistas oficiais e oficiosas e pela promoção de conferências. Em pouco tempo o regime estava representado na Academia Brasileira de Letras. Em 1941, Getúlio Vargas, depois de publicar pela editora José Olympio volumes de seus discursos em tiragens recorde de 50 mil exemplares, que abasteceram bibliotecas e instituições de ensino públicas de todo o país — a injeção financeira garantiria a sobrevivência da casa editorial —, conseguiu uma cadeira na instituição que consagrava escritores. Talvez o caso mais rápido de estreante que se tornava imortal.

Os escritores enfrentavam outra luta nos bastidores: a da profissionalização do ofício. A esse respeito, merece registro o I Congresso Brasileiro de Escritores, de que Astrojildo tomou parte em papel destacado. Ocorrido em janeiro de 1945, no Theatro Municipal de São Paulo, pretendia debater direitos autorais e mercado do livro. Mas a "mobilização da inteligência", como definiu o evento naqueles dias um jovem sociólogo, Florestan Fernandes, na *Folha da Manhã*, tentava golpear o Estado Novo sob a aparência de convescote despretensioso. Não à toa, deixaram de comparecer os principais defensores do regime. Contavam-se 282 participantes, entre escritores, jornalistas e críticos, em delegações escolhidas por votação em seus estados. Os comunistas se concentraram na comissão de assuntos políticos. Dela saiu a declaração de princípios, que reclamou liberdade de expressão e eleições diretas. Seria escutada de pé pelos presentes, por sugestão de Astrojildo. Obviamente, sua publicação pela imprensa não foi permitida. De todo modo, Vargas deixaria o poder naquele 1945, para candidatar-se ao Senado nas eleições diretas e conseguir vaga no Congresso. Legalizado após a reabertura, o Partido Comunista iria eleger pela primeira vez uma bancada, para dois anos depois sofrer cassação.

O período acima, entre meados da década de 1930 e a de 1950, é o de publicação dos artigos e resenhas que compõem esta *Crítica impura*. O estilo de Astrojildo dispensa jargões e esbanja clareza, de modo que qualquer leitor, mesmo o não afeito à crítica literária, pode compreendê-lo. A estratégia de seu trabalho como crítico literário combina leitura atenta e interpretação cuidadosa, quase sempre perpassando toda a obra do autor em análise, acrescida da recolha de dados biográficos e de contexto.

Astrojildo se propõe a colocar em primeiro plano aspectos pouco exaltados nos autores. Como quando escreve sobre o romancista português

Eça de Queiroz, atento, porém, a sua atuação como cronista. Em muitas ocasiões, destaca escritores que saíram do radar contemporâneo por serem considerados de menor relevância, como Luiz Edmundo, Manuel Cavalcanti Proença e Vivaldo Coaracy — é a oportunidade de rever suas contribuições. Em muitas vezes, elabora textos mais panorâmicos, relacionando os escritores a grandes questões, como o abolicionismo, a Revolução Russa, o petróleo. Uma parte significativa do volume é dedicada a refletir sobre a China.

Escrever sobre autores e livros progressistas é a regra, porém o seu olhar vai além da relação deles com os problemas do mundo. Ou seja, a dimensão existencial de personagens e enredos, e mesmo as questões relativas ao fazer literário fazem parte de sua preocupação. Encontramos, por exemplo, um texto alentado sobre José Lins do Rego, em quem vê não apenas a abordagem social em torno da decadência da produção do açúcar, mas também a consciência da finitude: "A Morte surge a cada passo como personagem indefectível, de todos o mais perseverante, e a cujo influxo exterminador vão baqueando, numerosamente, muitos dos demais personagens que povoam o longo memorial do escritor nordestino". Mais adiante: "Muito se morre, com efeito, no decorrer dos cinco volumes do ciclo — extraordinária narrativa que fixa admiravelmente um dos mais dramáticos momentos de transição na história do desenvolvimento do Nordeste brasileiro. E muito se morre porque na verdade muito se vive; porque José Lins do Rego, com estes romances, traçou precisamente uma história viva, baseada não em documentos inanimados de arquivos, mas sim em documentos de carne e osso, vivos e vividos".

Outro procedimento recorrente de Astrojildo é o de selecionar livros de autores da esquerda internacional para comentá-los, dando ao leitor a possibilidade de conhecer nomes ausentes na imprensa brasileira da época. Não poucas vezes reclama que quando aparece romance de "alto teor literário", porém de escritor comunista, "os editores se encolhem, e os cronistas e colunistas nem sequer tomam conhecimento da obra". Um desses casos é o do francês Louis Aragon, com seu romance *A semana santa*, uma ficção a partir de episódio histórico de retorno de Napoleão a Paris e a fuga de Luís XVIII em 1815. Astrojildo repara na "extraordinária densidade da atmosfera", no modo como "se movimenta a massa compacta de seus personagens", nos muitos cortes e construção de plasticidade. Comenta: "A narrativa, em consonância aliás com o próprio desenrolar dos tumultuários acontecimentos narrados, não segue nenhuma linha plana, regular, medida, e que certamente resultaria monótona; pelo contrário, todo o seu desenvolvimento é entrecortado de acidentes imprevistos, inclusive algumas saborosas audácias de composição, e estas quebras por vezes violentas na estrutura da obra, se lhe conferem uma feição de aparente 'desordem', nos deixam, por outro lado, uma impressão de extraordinária força artística, e isto é o que me parece mais importante".

Do mesmo modo, dedica-se ao romance histórico *A tragédia de Sacco e Vanzetti*, do americano Howard Fast, baseado no episódio real da prisão injusta e subsequente execução dos anarquistas italianos Ferdinando "Nicola" Sacco e Bartolomeu Vanzetti nos Estados Unidos. Tendo motivações políticas para transformar a obra em objeto de resenha, Astrojildo observa os seus muitos elementos literários, desde a caracterização de personagens, a estrutura dos capítulos, a técnica narrativa empregada. Busca realçar, afinal, o valor artístico do que lê e elogia. Como diz sobre a obra de Fast: "O livro reflete e traduz os momentos mais significativos do processo, desenvolvendo-se a narrativa segundo um plano de composição claro, lógico, equilibrado, a que não falta certo sopro generoso de humana poesia, e tudo, obviamente, sob a pressão de uma carga emocional de extraordinária dramaticidade".

Astrojildo não se furta a fazer comentários sobre questões geopolíticas relacionadas às obras abordadas. Ainda tratando do mesmo livro de Fast, denuncia a certa altura o "imperialismo americano" — expressão anticapitalista em voga e preferida naqueles dias, mas aproveita para dizer que o problema dos Estados Unidos não é sua população, e sim o que considera "a tirania" de seu regime: "O povo americano — operários, homens e mulheres progressistas, intelectuais honestos — tem protestado sempre, na primeira linha, contra os tiranos e seus vis servidores. Nem nos esqueçamos que do seio do povo americano é que saíram os Albert Parsons, os negros de Scottborough, os Sacco e Vanzetti, os Rosenberg, centenas e milhares de outros. O povo americano fala pela voz poderosa e livre dos seus escritores progressistas". No rol de escritores progressistas, refere-se obviamente a Fast.

No combate aos Estados Unidos, podemos lembrar de outra resenha, dedicada ao livro de Sartre sobre Cuba, *Furacão sobre Cuba*, em que diz de modo mais explícito: "O grande problema político da atualidade brasileira — como igualmente de toda a América Latina — é o da luta pela libertação nacional, o da guerra de morte ao domínio do imperialismo norte-americano. As características da nossa situação atual, diferentes das características da situação cubana antes da revolução, estão a indicar-nos que outros são os métodos que podemos aplicar na luta contra o inimigo comum dos povos latino-americanos; mas o objetivo fundamental desta luta é o mesmo para nós e para toda a América Latina: a descolonização geral do centro e sul do Continente".

No combate literário, Astrojildo não se acanha de reclamar abertamente de autores cujas posições discorda. Vai se posicionar contra Fernando Sabino e Rubem Braga, justamente os editores do livro de Sartre, *Furacão sobre Cuba*. Em seu entender, são "cronistas encharcados de espírito essencialmente anti-Sartre, e daí o violento contraste que sentimos, depois de ler o livro, ao ler suas reportagens ou crônicas, coladas no fim do volume sob a forma de apêndice". Como argumenta Astrojildo, "Sartre busca sobretudo compreender para transmitir ao leitor o fruto da sua compreensão; Braga e Sabino não compreendem nada, não querem compreender, e é seu propósito evidente levar o leitor a também não compreender aquilo sobre que escrevem. Sartre é um analista que desce ao âmago da revolução cubana; Braga e Sabino são dois cronistas que ficam borboleteando na superfície das coisas, tomados de horror e de incapacidade diante do que pode haver de essencial por baixo da superfície sobre a qual borboleteiam". Continua a endurecer o tom: "Sabino confessa: 'Infelizmente, não tenho tempo senão de julgar pelas aparências'. Presunção. Se tivesse tempo seria a mesma coisa, pois seus julgamentos — diríamos melhor: seus palpites — resultam sempre de uma observação superficial das aparências. Aliás, é esse propriamente o ofício dos dois cronistas: brincar de finos e brilhantes, como asas de borboleta, no comentário superficial das aparências, com isso divertindo o seu pequeno público 'bem' e bem pagante e ajudando a mistificar o grande público". A desavença, apresentada aqui, é mais do que simples treta literária; assim às claras, dá a dimensão das disputas ideológicas que nem sempre vêm à tona para o leitor.

Um militante exercendo o ofício de crítico, Astrojildo, como era de esperar, se dedica a esclarecer em mais de uma ocasião o que é o realismo socialista, descrito por ele não como um método "político", tampouco "esteticista". Resiste a formular uma definição porque "seria também esquemática", preferindo resumir o seu sentido numa comparação: "é o realismo da era do socialismo, assim como o realismo crítico foi o realismo da era do capitalismo". Argumenta que "não há e não pode haver o que chamam de 'diretivas políticas', ou seja, um código, uma regra, uma norma, para escrever romances, pintar quadros, esculpir estátuas, compor sinfonias". Adiante diz: "Diretivas desse tipo só podem produzir frutos pecos, obras frustradas. Devemos compreender, por outro lado, que uma coisa é o método do realismo socialista, quando aplicado acertadamente, sem interferir na liberdade de criação, e outra muito diferente a sua aplicação mecânica, esquemática, portanto errada. O método permanece válido; o que pode falhar, e tem falhado em muitos casos, é unicamente a sua aplicação".

Um pouco depois da homenagem pelo meio século de vida literária, Astrojildo viveu dias de escritor no cárcere em sentido tão dramático quanto Graciliano. Em 1964, o golpe civil-militar fechava o cerco aos militantes, iniciando uma série de buscas, apreensões e prisões. Em 9 de outubro, o autor desta *Crítica impura* tinha se apresentado espontaneamente para depor. Haviam lhe prometido devolver o seu arquivo literário, depois de ter a casa invadida pelas forças de repressão. Do depoimento recebeu ordem de prisão e foi conduzido para um quartel do 3º Batalhão de Polícia Militar a mando do major Kleber Bonecker. Seus advogados pediram o primeiro *habeas corpus* por falta de provas. Apesar da decisão favorável do Superior Tribunal Militar, continuou preso. O encarceramento insólito recebeu manchetes na imprensa progressista. Um segundo *habeas corpus* teve de ser pedido e concedido. Devido ao agravamento de sua condição cardíaca, o fim da temporada na prisão ocorreu num hospital militar. Apesar de incomunicável quase todo o tempo, conseguiu que uma declaração fosse publicada: "A carne é fraca mas o espírito continua forte". Quando saiu, após 84 dias, retomou o trabalho que fora interrompido: um estudo sobre Machado de Assis que havia sido encomendado pela Academia Brasileira de Letras.

Joselia Aguiar

PREFÁCIO

Certo filósofo escreveu todo um tratado sobre o "puro" e o "impuro". Numerosos teóricos de arte e literatura escreveram e continuam a escrever sobre a "arte pura" e o seu Contrário — a "arte impura". E um ensaísta brasileiro compôs um curioso livro sobre a "crítica pura". Seria de esperar que algum outro dos nossos ensaístas, possuidor de pendores teóricos, replicasse a Henrique Abílio (assim se chamava o nosso autor, prematuramente falecido) com outro livro sobre a "crítica impura". Parece que ninguém se lembrou disso; o presente volume aqui está para lembrá-lo.

Na ausência de tais pendores, tentei apenas fazer em vez de teorizar, praticando, como pude, um certo tipo de "crítica impura" — precisamente aquele tipo inspirado por uma filosofia também "impura". Não haja dúvida: tudo aqui é "impuro" — a filosofia, a crítica, a matéria criticada. Em suma, "crítica impura" significa simplesmente o contrário de "crítica pura" ou "crítica pela crítica", que vem a ser a aplicação, à crítica, da teoria idealista da "arte pura" ou "arte pela arte". Parafraseando Lunatcharski, direi ainda que a teoria da "crítica pura" ou "crítica pela crítica", que pretende colocar-se à margem das lutas ideológicas e políticas, é também uma teoria que exprime determinada posição ideológica e política. E com isto tenho dito tudo — relativamente ao título e sua intencionalidade.

Como os demais volumes do autor, compõe-se este de vários ensaios, artigos, notas de leitura, quase tudo publicado antes em revistas e jornais, em anos diferentes. Não é talvez um livro, no sentido orgânico e unitário da palavra, e não lhe ficaria mal qualificá-lo também de livro "impuro". Só o fio ideológico pode conferir-lhe uma certa unidade interna. Mas eu confesso, como simples leitor, que muito me agradam os livros ou volumes de feição assim variada, em que se recolhem escritos de circunstância, com a marca do tempo em que foram elaborados. Gosto possivelmente viciado por uma formação desordenada de autodidata. Em todo caso, posso escorar-me na opinião, creio que de Renan, que não era um autodidata e entanto se regalava com semelhantes leituras.

É claro que não alimento descabidas ilusões a respeito destas pobres páginas. Mas ainda neste ponto posso invocar outra escora ilustre — o desabusado Unamuno, para quem um livro estava justificado quando lhe sugeria algumas reflexões, ainda que contrárias ao autor. Se o autor por sua vez se contenta com isso, estamos todos de acordo e não há mais necessidade de novas declarações de modéstia.

*

Meu amigo Zdenek Hampejs, filólogo e escritor tcheco bem conhecido no Brasil, onde tem permanecido mais de uma vez em missão cultural, foi quem mais me estimulou a organizar o presente volume, dando-se mesmo ao penoso trabalho de uma primeira seleção dos ensaios e artigos aqui reunidos.

Devo manifestar-lhe de público meus agradecimentos muito cordiais. Agradeço igualmente a Almir Matos e a Rui Facó[1] a ajuda que me prestaram com os seus conselhos e sugestões sempre muito úteis.

Rio, março de 1963.
A. P.

---

[1] Um desastre de aviação, ocorrido duas semanas depois de escrito este prefácio, roubou-nos a vida de Rui Facó. É com profundo pesar que registro a tremenda ocorrência aqui, em seguida ao agradecimento que lhe devia. Não se trata apenas de um sentimento de ordem pessoal. Com a morte de Rui Facó perdemos um velho e devotado companheiro de Partido, um dos nossos melhores jornalistas, e perde o Brasil um escritor que em plena maturidade começava a realizar uma obra realmente importante de interpretação marxista de certos aspectos do nosso passado e da nossa atualidade social. É em toda a extensão da palavra uma perda irreparável.

Ensaios e notas de leitura

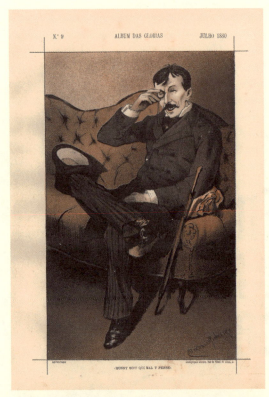

José Maria de Eça de Queiroz pelo artista plástico português Rafael Bordallo Pinheiro, para o *Álbum das Glórias*, v. 1, n. 9, jul. 1880. Na legenda lê-se, em francês, o lema "execrado seja quem nisto vê malícia".

O CRONISTA EÇA DE QUEIROZ

Os primeiros folhetins de Eça de Queiroz — sua estreia literária — apareceram na *Gazeta de Portugal*, de Lisboa, em 1866. O autor contava apenas vinte anos de idade, e os seus escritos provocaram uma espécie de perturbação geral no gosto pacato dos leitores de então: parecia-lhes tudo aquilo uma "novidade extravagante e burlesca"[1]. Não seria muito diferente a impressão do próprio folhetinista, anos mais tarde, ao lhe ser relido algum de tais folhetins: "Ao ouvir a sua obra primitiva, Eça de Queiroz soltava gargalhadas sarcásticas, gritos de indignação, contra as imagens, o assunto, o estilo: não compreendia como pudesse ter escrito assim, tão pessoalmente, tão apaixonadamente com tanto desleixo — berrava ele — na construção da frase e no emprego dos vocábulos[2]." O crítico Moniz Barreto observaria, por sua vez, que os folhetins da *Gazeta de Portugal* — "explosão de uma alma nova, ardente e que se não pode conter" — rompiam violentamente com as graves tradições da revista e da crônica[3]. O que é certo é que a sua leitura causava hilaridade nas rodas literárias, mundanas e políticas do tempo; mas hilaridade, podemos hoje compreendê-lo, de dupla origem ou significação: confessadamente "contra" o autor de tamanhas extravagâncias, e afinal de contas a seu "favor", com o tácito reconhecimento de que havia nele qualquer coisa de realmente novo e

---

[1] Jayme Batalha Reis, Introdução ao volume das *Prosas bárbaras* (Porto, Lello & Irmão, 1945), p. VII.
[2] Ibidem, p. LII.
[3] Moniz Barreto, *Ensaios de crítica* (Lisboa, Bertrand, 1944), p. 214-5.

pessoal. O novo e o pessoal que permaneceriam em toda a obra futura do escritor, depurados pela mão do artista e pelos conselhos da experiência.

Ainda a propósito da estreia literária de Eça de Queiroz, o referido Moniz Barreto lembrava como são importantes as primeiras composições de um escritor para a compreensão do que há de mais íntimo no seu espírito. É o que verificamos ao examinar o volume das *Prosas bárbaras*, no qual se reuniram os escandalosos folhetins publicados primitivamente na *Gazeta de Portugal*: em suas páginas percebemos, embora nem sempre visível a olho nu, o germe de onde viriam a brotar o romancista de *A ilustre casa de Ramires* e o cronista das *Cartas de Inglaterra*. Aliás, as *Prosas bárbaras*, como composição propriamente dita, já não são um misto de ficção e de crônica, e sabe-se que Eça e os seus amigos chamavam de "contos" aos folhetins em questão.

O escritor estreante não se julgava um cronista, nem queria que o tomassem como tal. Mas enganava-se redondamente, pois o romancista e cronista se manifestaram nele a vida inteira, como dois processos ou duas formas de expressão, diferentes, porém são inconciliáveis, daquilo que a meu ver constitui a característica essencial da sua personalidade de escritor: o satírico, isto é, o moralista. Nas *Prosas bárbaras* o romancista e o cronista aparecem por assim dizer em estado elementar, ainda em plena confusão. Já ao tempo do *Mistério da estrada de Cintra* e da sua colaboração em *As farpas*, um e outro se desdobram e se diferenciam nitidamente. Na *Correspondência de Fradique Mendes*, obra da maturidade, o romancista e o cronista voltam a aparecer fundidos num só; naturalmente, não mais em estado elementar de confusão, porém antes de fusão, se é possível dizê-lo, realizada em plano superior, de completo domínio da sua potencialidade de artista.

A colaboração em *As farpas*, durante os dezesseis primeiros meses de publicação do panfleto de Ramalho Ortigão (junho de 1871 a outubro de 1872), resultou sem dúvida em boa experiência para o cronista. Aí pôde ele exercer livremente o comentário dos acontecimentos, exercitando ao mesmo tempo os seus dons de escritor. Em carta a Ramalho muitos anos depois, dizia Eça o seguinte: "Eu tive de fazer o meu estilo à custa de esforços e de *tâtonnements*. No tempo de *As farpas* estava ainda no período bárbaro da forma"[4]. Certamente, a sua prosa em *As farpas* é ainda uma "prosa bárbara"; mas o simples cotejo dos textos mostra desde logo enormes diferenças: torna-se evidente que Eça chegava ao fim do "período bárbaro". E chegava a esse fim, iniciando, portanto, novo período na sua carreira, não só no concernente às formas de expressão como, sobretudo, no concernente à afirmação da sua personalidade, já desembaraçada de muitos dos lúgubres fantasmas que a perseguiam no tempo dos primeiros folhetins.

Ao reeditar em volume separado as suas crônicas de *As farpas*, isto em 1890, a instâncias de Ramalho, deu-lhe Eça o título de *Uma campanha alegre*, e justificava-o nestes termos: "Não há aí com efeito senão uma transbordante alegria empenhada numa campanha intrépida. Todo este livro é um riso que peleja. Que peleja por aquilo que eu supunha a Razão. Que peleja contra aquilo que eu supunha a Tolice"[5]. Um riso que peleja... Aí está definido, como num autorretrato, todo o Eça de Queiroz, romancista e cronista: o pelejador, o panfletário, o satírico — o moralista — que se bate "contra" a Tolice em "prol" da Razão. Não importa que o correr dos anos viesse a modificar os seus pontos de vista na maneira de localizar a Tolice e a Razão; o que verdadeiramente importa é verificar, no desenvolvimento da sua obra, tanto a da juventude quanto a da maturidade, e tanto na ficção quanto na crítica social, que ele, o moralista, não desertaria jamais o seu posto na eterna peleja da Razão contra a Tolice.

*

Ao alcançar os 35 anos de idade, já Eça havia escrito e publicado alguns dos seus romances, e anunciava outros em elaboração. O romancista estava feito, em plena posse dos seus recursos. Mas isso não lhe bastava; ele sentia dentro de si, como num transbordamento, a necessidade de se

---

[4] Eça de Queiroz, *Novas cartas inéditas de Eça de Queiroz* (Rio de Janeiro, Alba, 1940), p. 144.
[5] Idem, *Uma campanha alegre* (Porto, Lello & Irmão, 1927), v. I, p. X.

exprimir por algum meio estranho aos processos de criação romanesca, e esse meio seria normalmente a crônica. Assim, quando lhe falaram na possibilidade de colaboração permanente num jornal do Rio de Janeiro, logo se apressou em escrever a Ramalho Ortigão, comunicando a este último a satisfação que lhe causava semelhante ideia: "Também me alegra a ideia de uma correspondência quinzenal por exemplo, dando, numa maneira fácil e [...] alegre, o movimento científico, literário, artístico, e sobretudo social de Londres. Seria talvez depois um livro tolerável"[6]. E noutra carta ao mesmo amigo do peito, alguns meses depois: "... eu necessito fazer correspondência, por higiene intelectual. Tenho-me posto no mau hábito de ler todas as manhãs montões de jornais e esta grossa massa de política cai-me no cérebro, não é digerida, e pela sua presença impede o jogo regular das faculdades artísticas. Às vezes, a trabalhar, sinto subitamente que uma ideia não pode abrir caminho: observo-me e reconheço que é o fim de um pesado argumento sobre a utilidade das Leis Ferry que obstrui a passagem. Preciso purgar a inteligência destas fezes"[7].

Eis aí de novo o moralista, em toda a sua plenitude, não só interessado no conhecimento das coisas do tempo, mas igualmente interessado em comunicar ao público as observações e reflexões que a leitura dos jornais lhe sugeria. A pressão exercida sobre o seu temperamento pelo espetáculo da vida política e social não lhe permitia contentar-se com os métodos indiretos da ficção — amplíssimos, sem dúvida, mas por sua mesma natureza sempre indiretos; ele sentia a necessidade de se fazer ouvir mais diretamente — e mais imediatamente — por intermédio da crônica de jornal.

Nasceram assim as *Cartas de Inglaterra*, estampadas primitivamente na imprensa do Rio de Janeiro e depois reunidas em livro, que viria a ser não apenas um "livro tolerável", mas na verdade um livro excelente no seu gênero, lido ainda e sempre com agrado por novas camadas de leitores. Graça, malícia, irreverência, já não falando nos paradoxos tão a gosto da

---

[6] Idem, *Novas cartas inéditas*, cit., p. 49.
[7] Ibidem, p. 54.

época, enchem as suas páginas; mas nem tudo nelas são amenidades e delícias. Muitas vezes a frivolidade do comentário mal disfarça a crítica severa a certos aspectos menos plausíveis da sociedade inglesa; outras vezes a própria gravidade do assunto leva o autor a analisar as coisas cruamente, sem qualquer disfarce. Exemplo típico do primeiro caso é o que nos oferece a carta intitulada "O inverno em Londres": o cronista nos fala aí do momento melancólico em que o outono se esvai, afugentado pela névoa e pelos ventos frios, e isto lhe proporciona um bom pretexto para variações cintilantes e mordazes em torno de tais e tais hábitos da aristocracia, "humanidade superior" constituída pelos "dez mil de cima", possuidores de castelos, parques de três léguas, iates de luxo etc., e em cujas artérias corre o famoso sangue normando, "importado pelos brutamontes cobertos de ferro, e peludos como feras", que acompanharam Guilherme à conquista das ilhas; "humanidade superior" que vive e goza a vida por cima e em cima da "humanidade subalterna", gente de sangue vulgar, "feita de barro vilão" — trabalhadores, artífices, artistas, professores, filósofos, operários, romancistas, numa palavra, "tudo o que pensa, cria e produz". Os contrastes de classe, mais nítidos na Inglaterra de então do que em qualquer outro país da Europa, aguçavam com certeza os pendores socializantes do companheiro de Antero, mas sobretudo haviam de ferir a sua sensibilidade de artista e exacerbar de mais em mais a sua revolta de moralista.

De si próprio escreveria Eça, anos mais tarde: "... sou um simples artista, a minha crítica política é medíocre"[8]. Ele não era, efetivamente, o que a rigor se chama um escritor político; mas não podia esquivar-se ao trato direto das questões políticas e sociais: a sua formação íntima, o seu temperamento combativo, a sua veia satírica, tudo isso contribuía para o tornar um homem extremamente permeável ao influxo dos acontecimentos que agitavam a sociedade do seu tempo. É o que deduzimos da leitura das suas crônicas, na maior parte dedicadas a assuntos dessa espécie. Nas *Cartas de Inglaterra*, o cronista preocupa-se de preferência com o que de mais grave

[8] Eça de Queiroz, *Notas contemporâneas* (Porto, Lello & Irmão, 1945), p. 44.

e complicado apresentava a política inglesa: a questão da Irlanda, o bombardeio de Alexandria, as lutas no Afeganistão... Devemos reconhecer que Eça de Queiroz, mesmo com as suas insuficiências de escritor político, fornece-nos, nas crônicas relativas a estes problemas, muita informação e muitos dados ainda hoje úteis ao estudo do processo histórico que caracterizou o período de ascensão do imperialismo britânico.

À questão irlandesa consagrou o cronista duas cartas, nas quais deixou patente a complexidade do desdobramento dela em múltiplas questões agrária, religiosa, policial, judicial, municipal etc. Explicava, porém, que a questão agrária era essencial, encontrando-se na base de todas as outras, e mostrava que ela se resumia no fato de 4 milhões de camponeses serem explorados até aos ossos por 1 milhar de ricos proprietários ingleses. A propósito da morte de *Lord* Beaconsfield, ocorrida em 1881, escreveu Eça algumas das melhores páginas do livro. Estudo traçado "ao correr da pena" e "feito só de impressões", mas talvez por isso mesmo impregnado de uma emoção imediata, e assim transmitindo-nos um perfil ainda quente e vivo do tão discutido Disraeli. Neste, como em nenhum outro, o escritor e o político fundiam-se numa só personalidade, e daí concluía Eça, meio maliciosamente, ser muito difícil "separar dele o político do romancista: sempre fez política nas obras de arte, que se tornavam assim ressoantes manifestos das suas ideias de estadista — e fez romance no governo, que parecia muitas vezes um cenário de drama, sobre o qual ele estava de pena na mão, combinando os lances de efeito"[9]. Mas a imensa popularidade conquistada por Disraeli provinha muito mais da sua ação política do que da sua atividade literária. Ele escrevia para uma sociedade rica, nobre, requintada, e, além disso, a sua própria maneira de ser, os seus gestos e hábitos, tudo nele parecia infenso à popularidade; como estadista, no entanto, encarnava a ideia do domínio britânico sobre o mundo e, de tal sorte, "sendo a encarnação oficial desta ideia imperial, tornou-se naturalmente tão

[9] Idem, *Cartas de Inglaterra* (Porto, Lello & Irmão, 1945), p. 122-3.

popular como ela"[10]. Aceite-se ou não semelhante interpretação, não há por que duvidar do cronista quando ele informa que durante muitos anos a Inglaterra andou inchada de orgulho com a "grandiosa filáucia" de *Lord* Beaconsfield. Em sua obra de romancista, nota-lhe Eça o contraste entre o "realismo" com que animava os personagens secundários e o "idealismo romântico" com que afeiçoava os personagens principais. O inverso daquilo que praticava nos domínios da política, pois aqui o "idealismo romântico" de Disraeli só aparecia nas coisas secundárias, para melhor mascarar o implacável "realismo" empregado nas coisas principais.

*

Transferido do consulado de Bristol para o de Paris, aí da capital francesa continuou Eça de Queiroz a mandar as suas correspondências para o Rio de Janeiro, com as quais se compilaram depois quatro ou cinco volumes. Um destes volumes guardou o título por ele mesmo dado às suas cartas: *Ecos de Paris*; título aliás bem escolhido e bem de acordo com a sua definição das crônicas de jornal — "esses ecos com que se faz história"[11]. Não a prova documental, o dado erudito, a indicação positiva, mas antes a atmosfera, a ambiência, o cenário, o conjunto de circunstâncias tomado em flagrante pelo observador. Numa palavra, o depoimento vivo de um espírito atilado, de um artista com todos os sentidos atentos diante do espetáculo humano e muito especialmente atentos sobre os bastidores da sua secreta urdidura. Junte-se a isso o gosto da sátira a serviço de intenções íntimas de moralista, e aí teremos o cronista Eça de Queiroz completando a fisionomia literária do grande romancista.

*

[10] Ibidem, p. 113.
[11] Eça de Queiroz, *Ecos de Paris* (Porto, Lello & Irmão, 1922), p. 112.

A França de então sentia-se como que imprensada entre a Inglaterra e a Alemanha, e toda a estratégia da sua política externa outra coisa não visava senão a escapar a essa posição incômoda e perigosa. Tal a origem imediata da sua aproximação com a Rússia. Idênticos motivos empurravam a Rússia tzarista a estender mãos amigas à França republicana e revolucionária: uma Alemanha impetuosa a ameaçar-lhe os flancos ocidentais e uma Inglaterra dominadora a barrar-lhe os planos no Próximo e no Extremo Oriente. "E nunca houve uma aliança mais lógica, fundada em interesses mais positivos"[12] — opinava Eça. Muito se falava em Paris de fraternização entre a alma russa e a alma francesa, e muita champanha correu, muito lirismo desabrochou, muito discurso se embelezou de tropos sentimentais... mas tudo aquilo servia apenas para dourar a transação: "A França deu à Rússia quatro mil milhões, para que empreendesse a sua conquista asiática; e a Rússia, em recompensa, tirou a França do isolamento político em que ela jazia, fraca, apesar de tão forte, perante os sete milhões de soldados da tríplice aliança"[13]. O "toma lá dá cá" da diplomacia de um mundo já gasto, que começou a perecer sob o fogo da Primeira Guerra Mundial, tentou renascer das cinzas de Versalhes e acabou-se consumindo no fogo ainda mais terrível da Segunda Guerra Mundial — esperemos que para todo o sempre...

Noutra crônica, a propósito de Guilherme II, o jovem, o tonitroante rei e imperador do I Reich, deixou-nos Eça uma página extraordinária — e extraordinária sobretudo pelo acerto das conjecturas e previsões, que a história confirmaria em sua maior parte, e pela incrível antecipação com que, pretendendo fazer a caricatura do Kaiser, traçou um perfil que retrataria com exatidão o homem funesto que viria a ser, meio mais tarde, o criador e führer do III Reich: Adolf Hitler[14].

---

[12] Eça de Queiroz, *Cartas familiares* (Porto, Lello & Irmão, 1925), p. 83.
[13] Ibidem, p. 83.
[14] Em certo trabalho, que publiquei em fins de 1941, ocorreu-me observar que a megalomania de Hitler o levaria paradoxalmente à imitação de uma personagem histórica que ele devia abominar acima de tudo no mundo — o judeu Moisés, nada menos. Pois aqui

Cabe aqui recordar a opinião do cronista, exposta numa das *Cartas de Inglaterra*, acerca da agitação antissemita desencadeada na Alemanha ainda ao tempo de Guilherme I e Bismarck, aí por volta do ano de 1880. Eça aponta e examina as diversas causas, que teriam dado origem à agitação, e entre elas, com certeza a principal delas, estaria o temor das classes conservadoras ao socialismo em ascensão. Não era difícil descobrir no movimento antissemita a aplicação de uma velha manobra diversionária: distrair o descontentamento das massas populares, fazendo-o convergir sobre algum bode expiatório, adrede preparado, para, à sombra da excitação assim produzida, atacar o verdadeiro objetivo em mira. O socialismo crescia e ameaçava os fundamentos da ordem burguesa: era preciso liquidá-lo, mas liquidá-lo de modo a não suscitar desconfiança no povo... O cronista via tudo isso com olho irônico e perspicaz: "Dada uma sociedade antiga e próspera, com a sua religião oficial, a sua moral oficial, a sua literatura oficial, o seu sacerdócio, o seu regime de propriedade, a sua aristocracia e o seu comércio — que se há de fazer a um inspirado, a um revolucionário, que aparece seguido de uma plebe tumultuosa, pregando a destruição dessas instituições consagradas, a fundação de uma nova ordem social sobre a ruína delas, e, segundo a expressão legal, *excitando o ódio dos cidadãos contra o governo? Evidentemente, puni-lo*"[15]. Não havia outra alternativa, acrescentava o cronista: "Pede-o a lei, a ordem, a razão de Estado, a salvação pública e os interesses conservadores. É justamente o que a Alemanha, com muita razão, faz aos seus socialistas, a Karl Marx

---

está na crônica de Eça dedicada a Guilherme II, uma caricatura do imperador que vem a ser um retrato tal qual do defunto führer: "Ele é ó dileto de Deus, o eleito que conferencia com Deus na sarça ardente do *Schloss* de Berlim, e que por instigação de Deus vai conduzindo o seu povo às felicidades de Canaã. É verdadeiramente Moisés II! Como Moisés, de resto, ele não se cansa de afirmar estridentemente, e cada dia, para que ninguém a ignore, e por ignorância a contrarie, esta sua ligação espiritual e temporal com Deus que o torna infalível, e portanto irresistível". Eça de Queiroz, *Ecos de Paris*, cit., p. 41.

[15] Eça de Queiroz, *Cartas de Inglaterra*, cit., p. 67-8.

e a Bebel"[16]. Excitava-se a multidão contra os judeus, e enquanto isso, cadeia e exílio para os chefes socialistas... Por onde se verifica, nem mais nem menos, que o ódio nazista contra Israel vinha a ser, nas suas origens e nos seus efeitos, uma reedição — monstruosamente aumentada e aperfeiçoada — do ódio antissemita já existente nos tempos de Bismarck.

*

Talvez não haja cidade no mundo, como Paris, em que as coisas mais graves aconteçam de cambulhada com as coisas mais grotescas, e às vezes se misturem de tal jeito que se torna difícil distinguir o que há de grave no grotesco ou o que há de grotesco no grave. Pelo menos era assim antigamente — e o nosso cronista, com seu faro agudo de mestre da sátira, sentia-se ali como peixe dentro de água. Sobravam-lhe, pois, os assuntos e motivos para escrever as suas crônicas, que deliciavam os leitores do Brasil e Portugal. Eça pegava, por exemplo, o famoso senador Bérenger, ancião de setenta anos de idade, presidente da Liga Contra a Indecência das Ruas, e a caricatura desse paladino da pudicícia saía esfuziante e endiabrada: "O seu horror, que lhe amargura a velhice, é que haja dois sexos. Bérenger quereria que houvesse um só — o neutro. E não podendo realizar esta reforma na humanidade — trabalha para a realizar na gramática. Assim ele evitará o afrontoso escândalo de haver substantivos masculinos e femininos, vivendo promiscuamente, fechados no mesmo dicionário, e fazendo talvez lá dentro *poucas vergonhas!* Tal é Bérenger"[17]. Mas o caso é que um belo dia do ano de 1893 o senhor Bérenger entendeu de implicar com o Baile das Quatro Artes que os estudantes de belas-artes costumavam realizar, anualmente, no Quartier Latin. A coisa degenerou em conflito e Paris chegou a reviver certos episódios clássicos das revoluções parisienses — barricadas, quiosques e ônibus queimados, corte dos encanamentos

---

[16] Ibidem, p. 68.
[17] Eça de Queiroz, *Cartas familiares*, cit., p. 212.

de gás, policiais jogados ao Sena, comitês dirigindo a ação dos rebeldes, e gritos sediciosos de "Viva a Anarquia!". Resultado: trinta mortos e 2 mil feridos.

Isto se passava num tempo em que os "vivas" à anarquia não raro precediam ou sucediam à deflagração de petardos com que os Vaillant e os Henry abalavam a alegre Paris no fim do século. O cronista condenava, naturalmente, os atentados cometidos por anarquistas, mas, com espírito compreensivo, buscava explicá-los e caracterizá-los como uma "doença" da época. Definia o anarquismo como "uma exacerbação mórbida do socialismo"[18]. Definição em grande parte exata e até certo ponto coincidente com a definição formulada muito mais tarde por Lênin, o que não é dizer pouco em favor da acuidade com que Eça de Queiroz sabia discriminar o que havia de essencial no borbulhamento confuso e perturbador da vida política e social do seu tempo.

Daí por que não se iludira com as aparências que engalanavam a ascensão de Casimir-Périer à presidência da República, para suceder a Sadi Carnot, assassinado por um anarquista em Lyon. A eleição, conta o cronista, se processara dentro de um ambiente de "quase unanimidade" e de "grandes esperanças", alimentadas por uma "França ordeira" que "tremia do papão anarquista". Casimir-Périer era o homem do "pulso forte" — o homem providencial, coisa bem velha — capaz de conter as "hordas revolucionárias". Tratava-se, contudo, de uma "unanimidade" muito especial e de "grandes esperanças" também muito especiais: unanimidade e grandes esperanças daquela porção da França "que tem uma conta no banco, e que deseja, portanto, tranquilidade e ordem em torno do banco"[19]. O fato é que seis meses depois Casimir-Périer demitia-se do cargo, por se tornar patente a impossibilidade de gerir e conduzir os negócios públicos só com o emprego do "pulso forte". Faltava-lhe algo de mais importante, de mais decisivo: o apoio popular, o apoio da gente que não possuía nada nos bancos.

---

[18] Idem, *Ecos de Paris*, cit., p. 148.
[19] Eça de Queiroz, *Cartas familiares*, cit., p. 106.

    Estou apenas tentando mostrar aquilo que me parece mais característico na maneira pela qual Eça de Queiroz desempenhava o seu ofício de cronista, e os exemplos que vou citando obedecem principalmente a este critério. É claro que as diferenças de tempo e de meio teriam de exercer alguma influência sobre o escritor, e, portanto, sobre o seu trabalho. É assim que nas crônicas enviadas da Inglaterra predomina um tom geral mais denso, no sentido de maior concentração na escolha e tratamento dos assuntos. Nas de Paris, em vez disso, a variedade é bem maior, os assuntos se multiplicam, os comentários borboleteiam mais aparentemente despreocupados. Aquelas, em suma, são mais objetivas do que estas, e aqui está por que dentro dessas últimas podemos mais facilmente encontrar a própria personalidade do autor.

    Já registrei a sua confissão julgando-se a si mesmo medíocre na crítica política. Poderia com mais razão dizer outro tanto em matéria de crítica literária. Aliás, muito pouco deixou ele publicado que se possa de algum modo classificar de crítica literária: uns três prefácios, um artigo sobre Victor Hugo, duas crônicas sobre Disraeli, e páginas mais propriamente de reminiscências pessoais dedicadas a Ramalho, Antero e Eduardo Prado. Maus prefácios, mau Victor Hugo; bom Disraeli, conforme deixei anotado antes; Ramalho e Antero importantes como depoimentos biográficos e autobiográficos; Eduardo Prado menos importante sob tal aspecto, porém mais aproveitável que os dois anteriores como apreciação e julgamento. Bem melhor, com certeza, a famosa polêmica travada com Pinheiro Chagas: aí o gênero combinava mais à vontade com a sua índole combativa de moralista.

    A crítica literária não era evidentemente o seu forte, como autor, e só o seduzia, como leitor, quando revelava certas condições particularmente gratas ao seu gosto. Não tolerava o crítico erudito, à feição de um Brunetière, de quem dizia numa crônica que estava para as letras como um botânico está para as flores: "Que lhe deem um poeta, e ele imediatamente o classificará, lhe colocará um rótulo nas costas, mostrará o gênero que cultivou, desfiará as qualidades que revelou nesse gênero, exporá as influências de raça, e de meio, e de momento histórico, que concorreram para o desenvolvimento dessas qualidades etc. etc."[20]. E acrescentava: "... eu gosto de um crítico que me possa explicar as causas e os caracteres da obra de Musset, mas que sinta palpitar o coração quando lê as *Noites* e a *Carta a Lamartine*, ou porque se lhe comunicou a emoção do ardente lírico, ou porque se enlevou na contemplação da beleza realizada"[21].

Quando foi da morte de Flaubert, Eça referiu-se ao mestre, no primeiro dos *Ecos de Paris*, com palavras de exaltação e ternura, louvando nele não apenas o escritor e o homem, mas sobretudo o renovador da arte literária: "Só direi que a sua alta glória consistira em ter sido um dos primeiros a dar à arte contemporânea a sua verdadeira base, desprendendo-a das concepções idealistas do romantismo, apoiando-a toda sobre a observação, a realidade social e os conhecimentos humanos que a vida oferece"[22]. Há uma evidente contradição entre essa apologia do realismo ou naturalismo no romance, tal qual o praticava Flaubert, e a condenação da crítica, que se inspirava nos mesmos princípios, como era a crítica de Brunetière. Mas não há dúvida que Eça manteve sempre a mesma coerência em suas concepções artísticas. Já em 1878, numa carta muito curiosa, dirigida a Rodrigues de Freitas, e só recentemente divulgada, assim se exprimia ele: "Os meus romances importam pouco; está claro que

---

[20] Idem, *Ecos de Paris*, cit., p. 167.
[21] Ibidem, p. 168. Citemos ainda outro passo do comentário, igualmente interessante pelo que tem de confissão: "O sr. Brunetière ensina agora na Sorbonne a compreender e amar Bossuet. Mas quem teve o vagar ditoso de ler primeiramente Bossuet, se é que não o leu no começo da sua educação clássica? Eu, na minha mocidade, folheei os *Sermões e as orações fúnebres*; mas não cheguei a penetrar, como devia, no *Discurso sobre a história universal*. E desde então, desgraçadamente, não logrei ainda um momento para absorver a teoria do grande bispo sobre a série dos tempos, das religiões e dos impérios. Quando muito conheço a página clássica, tão majestosa e rica, em que ele pinta a onipotência de Augusto e a beleza e recolhimento da paz romana, nas vésperas de nascer Jesus". Ibidem, p. 166.
[22] Ibidem, p. 15.

são medíocres; o que importa é o triunfo do Realismo — que, ainda hoje *méconnu* e caluniado, é todavia a grande evolução literária do século, e destinada a ter na sociedade e nos costumes uma influência profunda"[23]. E enumerava a seguir os objetivos da escola: "O que queremos nós com o Realismo? Fazer o quadro do mundo moderno, nas feições em que ele é mau, por persistir em seu educar 'segundo o passado'; queremos fazer a fotografia, ia quase a dizer a caricatura do velho mundo burguês, sentimental, devoto, católico, explorador, aristocrático etc.; e apontando-o ao escárnio, à gargalhada, ao desprezo do mundo moderno e democrático — preparar a sua ruína". Objetivos, como se vê, que ultrapassam de muito os limites puramente estéticos da arte, ou da arte pura, ou da arte pela arte, ou da arte-divertimento; objetivos pelos quais devia o escritor trabalhar — como artista e moralista.

Eça não foi nunca um político, no sentido mais estrito da palavra, isto é, um homem de partido, embora na mocidade, ao lado de Antero e Oliveira Martins, manifestasse as suas simpatias pelo movimento socialista internacional. Conforme observa justamente Álvaro Lins, não era um agitador de ideias puras e muito menos um doutrinário, capaz de "raciocinar no domínio do abstrato"[24]. Mas é incontestável que ele possuía, como artista, como fino captador das "sensações da vida", uma intuição instantânea dos elementos essenciais que entram na composição do fenômeno político.

E essa intuição de artista é que o tornava apto a apreender o sentido dinâmico de certos fatos, que viriam a ter enorme projeção no porvir, e que os observadores vulgares não viam, não compreendiam ou menosprezavam displicentemente.

Muito importante, neste particular, é a crônica "Positivismo e idealismo", datada de Paris, 1893, e recolhida no volume *Notas contemporâneas*.

---

[23] Eça de Queiroz, *Novas cartas inéditas*, cit., p. 165-6.
[24] Álvaro Lins, *História literária de Eça de Queiroz* (Rio de Janeiro, José Olympio, 1939), p. 281.

Eça comentava aí os sucessos tumultuosos, que se verificaram na Sorbonne, provocados por um grupo de estudantes ligados ao movimento chamado de reação espiritualista.

O professor Aulard, republicano, jacobino, positivista, fazia um curso sobre a História da Revolução Francesa. Tratava-se de um curso universitário igual a muitos outros, e em que o professor dava ao fenômeno revolucionário a interpretação que lhe parecia mais justa. Curso pacífico, talvez sectário, mas que se podia seguir livremente e cujas conclusões podiam ser livremente aceitas ou não. Pois bem, a certa altura das lições, conta o cronista, o grupo reacionário — "invadiu as aulas, sufocou com berros e guinchos a facúndia do professor, apupou ignominiosamente os imortais princípios de [18]89, e espancou sem piedade os camaradas que estavam ali absorvendo a boa doutrina positivista e revolucionária!"[25]. Barulho, estúrdia de estudantes, sem maiores consequências, diriam comentadores superficiais. Eça mergulha ao fundo da coisa e lá descobre que a "reação espiritualista" não refletia apenas tais ou quais desavenças ou mal-entendidos efêmeros, que a juventude gosta de liquidar a sopapos, desportivamente. "Sob todas as formas da atividade pensante" — informa o cronista — "se revela, se alastra, na geração nova, esta reação, de um modo inarmônico, a que falta o esforço e a convergência para a unidade, mas que vem fortemente caracterizado pelo propósito de mudar as fórmulas que governam."[26] Nem era só questão de fórmulas puramente políticas: a reação tinha em mira a própria estrutura geral da sociedade, e suas manifestações no domínio do "espiritual" marcavam o ponto inicial de mais vastos projetos. Lançava-se o descrédito sobre o materialismo, sobre o positivismo, sobre o naturalismo — na arte, na poesia, na literatura, no teatro, na história, na ciência — para o fim específico de minar e envenenar as próprias fontes do pensamento revolucionário e democrático, de onde emanaram os postulados de liberdade,

---

[25] Eça de Queiroz, *Notas contemporâneas*, cit., p. 241-2.
[26] Ibidem, p. 242.

igualdade e fraternidade. O livre-pensamento era chasqueado, troçado, crivado de pilhérias, apupado pelas ruas, e declarado "fora de moda": "Hoje, neste ano de 1893, é de mau tom em Paris ser livre-pensador!"[27]. Era em suma o espírito da contrarrevolução, que se tentava reacender e reativar. Contrarrevolução que, simultaneamente com as provocações mais tangíveis na universidade, se utilizava também de processos refinados, impalpáveis, verdadeiros entorpecentes da inteligência e da sensibilidade. Cultivava-se tudo que cheirasse a espiritualidade, a religiosidade, a misticismo, como se fossem flores de estufa. A poesia, refere Eça, sofria um duplo assalto: "A voga voa toda para o rutilante Herédia, que nos canta luxuosamente os heróis e os semideuses, ou para os simbolistas, que com bocados esfumados de verbo e farrapos indecisos de sentimento nos arranjam um desses nevoeiros poéticos, onde as almas agora têm a paixão de se aninhar e de se esconder da vida"[28]. Para que os "donos da vida", como diria o nosso Mário de Andrade, pudessem melhor dispor e manobrar as suas forças sem a intromissão perturbadora da "inteligência". O cronista referia-se ainda ao estado de ânimo e aos processos de luta da "nova geração", a qual, "por meio de bengaladas enérgicas, manifesta que a sua tendência é espiritualista, simbolista, neocristã e místico-socialista"[29].

Eça de Queiroz escrevia essas coisas em 1893, e pouco mais que isso viveria. Se vivesse mais trinta ou quarenta anos teria visto e verificado o resultado final do movimento cujas primícias registrou, na sua crônica, como uma amostra verdadeiramente profética do que viria a acontecer, na Europa e no mundo.

*

---

[27] Ibidem, p. 246.
[28] Ibidem, p. 244.
[29] Ibidem, p. 249.

Não pretendo estabelecer comparações, que no caso seriam descabidas, nem pesar e medir coisas, que na realidade são imponderáveis e imensuráveis; mas, ao cabo de uma leitura em conjunto dos livros de crônicas deixados por Eça de Queiroz, não me parece exagerado concluir que o cronista como tal em nada se mostra menos importante que o romancista. Direi ainda que ele mesmo compreendia muito bem o alcance e o valor que poderiam apresentar, no futuro, as suas crônicas e correspondências. Não as escrevia só por necessidade de ganhar mais algum dinheiro, nem tampouco só para divertir-se ou divertir os leitores, e por isso procurava dar-lhes um conteúdo menos efêmero.

A sua concepção da história moderna ajustava-se perfeitamente à intuição e à consciência, que ele possuía em alto grau, do papel que as multidões anônimas representam na trama dos acontecimentos sociais. Por duas vezes diferentes, manifestou Eça, de maneira direta, o que pensava a tal respeito. A primeira vez, em 1886, no prefácio aos *Azulejos*, do conde de Arnoso: "Depois, uma manhã de julho, tomou-se a Bastilha. Tudo se revolveu: e mil novidades violentas surgiram, alterando a configuração moral da Terra. Veio a democracia; fez-se a iluminação a gás; assomou a instrução gratuita e obrigatória; instalaram-se as máquinas Marinoni que imprimem cem mil jornais por hora; vieram os clubes, o romantismo, a política, a liberdade e a fototipia. Tudo se começou a fazer por meio de vapor e de rodas dentadas — e para as grandes massas"[30]. A segunda vez, 1893, no artigo "O bock ideal", quando opinava, de acordo com a lição dos "bons historiadores", que "a História não é feita pelos reis e pelos heróis, mas por esses obscuros rebanhos de seres que nós chamamos populaças"[31]. Guiado por essa concepção é que o cronista exerce as funções de eco dos rumores e bulícios produzidos pela vida que tumultuava em derredor. Não importa grande coisa verificar-se que o eco chegava, e chega ainda, muitas vezes, aos ouvidos do leitor, deformado pela sátira

---

[30] Ibidem, p. 126.
[31] Ibidem, p. 318.

e pelo tom de facécia mais ou menos divertido: devia-se isso à natureza intrínseca do instrumento de transmissão. Questão puramente formal, portanto. O que mais interessa aqui assinalar, em grau de importância, é a sua capacidade de perduração e sobrevivência. Ora, isso, no caso das crônicas de Eça de Queiroz, não pode ser posto em dúvida, pois do contrário elas se tornariam ilegíveis para os leitores de hoje.

Seja como for, a sua obra de cronista ajuda-nos a melhor apreender e compreender a significação de certos acontecimentos que ele presenciou, e isso justamente porque encontramos nela essa impregnação de comunicabilidade, que só a arte sabe ministrar, iluminando e reanimando os acontecimentos mais remotos. Nesse sentido, cada crônica de Eça de Queiroz vem a ser quase uma obra de arte.

Nas *Cartas de Inglaterra*, escritas em pleno apogeu da era vitoriana, sente-se, respira-se um ar de império, tudo se move dentro de uma atmosfera imperial, e em tudo, mesmo nas menores coisas, percebe-se o espírito de dominação imperialista. Já nas correspondências enviadas de Paris o que predomina, de um modo geral, é o ambiente de inquietação marcado pelo espírito *fin de siècle*, que só se esvairia de todo sob a pressão fatídica da Primeira Guerra Mundial. Num e noutro caso, por menos apurado que seja o ouvido, pode-se hoje ouvir com nitidez o eco dos ruídos subterrâneos que prenunciavam a aproximação da catástrofe de 1914-1918. E nisso precisamente é que reside o mérito principal do cronista, que soube com os seus dons de artista captar e registrar o eco de tais ruídos.

POSIÇÕES POLÍTICAS DE LIMA BARRETO[1]

Na advertência escrita para justificar a publicação do volume *Bagatelas*, Lima Barreto avisa aos leitores que os artigos aí enfeixados haviam aparecido primitivamente "em revistas e jornais modestos"[2]. Há um pouco de exagero no aviso, visto que boa parte de tais artigos saiu antes em revistas e até jornais não de todo muito "modestos", como era o caso, por exemplo, do *ABC* e do *Hoje*, semanários cariocas que desfrutaram, em certa época, de considerável notoriedade política e literária. Mas o fato é que Lima Barreto não gostava da grande imprensa — e as *Recordações do escrivão Isaías Caminha* constituem justamente a mais expressiva demonstração desse... digamos desamor, para não empregar palavra mais áspera. Os pequenos periódicos, de vida difícil e efêmera — "pequenas revistas e jornais obscuros aos quais ninguém dá importância" —, é que mereciam as suas preferências, e a eles, além de dar muitas vezes a sua colaboração desinteressada, sempre se referia com verdadeira ternura.

São frequentes, mesmo na sua obra de ficção, as referências cordiais em favor da pequena imprensa. No *Gonzaga de Sá*, sobretudo, há duas passagens dessa natureza muito significativas. Gonzaga, homem de cultura geral, lia regularmente numerosas revistas estrangeiras, a começar pela veneranda *Revue des Deux Mondes*, que era "a que mais queria e citava".

---

[1] Prefácio escrito para a reedição do volume *Bagatelas*, XIII das *Obras* de Lima Barreto (São Paulo, Brasiliense, 1956).

[2] Esta e outras citações de *Bagatelas* estão na primeira edição do livro (Rio de Janeiro, Empresa de Romances Populares, 1923).

Mas não apreciava as nossas, dizia, porque lhe pareciam então chiques demais — alusão a certo tipo de revistas ilustradas mais mundanas do que literárias, ainda hoje predominante entre nós. "Abria entretanto exceção" — acrescentava Gonzaga — "para as obscuras e para os jornais ilustrados meteóricos."[3] Explicando os motivos desse gosto e dessas preferências, é claro que o romancista atribuía ao seu personagem opiniões que eram na realidade as suas próprias. "Gosto dos jornais obscuros, dos jornais dos que iniciam", repetia Gonzaga, mais tarde, ao seu amigo Machado. E acentuava o seu ponto de vista: "... gosto dos começos, da obscura luta entre a inteligência e a palavra, das singularidades, das extravagâncias, da livre ou buscada invenção dos principiantes"[4].

Essas palavras nos mostram que havia, na preferência cordial de Lima Barreto pela pequena imprensa, algo mais que simples simpatia ou inclinação de momento. Ele bem sabia e compreendia o que tais publicações, fruto do entusiasmo e do sacrifício de jovens cheios de confiança na vida, representam como potencial de inteligência renovadora e criadora. Ele se sentia plenamente solidário com elas, como estava sempre solidário com todos aqueles que se batiam, fosse onde fosse, por alguma coisa sinceramente colocada acima de mesquinhos interesses pessoais.

Cabe aqui recordar que Lima Barreto pagou também seu tributo juvenil de entusiasmo e sacrifício, editando uma pequena revista, chamada *Floreal*, aí pelos fins de 1907. Pode-se aliás afirmar que esta revistinha, pobre e efêmera, pertence ao número daquelas que não raro fazem a verdadeira literatura, abrindo caminho aos movimentos de renovação literária e artística. O fato de ter o seu nome ligado ao de Lima Barreto basta, com efeito, para assegurar a inclusão de *Floreal* na história da literatura brasileira. Tanto mais quanto se sabe que foi nas suas páginas modestíssimas que apareceram, pela primeira vez, as *Recordações do escrivão Isaías Caminha*. Lembrarei ainda que foi José Veríssimo, na sua

---

[3] Lima Barreto, *Vida e morte de M. J. Gonzaga de Sá* (Rio de Janeiro, Mérito, 1949), p. 43.
[4] Ibidem, p. 79.

"Revista Literária" publicada semanalmente no *Jornal do Comércio*, quem descobriu Lima Barreto, registrando o aparecimento de *Floreal* como uma exceção no meio de outras publicações insignificantes. Dizia o crítico: "Abro uma justa exceção, que não desejo fique como precedente, para uma magra brochurazinha que, com o nome esperançoso de *Floreal*, veio ultimamente a público, e onde li um artigo 'Spencerismo e Anarquia', do senhor M. Ribeiro de Almeida, e o começo de uma novela *Recordações do Escrivão Isaias Caminha*, pelo senhor Lima Barreto, nos quais creio descobrir alguma coisa. E escritos com uma simplicidade e sobriedade, e já tal qual sentimento de estilo que corroboram essa impressão"[5].

A maior parte dos artigos de jornal escritos por Lima Barreto foi publicada durante os anos de 1918 a 1922. Neste volume, que ele mesmo organizou[6] sob o título de *Bagatelas*, e editado já depois da sua morte, há alguns datados de bem antes, mas a maioria, sem excluir os que aparecem sem data, de 1918 a 1920. É importante fixar essas datas para melhor compreensão do tom, do sentido e do alcance que possuem os principais

---

[5] Transcrição feita por Lima Barreto na "Breve notícia" com que antecedeu a segunda edição das *Recordações do escrivão Isaías Caminha* (Rio de Janeiro, A. de Azevedo & Costa, 1917), p. VIII-IX. O artigo de José Veríssimo, informa-se aí, foi publicado no *Jornal do Comércio* de 9 de dezembro de 1907. Parece-nos interessante citar a nota estampada na revista *Floreal*, provavelmente escrita pelo próprio Lima Barreto, comentando a referência do crítico: "Na sua seção de crítica literária, no *Jornal do Comércio*, o senhor José Veríssimo referiu-se à *Floreal* com simpatia e com bondade. Foi uma surpresa para a nossa revista ver-se assim percebida tão do alto. Não é que ela se julgasse ou se julgue desprovida de valor, absolutamente não é por isso; mas a distância era tão grande que ela não esperava ser distinguida com a precisão necessária. Essa distância, porém, o senhor José Veríssimo não fez dúvida em transpô-la para nos dizer essa palavra de simpatia que profundamente agradecemos e que, dados o feitio e a inteligência de quem a disse, tem para nós um valor extraordinário" (*Floreal*, n. 4 e último, 31 dez. 1907).

[6] A advertência em que Lima Barreto explica por que organizou o volume está datada de 13 de agosto de 1918. O volume contém, no entanto, muitos artigos, a maior parte mesmo publicada na imprensa em data posterior, o que leva a pensar num engano, ou então que o autor ou editor fizesse acréscimos depois de escrita a advertência. Inclinamo-nos pela primeira conjectura, sem desprezarmos uma terceira, que resultaria da concomitância de ambas.

artigos aqui recolhidos. São artigos escritos durante os últimos meses da Primeira Guerra Mundial e nos anos que se seguiram, quer dizer, escritos num tempo que assinalou o advento da maior e mais profunda revolução social de toda a história da humanidade — a Grande Revolução Socialista de Outubro.

Neles expôs o autor "algumas reflexões sobre fatos, coisas e homens da nossa terra" — são palavras suas na advertência. Da nossa terra e de outras terras, conviria acrescentar, pois em mais de uma página se encontram aqui opiniões acerca de acontecimentos internacionais, e mesmo quando o articulista trata de homens, coisas e fatos nacionais, são eles inelutavelmente examinados à luz dos acontecimentos que abalavam o mundo. Nem podia deixar de ser assim, tamanha a pressão histórica de tais acontecimentos.

Os artigos de Lima Barreto são escritos naquela maneira corrente e familiar, por vezes propositadamente descuidada, que caracteriza o seu estilo, que era nele também uma forma de inconformismo e protesto contra a ênfase e o formalismo vazio, que predominavam no "estilo" do tempo. Mas, descontados certos exageros (ou que nos parecem tais e são muitas vezes erros de revisão — na maior parte devidos a uma letra confessadamente ruim[7] — de que se acham inçados os seus artigos e livros), a sua prosa largada possui excelentes qualidades de expressão, e isto se deve, segundo suponho, à própria natureza de seu conteúdo, que revela com simplicidade e sinceridade os mais profundos pensamentos e sentimentos do escritor. Lima Barreto não era tampouco um articulista de tipo estritamente jornalístico, mas um escritor seguro de si e da sua obra, que se servia das páginas de jornais e revistas para opinar, criticar, protestar e,

---

[7] "A minha letra é um bilhete de loteria. Às vezes ela me dá muito, outras vezes tira-me os últimos tostões da minha inteligência. Eu devia esta explicação aos meus leitores, porque, sob a minha responsabilidade, tem saído cada coisa de se tirar o chapéu. Não há folhetim em que não venham coisas extraordinárias. Se, às vezes, não me põe mal com a gramática, põe-me em hostilidade com o bom senso e arrasta-me a dizer coisas descabidas." (Lima Barreto, *Feiras e mafuás*, Rio de Janeiro, Mérito, 1953, p. 303. Artigo escrito provavelmente em 1910).

a par disso, frequentemente, registrar as suas reminiscências, memórias e confissões pessoais. Sem ser um panfletário profissional, imprimia a muitos dos seus artigos a feição de áspera crítica política e social, e fazia da sátira de costumes uma arma permanente de combate.

São as mesmas características que se encontram na sua obra de ficção e que nos seus artigos aparecem, naturalmente, de modo mais direto e desnudo. E eu acredito que não se pode aprofundar o conhecimento e a compreensão da sua obra de ficção sem se conhecer e compreender as reflexões e memórias que nos deixou sob a forma de artigos e crônicas de jornal.

É hoje opinião unânime da crítica, entre nós, considerar Lima Barreto um dos nossos maiores romancistas. Podemos avançar, sem susto de erro, que ele figura por igual entre os nossos melhores autores de crônicas e artigos de jornal. Os volumes deste gênero que se publicaram depois da sua morte, inclusive *Bagatelas*, confirmam plenamente a asserção. Direi mais: nenhum dos escritores da sua geração, colaboradores da grande imprensa, pode ser comparado a ele também neste particular[8].

Nenhum dos outros soube como ele penetrar o sentido profundo dos acontecimentos que se desenrolavam aos olhos de todos. Nenhum dos outros foi capaz de perceber a importância histórica da Revolução Russa de 1917, e nenhum deles pode rivalizar com Lima Barreto no que se refere ao instinto seguro da sua visão relativamente aos problemas políticos e sociais do após-guerra.

Os outros — e seria fácil citar os nomes então mais famosos: um Antônio Torres, um Azevedo Amaral, um Jackson de Figueiredo, um Gilberto Amado, este último ainda vivo — eram articulistas identificados com os interesses e a ideologia das classes dominantes, ao passo que Lima Barreto permanecia intransigente na sua posição de escritor que

---

[8] Ao seu lado poder-se-ia colocar o nome de Vítor Viana, e com mais razão o de Domingos Ribeiro Filho, aliás também seu colega de repartição. Domingos Ribeiro Filho foi durante muitos anos redator-chefe da revista *Careta*, mas muito raramente colaborou na chamada grande imprensa.

jamais se desligara do povo e em tudo que escrevia visava sempre a combater a opressão e a exploração que pesavam sobre o povo sofredor.

*

Lima Barreto não era um marxista, longe disso, e nem se pode vislumbrar nos seus escritos nenhum pendor para trabalhos e estudos teóricos que o levassem a uma adesão plena às concepções filosóficas do marxismo. Desde jovem se afizera ao trato dos livros, mas sua formação sofria do mal muito comum do ecletismo, uma certa mistura de materialismo positivista, de liberalismo spenceriano, de anarquismo kropotkiniano e de outros ingredientes semelhantes. Nascido, no entanto, de família pobre, vivendo sempre na pobreza e no meio de gente pobre, fez-se escritor por vocação — escritor honesto e consciente da sua condição. Como tal, encarava a realidade frente a frente, com um agudo poder de observação, e honradamente exprimia o que pensava e sentia acerca dos problemas que afetavam a vida do nosso povo. Por isso, creio eu, é que Lima Barreto, não obstante as insuficiências da sua formação cultural, pôde e soube ver as coisas muito melhor que os escritores e articulistas que pontificavam na grande imprensa do seu tempo.

Dessa posição de escritor pobre e honrado, fez Lima Barreto uma trincheira, de que jamais desertaria, e servindo-se dos meios que lhe eram próprios participou do bom combate em favor do povo brasileiro e de todos os povos submetidos a regimes de opressão interna ou externa.

Seu emprego na Secretaria da Guerra — cargo aliás bem modesto — refreava-lhe os ímpetos; mas isso mesmo até certo ponto apenas, conforme veio a declarar, já depois de aposentado, em artigo de 1918: "Durante os quinze ou dezesseis anos em que guardei as conveniências da minha situação burocrática, comprimi muito a custo a minha indignação e houve mesmo momentos em que ela, desta ou daquela forma, arrebentou".

Um desses momentos foi marcado pelo *Policarpo Quaresma*, sátira política sem igual no romance brasileiro e sátira em que o romancista zurzia precisamente os homens, os costumes e os vícios do meio no qual exercia a sua função burocrática, retratando ao mesmo tempo, com mão vingadora, todo um período conturbado da nossa história.

Vencida por fim a barreira burocrática, pôde Lima Barreto entregar-se mais abertamente à sua tarefa de articulista. Estava em plena maturidade, a que chegara depois de muitos anos de vida obscura e difícil. Em artigo datado de março de 1922, alguns meses antes de finar-se, completava o que já havia dito em 1918, referindo-se ao "esforço silencioso e doloroso" que realizara durante vinte anos para enfim poder exprimir sem peias o seu "pensamento sincero", coisa que julgava essencial, de sua parte, "em ajuda da maior felicidade da comunhão humana"[9].

Essas palavras revelam o que pretendia com a publicação dos seus artigos. Mas a morte prematura veio interromper uma atividade que deveria prolongar-se ainda por muitos anos, a par do seu trabalho de ficcionista, igualmente interrompido em meio.

*

A Revolução Russa de 1917, sua significação histórica e suas consequências para o mundo inteiro, foi assunto que Lima Barreto abordou em vários artigos, sendo que os mais importantes o próprio autor os recolheu neste volume.

O artigo sob o título "No ajuste de contas...", datado de 1º de maio de 1918, é uma espécie de manifesto político e de programa revolucionário, em que o autor expõe com franqueza as suas ideias e propõe uma série de medidas, que a seu ver viriam resolver os problemas políticos, econômicos e sociais colocados na ordem do dia. Relendo-o agora podemos bem avaliar o que havia de falho e confuso em certas concepções do articulista; mas ao tempo em que foi publicado, e num meio como o nosso, onde era geral a ignorância do socialismo científico, representava um sincero

---

[9] Lima Barreto, *Marginália* (Rio de Janeiro, Mérito, 1953), p. 69.

desejo e revelava sem dúvida um esforço meritório no sentido de ajudar o povo a encontrar o justo caminho da libertação nacional e social. O articulista declarava corajosamente inspirar-se no exemplo da Revolução de Outubro: "Terminando este artigo, que já vai ficando longo, confesso que foi a Revolução Russa que me inspirou tudo isso".

Noutro artigo, datado de 14 de julho seguinte, mostrava compreender que a Revolução Russa viera abalar "não apenas os tronos, mas os fundamentos da nossa vilã e ávida sociedade burguesa". E acrescentava: "Não posso negar a grande simpatia que me merece um tal movimento; não posso esconder o desejo que tenho de ver um semelhante aqui, de modo a acabar com essa chusma...".

Não se pense que escrevia isso por brincadeira ou por parecer extravagante. Não, as suas palavras resultavam de séria meditação sobre o alcance histórico da Revolução, conforme explicou: "Precisamos deixar de panaceias; a época é de medidas radicais. — Não há quem, tendo meditado sobre esse estupendo movimento bolcheviquista, não lobrigue nele uma profunda e original feição social e um alcance de universal amplitude sociológica".

Meses depois, no artigo sob o título "Sobre o maximalismo", volta a defender com veemência a Revolução de Outubro, fazendo polêmica com o então famoso escriba Azevedo Amaral, editorialista do órgão conservador e oficioso *O País*. Dizia aí, logo de início: "... os nossos sabichões não têm nem uma espécie de argumento para contrapor aos apresentados pelos que têm meditado sobre as questões sociais e veem na Revolução Russa uma das mais originais e profundas que se têm verificado nas sociedades humanas". Tendo rebatido com vantagens as presunçosas tolices de Azevedo Amaral, Lima Barreto justificava o seu empenho em defender os ideais da Revolução: "Lembrei tudo isto, porquanto tendo há quase um ano, como já disse, deitado uma espécie de manifesto maximalista, estou na obrigação e me julgo sempre obrigado a seguir o que aqui se disser a respeito dos ideais da Revolução Russa em que me baseei naquele meu escrito". E fazia esta observação inteligente: "Digo ideais e não as fórmulas e medidas especiais, porquanto, desde o começo, tinha visto que elas não podiam ser as mesmas em todos os países".

A conclusão desse artigo era um ardente apelo à Revolução: "... cabe bem aos homens de coração desejar e apelar para uma convulsão violenta que destrone e dissolva de vez essa *societas sceleris* de políticos, comerciantes, industriais, prostitutas, jornalistas ad hoc, que nos saqueiam, nos esfaimam, emboscados atrás das leis republicanas. É preciso, pois não há outro meio de exterminá-la".

Em alguns outros artigos e crônicas, não incluídos em *Bagatelas*, teve Lima Barreto oportunidade de reafirmar suas opiniões a respeito da Revolução Russa. Às vezes indiretamente, por meio de referências intercaladas num texto consagrado a outros assuntos. Por exemplo, na crônica "Memórias da Guerra", datada de 17 de abril de 1920, na qual se refere à publicação das memórias de Hindenburg e de Ludendorff, o cronista encontra jeito de encerrar os seus comentários com a seguinte referência a Lênin: "É este o grande homem do tempo, que preside, com toda a audácia, uma grande transformação social da época"[10]. Isso num momento em que toda a grande imprensa se esmerava nas calúnias de encomenda contra o chefe genial da Revolução de Outubro.

No artigo "Simples reparo", datado de fevereiro de 1920 e também não incluído em *Bagatelas*[11], o autor completa, de certo modo, as ideias expressas anteriormente em "No ajuste de contas..." e "Sobre o maximalismo", e por isso mesmo possui igual importância.

Sob o título "Palavras de um simples", artigo publicado três semanas depois do primeiro 5 de julho, e no qual definia sua posição em face das facções políticas que se digladiavam na arena nacional, escreveu Lima Barreto o seguinte: "Seria capaz de deixar-me matar, para implantar aqui o regime maximalista; mas a favor de Fagundes ou de Brederodes não dou um pingo do meu sangue. Tenho para mim que se deve experimentar uma

---

[10] Lima Barreto, *Feiras e mafuás*, cit., p. 186.
[11] Ibidem, p. 113-8.

'tábua rasa' no regime social e político que nos governa; mas mudar só de nomes de governantes nada adianta para a felicidade de todos nós"[12].

*

    Lima Barreto estava enfermo, recolhido ao Hospital Central do Exército, quando ocorreu no Rio a greve insurrecional de 18 de novembro de 1918. Acompanhou o movimento pela leitura dos jornais, e externou a sua simpatia pelos grevistas em mais de um artigo. O medo que a greve produziu nas classes dominantes provocou nele boas risadas: "Ri-me muito gostosamente do pavor que levaram, a todo o Olimpo governamental, os acontecimentos de 1918" — escreveu no artigo "Da minha cela", reproduzido sem data no volume *Bagatelas*. Logo a seguir, em "Carta aberta", dirigida pela imprensa ao presidente eleito da República, Rodrigues Alves, volta o articulista a tratar mais detidamente daqueles acontecimentos, defendendo os operários grevistas não só contra as violências mas também contra as calúnias policiais. O chefe de polícia mandara publicar nos jornais as mais torpes e estúpidas acusações contra os trabalhadores em luta. A grande imprensa, como sempre, espalhou largamente as miseráveis calúnias, e Lima Barreto aproveita a ocasião para caracterizar a desonestidade dos jornais reacionários e de certos cronistas famosos na época. Entre outras coisas, disse o seguinte, que é interessante destacar: "Se o chefe de polícia [...] tivesse expedido uma circular a tal respeito, em papel de sua repartição, a obra sairia mais igual, tão somente isso, porque os artigos todos, se não são iguais, são parecidos".
    Feita no entanto essa constatação, que exprime uma verdade hoje corriqueira, tentava Lima Barreto exculpar alguns de tais jornais e tais cronistas, sob a alegação de que se tratava de uma "semelhança fortuita", devida principalmente à "ambiência mental" reinante na imprensa cotidiana, e não propriamente à venalidade e à corrupção. Ingênua e claudicante alegação,

---

[12] Lima Barreto, *Marginália*, cit., p. 51.

tanto mais inaceitável quanto se baseia em razões de ordem meramente subjetiva — veja-se o artigo — que afinal de contas nada explicam. Lima Barreto alimentava ainda não poucas ilusões idealistas, coisa aliás que transparece em muitos dos seus artigos. No caso em apreço, porém, o que mais vale é a constatação feita pelo autor[13], conforme a citação acima.

E o que mais importa, no concernente à posição de Lima Barreto, sobretudo em relação aos grandes problemas, é verificarmos que ele, por aguda intuição e por experiência própria, sabia quase sempre nortear o seu pensamento pelo bom caminho, e isto precisamente é que confere aos seus artigos e comentários de jornal uma substância duradoura, e contribui em boa medida para uma compreensão mais profunda da sua obra de ficcionista.

Quando ele toma da pena — enfermo e preso a um leito de hospital — para defender, contra tudo e todos, os grevistas perseguidos e caluniados, não há nessa atitude um simples movimento de comiseração ou piedade pelas vítimas da reação, mas antes a expressão circunstancial de uma atitude permanente de combate a todas as formas de opressão política e social.

Entre os seus artigos recolhidos neste volume, figura um sob o título "São Paulo e os estrangeiros", datado de 1917, todo ele consagrado à defesa dos operários paulistas, que haviam desencadeado a grande greve daquele ano. Defendendo os operários grevistas contra as arbitrariedades e brutalidades da reação policial, o articulista defendia consequentemente as liberdades democráticas, espezinhadas, no entanto, por um governo a serviço dos patrões, e se insurgia contra o açodamento com que o Congresso Nacional votava as leis de exceção exigidas pela grande burguesia paulista, muito embora contrárias ao espírito da Constituição Federal.

---

[13] Constatação feita em termos ainda mais claros no seu *Diário íntimo*, em anotação da mesma época: "O artigo do [Azevedo] Amaral tem o mesmo plano que o do Miguel Melo; o do Antônio Torres o mesmo que o daquele último; o do filho do Leão Veloso o mesmo que o do Torres. — Parece que o plano foi ditado pelo chefe de polícia"... (Lima Barreto, *Diário íntimo*, Rio de Janeiro, Mérito, 1953, p. 142).

Bem entendido, o que mais o preocupava, na luta de então em defesa das franquias constitucionais, não era propriamente a Constituição, mas sim a situação dos grevistas. Havia nele um seguro instinto, senão uma consciência clara, que o levava a aproximar-se cada vez mais da classe operária[14], se bem que ainda sem uma compreensão precisa do papel histórico da classe operária como tal.

E ao denunciar a ação liberticida das classes dominantes — os "plutocratas", como dizia —, Lima Barreto acentuava a sua opinião: "Refiro-me à ação dos plutocratas, da sua influência seguida, constante, diurna e noturna, sobre as leis e sobre os governantes, em prol de seu insaciável enriquecimento".

Embora incidindo em certas confusões, que não é difícil apontar nos seus escritos, o fato é que o autor de *Bagatelas* não se iludia sobre o caráter de classe do Poder, que a greve geral de 1917 em São Paulo se encarregara de pôr a descoberto. O trecho acima transcrito é bastante claro a esse respeito. Há porém uma passagem, no artigo "Vera Zassulitch", em que o seu pensamento aparece formulado em termos ainda mais claros, ao escrever que — "o Estado atual é o 'dinheiro' e o 'dinheiro' é a burguesia que açambarca, que fomenta guerras, que eleva vencimentos, para aumentar os impostos e empréstimos, de modo a drenar para as suas caixas-fortes todo o suor e todo o sangue do país, em forma de preços e juros de apólices".

*

Por "plutocratas" queria designar, ao que parece, não só os grandes capitalistas, mas também os grandes fazendeiros e senhores de terra, pois combatia indiscriminadamente a uns e a outros.

Combatia o latifúndio e reclamava a reforma agrária como condição indispensável ao livre desenvolvimento da economia nacional. Tratou disso mais de uma vez, sobretudo no artigo-manifesto a que deu o título de

---

[14] Em artigo de 1919, declarava-se então "inimigo irreconciliável do capitalismo".

"No ajuste de contas..." e no artigo que escreveu sobre o livro *Problema vital*, de Monteiro Lobato. Vital, para este último, era o problema da saúde. Para Lima Barreto, o problema da saúde estava ligado e dependia mesmo do problema da terra, este, sim, um problema vital, fundamental. Era preciso, antes de mais nada, liquidar o latifúndio — "dividir a propriedade agrícola, dar a propriedade da terra ao que efetivamente cava a terra e planta e não ao doutor vagabundo e parasita, que vive na casa-grande ou no Rio ou em São Paulo".

Mas não só em artigos de jornal — recolhidos neste e noutros volumes de publicação póstuma — abordou Lima Barreto o problema da terra. Era um escritor da cidade, nascido e criado no Rio de Janeiro, de onde nunca se afastou senão em raras e breves estadas em alguma pequena cidade do interior. Entretanto, por suas preocupações de ordem política e social, era naturalmente levado a interessar-se pelos problemas nacionais em seu conjunto — e daí o seu interesse pela questão agrária, cuja importância fundamental não lhe escapava, num país como o Brasil, vivendo ainda em condições semifeudais de exploração da terra. Conhecia a questão e dela cogitou não apenas através de comentários na imprensa, em ocasiões diferentes, mas de maneira ainda mais aprofundada, através da sua obra de ficção, e muito em particular nos romances *Policarpo Quaresma* e *Numa e a Ninfa*.

Em *Numa e a Ninfa*, o romancista põe a nu, precisamente, alguns dos aspectos que melhor caracterizam a situação da agricultura brasileira, e o romance, que é uma sátira dos costumes políticos da época, tem como centro principal da sua ação o Ministério do Fomento Nacional, ninho de burocratas e charlatães da pior espécie. O quadro grotesco é aí traçado com mão de mestre, e equivale a uma crítica extremamente severa da maneira pela qual o governo de latifundiários busca perturbar e engodar a opinião do país acerca do fomento da agricultura nacional.

No *Policarpo Quaresma*, o romancista trata diretamente da situação de miséria em que vivem os trabalhadores agrícolas, e aponta o latifúndio como a causa das causas de todas as calamidades que atormentam as populações do interior do país.

As ilusões primeiro e depois as desilusões do major Policarpo Quaresma estavam intimamente ligadas às condições da vida rural brasileira. Em contato pessoal com a dura realidade existente na roça, a sua alma quixotesca sofria e sangrava: "... a situação geral que o cercava, aquela miséria na população campestre que nunca suspeitara, aquele abandono de terras à improdutividade, encaminhavam sua alma de patriota meditativo a preocupações angustiosas"[15].

Olga, afilhada do major Policarpo, também em visita ao sítio Sossego, no qual o padrinho depositava tão grandes esperanças de trabalho e de ação social, não tardou a perceber que havia ali algo de errado e monstruoso. "O que mais a impressionou no passeio foi a miséria geral, a falta de cultivo, a pobreza das casas, o ar triste, abatido da gente pobre.

Educada na cidade, ela tinha dos roceiros ideia de que eram felizes, saudáveis e alegres. Havendo tanto barro, tanta água, por que as casas não eram de tijolos e não tinham telhas? Era sempre aquele sapé sinistro e aquele sopapo que deixava ver a trama de varas, como o esqueleto de um doente. Por que, ao redor dessas casas, não havia culturas, uma horta, um pomar? Não seria tão fácil, trabalho de horas? E não havia gado, nem grande nem pequeno. Era raro uma cabra, um carneiro. Por quê? Mesmo nas fazendas, o espetáculo não era mais animador. Todas soturnas, baixas, quase sem o pomar olente e a horta suculenta. A não ser o café e um milharal, aqui e ali, ela não pôde ver outra lavoura, outra indústria agrícola. Não podia ser preguiça só ou indolência. Para o seu gasto, para uso próprio, o homem tem sempre energia para trabalhar."[16] Olga indagava de si mesma — por que tudo aquilo? seria da terra? que seria? "E todas essas questões desafiavam a sua curiosidade, o seu desejo de saber, e também a sua piedade e simpatia por aqueles párias, maltrapilhos, mal alojados, talvez com fome, sorumbáticos! ... — Pensou em ser homem. Se o fosse

---

[15] Lima Barreto, *Triste fim de Policarpo Quaresma* (Rio de Janeiro, Gráfica Editora Brasileira, 1948), p. 164.
[16] Ibidem, p. 154-5.

passaria ali e em outras localidades meses e anos, indagaria, observaria e com certeza havia de encontrar o motivo e o remédio. Aquilo era uma situação de camponês da Idade Média e começo da nossa: era o famoso animal de La Bruyère que tinha face humana e voz articulada..."[17]

Ao dia seguinte, o trabalhador Felizardo, com quem ela conversou, fez-lhe vislumbrar a realidade, em algumas respostas às suas perguntas: — "*Sá dona tá* pensando uma coisa e a coisa é outra" ... "Terra não é nossa" ... "Governo não gosta de nós"[18]... As respostas trôpegas mas concretas do roceiro fizeram nascer no seu espírito novas indagações: "E a terra não era dele? Mas de quem era então, tanta terra abandonada que se encontrava por aí? Ela vira até fazendas fechadas, com as casas em ruínas... Por que esse acaparamento, esses latifúndios inúteis e improdutivos?"[19].

O major Policarpo só veio a compreender a verdade muito depois de se estabelecer no Sossego, ao cabo de um sem-fim de canseiras e atribulações, de longa e mesquinha luta contra a esmagadora pressão de um meio atrasado — a rotina, a lei, a autoridade, o fisco, o mandonismo, a corrupção... Eis como o romancista descreve a reação produzida na mente do seu herói por aquele desabar de ardentes ilusões: "A luz se lhe fez no pensamento... Aquela rede de leis, de posturas, de códigos e de preceitos, nas mãos desses reguletes, de tais caciques, se transformava em potro, em polé, em instrumento de suplícios para torturar os inimigos, oprimir as populações, crestar-lhes a iniciativa e a independência, abatendo-as e desmoralizando-as. — Pelos seus olhos passaram num instante aquelas faces amareladas e chupadas que se encostavam nos portais das vendas preguiçosamente; viu também aquelas crianças maltrapilhas e sujas, de olhos baixos, a esmolar disfarçadamente pelas estradas; viu aquelas terras abandonadas, improdutivas, entregues às ervas e insetos daninhos; viu ainda o desespero de Felizardo, homem bom, ativo e trabalhador, sem ânimo

---

[17] Ibidem, p. 155.
[18] Ibidem, p. 156.
[19] Ibidem, p. 157.

de plantar um grão de milho em casa e bebendo todo o dinheiro que lhe passava pelas mãos — este quadro passou-lhe pelos olhos com a rapidez e o brilho sinistro do relâmpago"[20].

Mas a luz do relâmpago serviu também para iluminar melhor o seu entendimento e fazer-lhe perceber em profundidade que o grande problema não podia ser resolvido parcialmente, com pequenas medidas de boa vontade individual, mas exigia, pelo contrário, grandes e radicais soluções de natureza coletiva: "Era preciso trabalhos maiores, mais profundos; tornava-se necessário refazer a administração. Imaginava um governo forte, respeitado, inteligente, removendo todos esses óbices, esses entraves, Sully e Henrique IV, espalhando sábias leis agrárias, levantando o cultivador... Então sim! O celeiro surgiria e a pátria seria feliz"[21].

Sully e Henrique IV entram aí, um pouco anacronicamente, à conta da exaltação quixotesca do major Policarpo; mas o pensamento da reforma agrária, como deve ela ser resolvida em nossos dias, sobretudo depois da Revolução Russa, estava bem claramente subentendido nas palavras do indefesso e áspero patriota, que no caso exprimia o próprio pensamento do romancista.

*

Lima Barreto chegou também a compreender o que havia de fundamental no caráter imperialista da guerra de 1914/1918. Em numerosas passagens deste volume se encontram comentários dedicados à Primeira Guerra Mundial, ao seu caráter e às suas consequências.

No final desse mesmo artigo de 1917, escrito a propósito da greve geral de São Paulo, refere-se o autor ao "cinismo dos especuladores" que fizeram da guerra motivo de pingues negócios. Na "Carta Aberta" a Rodrigues Alves, a que já nos reportamos, fala igualmente dos especuladores

---

[20] Ibidem, p. 175-6.
[21] Ibidem, p. 178.

que entre nós enriqueceram "com a guerra, por todos os meios lícitos e ilícitos, honestos e imorais, de mãos dadas com as autoridades públicas e os representantes do povo". Em "Homem ou boi de canga?" que vem já no fim do volume, sem data, escrevia sobre a entrada do Brasil na guerra: "Esta última guerra foi uma mistificação de parte a parte. Vimos, agora, depois [...] que veio à tona o 'negócio dos navios', como e por que nós entramos na guerra; como estávamos ameaçados de morrer aos milhares no norte de França, unicamente para que alguns especuladores ganhassem, em suma, um, dois ou mais milheiros de contos. Eis aí a guerra, na sua essência".

No artigo "São capazes de tudo...", datado de janeiro de 1919, Lima Barreto procede a um balanço das suas atitudes ainda vacilantes no começo da guerra de 1914/1918. Logo que veio a perceber o que havia de fato por trás da propaganda de um lado e do outro, manifestou abertamente a sua total condenação a um conflito que apenas refletia as contradições de interesses existentes entre as grandes potências imperialistas.

Consequentemente, denunciou a farsa montada em Versalhes pelos vencedores para ditar "um tratado de paz, cujas condições e cláusulas trazem no bojo outras guerras futuras" (artigo "A missão dos utopistas"). Já em artigo publicado alguns dias antes, "As lições da grande guerra", dedicado ao livro de igual título de A. Hamon, profligara a Conferência de Versalhes, nos seguintes termos: "Essa Conferência da Paz, em Versalhes, e a paz que dela sair não resolvem coisa alguma, porque lá nada é feito de boa-fé e num sentido largo e humano, de acordo com as grandes aspirações do nosso tempo, que não quer mais revolver o monturo do passado e a podridão da finança, sendo, por isso, uma paz precária". Neste ponto não guardava nenhuma ilusão: "Ninguém de consciência poderá dizer que a pachuchada de Versalhes esteja preparando a paz ou a paz saia dela. Dos regabofes no castelo de Luís XIV, só sairá guerra, mais guerra e sempre guerra...".

Contra a sinistra farsa que os imperialistas representavam em Versalhes, preparando o jogo para futuras guerras, protestava o escritor brasileiro em nome de uma paz verdadeira, que atendesse aos reais interesses da humanidade. A paz era para ele, acima de tudo, uma necessidade histórica que não admitia duas interpretações, e a sua defesa, por consequência, uma questão de princípio que não admitia transigências: "Porque o fim da civilização não é a guerra, é a paz, é a concórdia entre os homens de diferentes raças e de diferentes partes do planeta; é o aproveitamento das aptidões de cada raça ou de cada povo para o fim último do bem-estar de todos os homens. Ao contrário, não teria sentido algum".

*

Há nos escritos de Lima Barreto frequentes referências a livros que leu sobre coisas americanas, e não é descabido supor que a sua curiosidade em conhecer a vida americana teve como ponto de partida a questão do tratamento dado aos negros, nos Estados Unidos, ainda depois de liquidada a escravidão. Muito teria aproveitado, nesse sentido, com a leitura do famoso panfleto de Eduardo Prado — *A ilusão americana*, onde há mesmo uma página em que o autor denuncia o papel representado por navios negreiros americanos no tráfico de escravos para o Brasil[22].

---

[22] "Já falamos do muito que contribuíram os Estados Unidos para a duração da escravatura no Brasil pela força do seu exemplo, e também por ter inspirado aos tímidos o receio de que a solução do problema do Brasil fosse a mesma tragédia da América do Norte. Não devemos, porém, esquecer que os americanos contribuíram muito para o tráfico africano no Brasil. O Presidente Taylor, na sua mensagem de 4 de dezembro de 1849, dizia: 'Não se pode negar que este tráfico é feito por navios construídos nos Estados Unidos, pertencentes a americanos e tripulados e comandados por americanos'. E isto não nos deve causar maior admiração do que nos causa o lermos na mensagem presidencial de 1856, que 'é indubitável que o tráfico africano encontra nos Estados Unidos muitos e poderosos sustentadores'. De entre as muitas provas da grande parte que os americanos do Brasil tomaram no tráfico, destacaremos o depoimento juramentado do capitão W. E. Anderson, americano, depoimento prestado na legação americana do Rio de Janeiro no dia 11 de junho de 1851. Diz o capitão Anderson que, em 1843, fez o conhecimento de Joshua M. Clapp, cidadão americano, que 'antes e depois daquela época ocupava-se em larga escala da compra e frete de navios americanos para o tráfico'. Refere-se ainda Anderson a um outro americano, Frank Smith, que também era negreiro. O ministro americano em

Provavelmente, Lima Barreto teria também estudado o problema das raças em obras de alguns propugnadores de teorias racistas, tão em moda no século XIX, e que no século presente se extremaram no hitlerismo e ainda hoje inspiram o comportamento dos super-homens ianques em relação aos negros, aos índios, e às demais raças "inferiores" existentes no mundo. O resultado de tais estudos pode ser avaliado pelo tom desdenhoso com que se referia a semelhantes "teóricos" — "os tais Ammon, Lapouge, Gobineau e outros trapalhões antropólogos e etnográficos"[23]. O autor de *Bagatelas* não viveu bastante para conhecer os falecidos "sábios" do III Reich; mas já no seu tempo acompanhava de perto a prática americana da discriminação racial, com o segregamento e o linchamento de negros pelos louros e puritanos, descendentes de traficantes, piratas e aventureiros anglo-saxões.

Mas o preconceito racial, se era, como é de fato, mais agudo e mais brutal nos Estados Unidos, ele o sentia aqui também na terra brasileira, e o sentia bem à sua volta, pode-se dizer que na sua própria pele de mulato. A sua revolta e o seu protesto contra as consequências de tal preconceito se manifestam, direta ou indiretamente, em mais de um passo da sua obra, inclusive na sua obra de ficção, principalmente no *Isaías Caminha* e na *Clara dos Anjos*, esta e aquele criaturas de cor, da mesma cor do romancista que as criou.

Com relação, porém, aos Estados Unidos, outros motivos havia, de ordem histórica e sociológica, que alimentavam os sentimentos anti-ianques do nosso grande escritor negro. Não negava "as qualidades do indivíduo americano"; o que não tolerava, o que lhe causava arrepios à sensibilidade e à razão era o chamado "estilo de vida" que a burguesia norte-americana

---

seu despacho, remetendo esse depoimento, queixa-se muito de Clapp e de Smith, como grandes negreiros que, diz o ministro, 'desonram a bandeira dos Estados Unidos'. O depoimento de Anderson revela todos os ardis dos americanos do Rio na costa de África, as suas crueldades e os seus grandes lucros." (Eduardo Prado, *A ilusão americana*, Rio de Janeiro, Brasiliense, 1933, p. 227-9).

[23] Lima Barreto, *Marginália*, cit., p. 16.

pretende apresentar ao mundo como padrão ideal da sociedade capitalista, o suprassumo da ordem e da prosperidade. Daí os seus repetidos remoques à "hipocrisia norte-americana"[24], aos "hipócritas estadunidenses"[25], ao "brutal e odioso Estados Unidos"[26]. Dizia que o "fundo do espírito americano é a brutalidade, o monstruoso, arquigigantesco", e por isso denunciava com sarcasmo aqueles que entre nós se embasbacavam diante do colosso: "Nós só vemos dos Estados Unidos o verso, não vemos o reverso ou o avesso; e este é repugnante, vil e horroroso"[27].

Além do problema do negro, o que mais lhe interessava era a história das relações dos Estados Unidos com outros países: "Fui estudar alguma coisa da história das relações ianques com outros Estados estrangeiros; é deplorável, é cheia de felonias"[28]. Essas leituras robusteceram a sua convicção de que "os processos políticos dos Estados Unidos são os mais ignóbeis possíveis; que eles têm por todos nós um desprezo rancoroso e humilhante; que quando falam em liberdade, em paz e outras coisas bonitas, é porque premeditam alguma ladroeira ou opressão"[29].

Mas a melhor lição que recebeu sobre a matéria foi a que os Estados Unidos lhe proporcionaram durante a guerra e no após-guerra. Melhor que os livros mais documentados e os panfletos mais veementes, a lição prática da guerra e do após-guerra, acompanhada ao vivo, mostrou-lhe o que era na realidade o "idealismo" wilsoniano dos magnatas de Wall Street, revelando-lhe ao mesmo tempo, em toda a sua hedionda nudez, o que era a famosa diplomacia do dólar. E quando aqui se pretendeu justificar a entrada do Brasil na guerra, com a esfarrapada alegação de tais e tais "imperativos" de uma suposta "tradição" da nossa política externa, a Lima

---

[24] Ibidem, p. 61.
[25] Ibidem, p. 55.
[26] Ibidem, p. 13.
[27] Lima Barreto, "O nosso ianquismo", em *Bagatelas*, cit.
[28] Idem, *Marginália*, cit., p. 16-7.
[29] Idem, "São capazes de tudo...", em *Bagatelas*, cit.

Barreto coube interpretar a genuína tradição de brio e independência do povo brasileiro, escrevendo o artigo "São capazes de tudo...", que publicou em janeiro de 1919. São desse artigo as seguintes palavras, que permanecem de pé e por isso mesmo ainda hoje merecem destaque:

"Falo, sem temor, dessas coisas da política internacional porque conheço o estofo dos pedantes que a querem fazer coisa transcendente. Eles o que pretendem é tapar o Sol com uma peneira; e, nesse caso dos Estados Unidos, disfarçar a sua falta de hombridade, de decoro, de vergonha, de orgulho, com um palavreado oco e parlapatão. Não há livros verdes ou de todas as cores do arco-íris que possam negar a triste e ignominiosa verdade de que o Brasil é e está sendo caudatário desavergonhado da América do Norte."

Algumas semanas mais tarde voltava à carga com o artigo "O nosso ianquismo", escrito no mesmo diapasão e repleto de fatos e argumentos, e então, ao considerar a posição do Brasil em face dos Estados Unidos, resumiu tudo numa frase: ... "somos um disfarçado protetorado"...

Lima Barreto confiava, todavia, na vontade revolucionária e na força invencível do povo. Sabia que nenhum povo se submete sem luta ao jugo de qualquer potência estrangeira. Sabia que mais cedo ou mais tarde o povo brasileiro se levantaria contra a opressão e, par a par com os povos irmãos da América Latina, igualmente oprimidos pelo imperialismo norte-americano, expulsaria o opressor do solo sagrado da Pátria. Esta confiança, ele a exprimiu em termos proféticos, num artigo publicado em dezembro de 1920:

"Não dou cinquenta anos para que todos os países da América do Sul, Central e o México se coliguem a fim de acabar de vez com essa atual pressão disfarçada dos ianques sobre todos nós; e que cada vez mais se torna intolerável."[30]

*

[30] Idem, *Marginália*, cit., p. 149-50.

Lima Barreto reuniu neste volume artigos e crônicas de assunto vário, oferecendo ao leitor e ao crítico grande diversidade de reflexões acerca de acontecimentos do seu tempo. Mas não é nosso propósito proceder ao exame de todos os assuntos abordados pelo autor. Limitamo-nos a buscar o seu pensamento e a definir a sua posição de escritor do povo em face dos grandes problemas contemporâneos. O que principalmente nos interessa aqui é verificar o que há de positivo e atual nos seus escritos de ocasião. Feito isto — e foi só o que tentamos fazer — podemos concluir.

Concluiremos afirmando que *Bagatelas* nos parece um livro vivo, um livro por assim dizer militante, por meio do qual o seu autor sobrevive e participa, ainda hoje, das grandes lutas do nosso povo pela paz, a democracia e a independência nacional.

E este é o seu maior título de glória.

(1956)

A VIDA E A MORTE NO ROMANCE DE JOSÉ LINS DO REGO

Nos cinco romances que formam o ciclo da cana-de-açúcar de José Lins do Rego, a Morte surge a cada passo como personagem indefectível, de todos o mais perseverante, e a cujo influxo exterminador vão baqueando, numerosamente, muitos dos demais personagens que povoam o longo memorial do escritor nordestino.

Muito curioso de notar-se, desde logo, é que o memorialista, já no primeiro volume da série, confessa o seu medo da morte: "Tinha um medo doentio da morte"[1]. No segundo volume a confissão é repetida: "O medo da morte envolvia-me em suas sombras pesadas. Sempre tivera medo da morte... Tinha medo dos enterros"[2]. Este medo — medo "doentio", verdadeira obsessão — era afinal um sentimento dominante na coletividade: "O povo todo de sala do Santa Rosa tinha medo da morte. Me ensinaram a correr dos enterros, a me sentir mal com os defuntos"[3]. Poderíamos aqui generalizar e estender a observação para além dos limites do Santa Rosa... Efetivamente, todos nós, exceto talvez os senhores médicos e os senhores coveiros, somos nascidos e crescidos, tanto na roça como na cidade, nesse mesmo ambiente supersticioso de medo mais ou menos doentio dos mortos e dos enterros. Mas José Lins do Rego não afasta de si esse medo; parece até que experimenta uma certa volúpia em mexer e remexer nele, fazendo de Dona Morte o personagem mais importante dos seus romances...

---

[1] José Lins do Rego, *Menino de engenho* (2. ed., Rio de Janeiro, José Olympio, 1956), p. 114.
[2] Idem, *Doidinho* (1. ed., Rio de Janeiro, José Olympio, 1943), p. 230.
[3] Ibidem, p. 315.

"Eu tinha uns quatro anos no dia em que minha mãe morreu." Assim inicia Carlos de Melo o seu memorial, no *Menino de engenho*. A narrativa começa com essa evocação da morte, e a morte vai até ao fim, devastando sem piedade a população dos cinco volumes do ciclo.

Ainda no *Menino de engenho* morrem a prima Lili, "magrinha e branca"; o negro Salvador, afogado numa cheia que inundou o Santa Rosa; o negro Gonçalo, assassinado numa briga com o negro Mané Salvino. Até o Jasmin, carneiro de estimação do menino, morre aí, vítima da matança coletiva de porcos e carneiros destinados ao banquete com que se ia festejar o casório da tia Maria. "Saí da matança com a alma doendo"... anota o memorialista.

No *Doidinho*, o pequeno Carlos perdeu o pai, que morreu longe, no manicômio onde estava desde anos. Vem depois a descrição da morte e do enterro de Aurélio, o Papa-Figos, colega no internato. A noite desse dia terrível, Carlinhos chorou, mas não foi com pena de Aurélio: "chorava com medo da morte". No fim do volume, chega-lhe ao colégio a notícia da morte, no Engenho, de vovó Galdina, preta centenária.

No *Banguê* a morte vence o velho Zé Paulino. Carlos de Melo não assistiu à morte do avô. Quando chegou no Santa Rosa, depois de algumas léguas a cavalo, o velho já estava estendido na sala da casa-grande, cheia de gente compungida e chorosa. Carlos, já feito homem, doutor formado no Recife, era o mesmo Carlinhos medroso diante da morte. Não tinha coragem de ver o corpo do avô... Mas afinal era preciso vê-lo: "Fiz força e olhei-o. A cara era a mesma, a barba branca e o lenço por baixo do queixo. Tinha que lhe beijar como o fizeram os outros parentes. Sentia sua mão fria na boca. E o cadáver me gelou o corpo de pavor. Quis gritar, correr dali, mas não podia, aterrado, como se estivesse fulminado, não encontrando forças para sair. Fechei os olhos e os meus ouvidos zuniam". Depois do velório, a cena do enterro, com este final que é um achado: "Ouvi o batuque de pás de pedreiro e a queda do caixão no fundo da terra. Tinham plantado meu avô". Ainda no *Banguê* a senhora Morte liquida mais sete vidas: a do bom velho seu Lula, senhor de engenho arruinado, vizinho do

Santa Rosa; a da velha Sinhazinha, cunhada do avô Zé Paulino, ruim que nem ela só; e mais cinco trabalhadores mortos numa briga.

A ação do *Moleque Ricardo* se desenvolve quase toda no Recife, e do povo do Santa Rosa só aparecem nele Ricardo e Carlos. Mas a morte estava presente em toda parte... e prosseguia em sua lúgubre faina, infatigavelmente. A pretinha Guiomar, namorada de Ricardo, morre envenenada, por suicídio; dona Isabel, mulher do seu Alexandre da venda, morre de doenças da velhice; Francisco, caixeiro do seu Alexandre, morre em consequência de ferimentos recebidos num conflito; o operário Florêncio, idem, idem, depois de meses de sofrimento, em cima da cama; Odete, com quem Ricardo casara, morre tuberculosa. Sendo que, além dessas mortes de personagens individualizados, ocorrem no *Moleque Ricardo* dezenas de outras mortes de personagens anônimos, tombados nas ruas do Recife, em conflitos políticos.

Com a *Usina*, volume final da série, regressamos às terras do ex-Santa Rosa, agora Bom-Jesus, entestando com a poderosa São Félix; e durante a viagem vamos lendo o soberbo capítulo em que Ricardo faz a evocação da vida trágica dos prisioneiros de Fernando de Noronha, e no qual se registram duas mortes: a de Simão, companheiro de presídio, e a de pai Lucas, amigo que ficara no Recife.

O último romance do ciclo — na minha opinião o mais complexo, mais largo e mais denso de todos — é a história da liquidação do banguê esmagado pela usina e da usina mais fraca esmagada pela usina mais forte. A luta que aí se trava já não é só a luta de homens contra homens, mas de grupos contra grupos, de categorias contra categorias, de instituições contra instituições. E no meio desse tumulto, a ação inexorável da Morte assume proporções por assim dizer mais grandiosas, mesmo quando suas vítimas são pessoas de condição humilde e miserável. É o caso do velho feiticeiro Feliciano morrendo assado no incêndio do seu casebre mal-assombrado. É o caso de Joaquim, triturado nas engrenagens da usina. É o caso, enfim, de Ricardo e de seu Ernesto, estraçalhados pela multidão furiosa de famintos.

Muito se morre, com efeito, no decorrer dos cinco volumes do ciclo — extraordinária narrativa que fixa admiravelmente um dos mais dramáticos momentos de transição na história do desenvolvimento do Nordeste brasileiro. E muito se morre porque na verdade muito se vive; porque José Lins do Rego, com esses romances, traçou precisamente uma história viva, baseada não em documentos inanimados de arquivos, mas sim em documentos de carne e osso, vivos e vividos.

História verdadeira de homens, mulheres, crianças e até bichos que vivem e morrem, trabalham e penam, amam e sofrem, esmagam e são esmagados...

Vida e morte.

(1937)

A TRAGÉDIA DE SACCO E VANZETTI

No dia 15 de abril de 1920, na cidade de South Braintree, Massachusetts, um pagador e um guarda da fábrica de calçados Slater & Morril foram assassinados, em frente ao escritório da firma, no momento em que carregavam dois cofres com perto de 16 mil dólares, destinados ao pagamento do pessoal da fábrica. Cena rapidíssima, executada com absoluta perícia profissional por um bando de gângsteres, treinados em atos dessa natureza. Automóveis, tiros, correrias, gritos — e minutos depois os assaltantes haviam desaparecido sem deixar o menor rastro.

Caso comum naquele país, crime planejado segundo as melhores receitas do modo de vida americano. Mas acontece que o caso ocorreu num momento, logo depois da Primeira Guerra Mundial e da Revolução Russa, em que a reação contra o chamado "perigo vermelho" se fazia sentir com particular ferocidade, e muito especialmente contra os "radicais estrangeiros".

O crime de South Braintree forneceu à reação o pretexto — em verdade, um infame pretexto — para infligir uma "lição" pesada aos operários e aos sindicatos revolucionários. A polícia pegou dois operários italianos, Nicola Sacco e Bartolomeu Vanzetti, conhecidos como ativistas do movimento operário. Contra eles se forjou um monstruoso processo — inspirado por um ódio calculado, frio e baseado em torpes mentiras —, o qual se prolongou por mais de sete anos, até 22 de agosto de 1927, quando Sacco e Vanzetti foram eletrocutados.

O processo teve tremenda repercussão mundial, suscitando uma onda de indignação e espanto que percorreu os quatro cantos do mundo. Sacco e Vanzetti, dois trabalhadores honestos, dois homens de inatacável honradez, eram absolutamente inocentes, nem podiam ter participado, por forma alguma, do assassinato e do roubo que a "justiça" americana lhes atribuía. Tudo isso ficou provado, mil vezes provado, materialmente provado, durante o processo. Mas nada disso importava — era necessário aplicar um severo "castigo" ao movimento operário, e não houve nada, nem provas nem fatos, nem testemunhas, nem protestos, nem apelos, nem a cólera mundial, nada, nada, que movesse a empedernida obstinação de semelhante "justiça", a mais odienta e odiosa *justiça de classe* que já funcionou sobre a face da terra.

Deste caso, dos sete anos de agonia dos dois operários e das circunstâncias que lhe deram amplitude internacional, fez o romancista americano Howard Fast um livro admirável — *A tragédia de Sacco e Vanzetti*, que acaba de ser publicado, em excelente tradução brasileira, pela coleção Romances do Povo da Editorial Vitória.

*

A tragédia de Sacco e Vanzetti é um romance histórico, realizado com mão de mestre por um dos maiores romancistas do nosso tempo. Howard Fast conseguiu o milagre literário de contar num pequeno volume, que se lê em algumas horas, a longa e vivida tragédia de um processo que durou sete anos. Sem fugir à verdade histórica, mesmo nos detalhes de certos episódios, o livro reflete e traduz os momentos mais significativos do processo, desenvolvendo-se a narrativa segundo um plano de composição claro, lógico, equilibrado, a que não falta certo sopro generoso de humana poesia, e tudo, obviamente, sob a pressão de uma carga emocional de extraordinária dramaticidade.

Sacco e Vazetti são retratados em traços sóbrios, com uma simpatia calorosa e muito natural, mas sem exageros nem concessões a nenhum fácil sentimentalismo, e por isso mesmo sentimos no seu comportamento a presença de uma força moral que cresce com o seu martírio, dia a dia, mês a mês, ano a ano, até o minuto final da cadeira elétrica, quando adquire um timbre patético de excepcional magnitude. São dois homens de bem no melhor sentido da palavra, criaturas simples, normais, compreensivas, um mais calado, o outro mais expansivo, mas ambos igualmente limpos de coração, o ânimo sereno, firme, sem o menor desfalecimento jamais. Dois íntegros filhos da classe operária, exemplos de abnegação e coragem.

Com o mesmo vigor e respeito à verdade são desenhados pelo romancista os diversos personagens que funcionam no processo como representantes do Estado — o chefe de polícia, o promotor público, o juiz, o governador, o presidente e outros menores. O autor não lhes cita os nomes, mencionando-os pelos cargos que ocupam, o que no caso me parece uma solução muito feliz, pois assim aparecem como personagens típicos do papel que representam no romance e representaram na vida. São uns seres medíocres, duros, secos, áridos, embotados, empalhados, míseros homúnculos de uma classe condenada pela história a um fim ignominioso e irremissível. Tristes carrascos, almas de mineral, vergonha do gênero humano.

Sacco e Vanzetti falaram no tribunal, perante o juiz, na hora em que este proferia a sentença de morte. Suas palavras foram registradas. São palavras de verdadeiros heróis da classe operária. Vanzetti, em certo momento, encarando o juiz de frente, exalta o seu companheiro, mas podia dizer a mesma coisa de si próprio:

"O nome de Nicola Sacco viverá na lembrança e na gratidão do povo quando o tempo já tiver desbaratado os ossos do promotor público e os do senhor, e quando o nome, as leis e instituições que o senhor representa não forem senão uma pálida lembrança de um passado maldito, em que os homens se atiravam contra os homens, como os lobos..."

A profecia de Vanzetti está se cumprindo, inexoravelmente... O romance de Howard Fast aí está para comprová-lo.

*

O processo de Sacco e Vanzetti não é caso único na história da "justiça" capitalista americana. Dos mártires de Chicago, processados em consequência da greve de 1886, que deu origem ao 1º de Maio, até à recente execução do casal Rosenberg, repetidas vezes se verificaram processos semelhantes nos Estados Unidos.

E sempre, repetidamente, provocando uma verdadeira onda de unânime indignação no mundo inteiro[1]. Mas os tribunais e juízes ianques são surdos, cegos, mudos, no seu ódio zoológico à classe operária e às suas lutas. São máquinas de "julgar" a serviço da pior, mais brutal, mais cínica tirania dos tempos modernos.

Não devemos confundi-los, porém, com o povo americano, que é vítima dessa tirania. O povo americano — operários, homens e mulheres progressistas, intelectuais honestos — tem protestado sempre, na primeira linha, contra os tiranos e seus vis servidores. Nem nos esqueçamos que do seio do povo americano é que saíram os Albert Parsons, os negros de Scottborough, os Sacco e Vanzetti, os Rosenberg, centenas e milhares de outros. O povo americano fala pela voz poderosa e livre dos seus escritores progressistas.

(1955)

---

[1] No Brasil, desde os primeiros momentos se fizeram ouvir os protestos populares contra o monstruoso processo. Os sindicatos operários, em suas assembleias internas e em comícios na praça pública, em publicações e proclamações avulsas, participaram, durante anos a fio, da campanha em favor de Sacco e Vanzetti. A pequena imprensa operária e popular sustentou a batalha com indormida bravura. A própria imprensa burguesa encheu colunas, com largas manchetes, noticiando e denunciando as peripécias do processo. Em outubro de 1921 criou-se no Rio de Janeiro um Comitê Popular de Agitação Pró-Sacco e Vanzetti, com ramificações por vários Estados. O mensário *Movimento Comunista*, datado de fevereiro de 1922, noticiava a realização de comícios de protesto promovidos pela Federação Operária do Rio de Janeiro, e estampava uma proclamação dos comunistas do Centro Comunista do Rio de Janeiro, na qual se denunciava o caráter de classe do processo movido pela justiça americana contra os dois operários italianos. Esse mesmo número do referido mensário divulgava uma mensagem do Partido Comunista da América, agradecendo a solidariedade dos trabalhadores do mundo inteiro que lutavam para salvar a vida das duas vítimas do — "capitalismo americano, Bastilha da reação mundial". Uma novela de autor americano, M. Spayne, intitulada *O mistério do caso Sacco e Vanzetti*, foi traduzida em vernáculo e divulgada em folheto de cordel, já depois da execução dos inocentes. Outras muitas manifestações como essas podiam ser citadas, em demonstração da profunda e extensa repercussão que teve no Brasil a tragédia de Sacco e Vanzetti, de cujos episódios se serviu Howard Fast para construir o seu romance.

A SEMANA SANTA

Quando aparece um *Doutor Jivago*, não faltam editores sôfregos por fazer dinheiro à custa do escândalo publicitário ou da indústria anticomunista. Não faltam, igualmente, cronistas mais ou menos literários e colunistas mais ou menos políticos movidos também por semelhantes motivos. Mas quando aparece um romance de alto teor ao mesmo tempo literário e ideológico, como é o caso de *La Semaine Sainte*, de Aragon, o grande escritor comunista, aí os editores se encolhem, e os cronistas e colunistas nem sequer tomam conhecimento da obra. Tudo isso, afinal, é muito compreensível, e se o lembro aqui é apenas para acentuar a significação do silêncio observado, entre nós, no tocante ao último romance de Aragon.

Li *A Semana Santa* há uns três meses, em dias morosos de convalescença — e foi uma leitura também morosa e inicialmente nada fácil, tal a extraordinária densidade da atmosfera em que o romance se desenvolve, e em que se movimenta a massa compacta dos seus personagens. São perto de seiscentas páginas de prosa cerrada, em que a maneira de Aragon, rica, inventiva, audaciosa, atinge os seus melhores momentos de plasticidade e força persuasiva. São seiscentas páginas encharcadas de seiva romanesca, uma evocação em grande estilo da sociedade francesa durante a "Semana Santa" de 1815 — do domingo de Ramos ao sábado de Aleluia — durante a qual a corte de Luís XVIII fugiu de Paris, caoticamente, apavorada com a aproximação de Napoleão, que desembarcara no golfo Juan, escapo da ilha de Elba. O romance é precisamente isto — a história dessa fuga da família real a caminho da fronteira ao norte da França.

Não é um romance histórico — e Aragon o declara textualmente em advertência inicial. É obra de pura imaginação romanesca — e que poderosa imaginação! —, mas imaginação que se nutre fartamente da realidade de um momento dramático da história francesa. Houve o acontecimento histórico — a volta de Napoleão e a fuga de Luís XVIII: a imaginação do romance recriou livremente os múltiplos, presumíveis e tremendos pormenores do acontecimento. Muitos nomes verdadeiros de duques, marqueses, condes, marechais, damas da nobreza, e de alguns escritores e artistas etc., aparecem em suas páginas encarnando personagens do drama tais quais foram eles imaginados pelo romancista — mas isto sem conferir caráter histórico à obra. Há aí uma distinção à primeira vista especiosa, criando um difícil problema de transposição literária, que entretanto Aragon soube resolver com excepcional mestria, sem o menor sacrifício dos direitos da imaginação e ao mesmo tempo sem qualquer deformação da realidade.

Outra característica de *A Semana Santa* consiste em que o romance, além de uma centena ou mais de personagens de proa, põe em movimento a própria população das províncias francesas por onde seguem os fugitivos, que formam um imenso e desordenado cortejo de carruagens e tropas militares, com todo um pesado trem de acompanhamento, abalando seres e coisas por onde passa, como um terremoto de medo e de ódio.

Obra de vastas proporções — não só pela quantidade de páginas como, principalmente, pela complexidade da sua estrutura e pela qualidade de sua realização artística —, *A Semana Santa* nos sugere numerosos pontos de comentário, o que tentaremos fazer em notas subsequentes.

*

A Semana Santa é um romance-epopeia. Estranha e tumultuosa epopeia, narrativa tragicômica, cheia de episódios dramáticos e cortada de passagens risíveis. Em certa altura do livro o próprio autor refere-se à tragicomédia desta "Semana Santa".

Imagine-se o que podia ser aquela fuga de centenas de veículos diversos puxados a cavalo, desde as pomposas carruagens reais até às pesadas almanjarras bagageiras, e ainda as tropas militares de segurança também a cavalo... tudo isso em marcha desordenada, tangida pelo terror e pela covardia, num salve-se quem puder batendo estradas de chuva e lama, ou de sol e poeira, durante toda uma semana... Por ali, escreve Aragon — "passava o destino da França, com a cavalaria do rei, numa hora em que tudo era posto em causa, o bem, o mal, o sentido da vida, a natureza da pátria...".

Acrescente-se a esse espetáculo físico — ao mesmo tempo trágico e grotesco — o que se passava no íntimo daqueles grão-senhores dominados pelo medo, roídos pela desconfiança, desentendidos pelo ódio, dando ordens e contraordens, o rei gordo, reumático e malcheiroso a desmoralizar vergonhosamente as suas origens divinas. Na realidade, essa corja de fujões pouco se importava com o destino da França, e muito menos com o bem e o mal, com o sentido da vida e a natureza da pátria: só lhe interessava atravessar rapidamente a fronteira para pedir a intervenção de tropas estrangeiras contra o Corso.

A fuga de Luís XVIII e sua corte constitui o grosso do romance, o seu motivo central, mas nele se inserem numerosos incidentes laterais e convergentes, cenas e quadros variados, dramas, comédias, idílios, amores efêmeros, sonhos, utopias, conspirações e também as vistas do autor rasgando perspectivas para o futuro. A narrativa, em consonância aliás com o próprio desenrolar dos tumultuários acontecimentos narrados, não segue nenhuma linha plana, regular, medida, e que certamente resultaria monótona; pelo contrário, todo o seu desenvolvimento é entrecortado de acidentes imprevistos, inclusive algumas saborosas audácias de composição, e estas quebras por vezes violentas na estrutura da obra, se lhe conferem uma feição de aparente "desordem", nos deixam, por outro lado, uma impressão de extraordinária força artística, e isto é o que me parece mais importante. Efetivamente, só o domínio absoluto sobre os seus instrumentos de trabalho e sobre a matéria em processo de "ordenamento" artístico poderia permitir semelhantes audácias por parte do autor. E aqui reside, sem dúvida alguma, uma das marcas da sua grandeza, que se revela em toda a sua plenitude nesse romance.

*

O personagem central do romance não é o rei, não é nenhum príncipe, nenhum conde, nenhum marechal, nenhum grão-senhor, mas um jovem tenente de mosqueteiros a cavalo da Casa do Rei. Chama-se Teodoro Géricault, nome verdadeiro de alguém que existiu na vida real, o pintor Géricault, que se tornaria famoso como pintor de cavalos. Teodoro Géricault nascera em 1791 e estava, portanto, com 24 anos, naqueles dias da Semana Santa de 1815. Seus colegas de farda o respeitavam justamente por suas exímias qualidades de cavaleiro — o cavalo era a sua paixão.

Logo às primeiras páginas do romance ele aparece em meio à confusão e à expectativa que reinavam no quartel dos mosqueteiros, e atravessa todo o volume, vivendo intensamente as mal-aventuras da fuga ignominiosa, participante ao mesmo tempo espectador da tragicomédia. Pode-se dizer, também, que Géricault representa e encarna, no desenrolar da narrativa, a "consciência" em processo de formação que constitui a medula do livro e lhe imprime um claro sentido revolucionário.

Outros jovens oficiais — e também alguns civis — aparecem no romance, com prenomes familiares, um Alfredo, um Agostinho, que nada nos dizem de início e que depois descobrimos serem personagens da realidade, homens que o destino levaria a grande altura nas letras e na política: Alfredo de Vigny, Agostinho Thierry. Outro caso desses é o de um jovem orador de praça pública, um Sr. de Prat, mais adiante identificado como sendo Afonso de Prat de Lamartine. Estou citando esses personagens para acentuar o que há de audacioso na maneira pela qual o romancista resolveu o problema da coexistência no romance de pessoas reais e personagens puramente imaginárias — e ainda mais, representando, umas e outras, cenas e episódios inventados pelo autor. Este saiu-se brilhantemente da prova, pois tudo se entrosa logica e harmoniosamente no conjunto da narrativa, sem quebra de verossimilhança e tampouco sem nenhuma feição de cópia histórica da realidade, ainda quando esta é representada por homens de existência histórica real.

Teodoro Géricault e Agostinho Thierry discutem política e arte — e discutem acaloradamente. O jovem Agostinho, discípulo de Saint-Simon, havia publicado um ensaio sobre a reorganização da sociedade europeia. Teodoro está impaciente, irritadiço, desinteressado dos problemas políticos. Teria que partir aquela noite, como oficial da tropa de segurança da Casa Real em fuga, e o que mais lhe interessava era saber se o seu cavalo suportaria a marcha forçada a encetar dentro de algumas horas. Para o diabo a política! Mas Agostinho, se bem que aparentando timidez, não se dá por vencido e leva a conversa para o terreno da arte. Aí o pintor Géricault está no seu elemento próprio — e aí ele se esquece de Napoleão, de Luís XVIII, da confusão reinante em Paris, da fuga iminente, da marcha forçada, de tudo, para só ver, sentir, pensar, falar pintura.

Suas ideias sobre pintura merecem um comentário à parte.

*

Teodoro Géricault, a partir sobretudo do seu famoso "Couraceiro ferido", exposto no Salão de 1814, em Paris, firmou-se como grande pintor realista, um dos maiores do período romântico. A contemplação e o estudo dos gigantes italianos dos séculos XVI e XVII imprimiram mais vivo impulso — um impulso já consciente e assentado — à força instintiva que havia nele. Isto é o que dizem os seus biógrafos.

Aragon não faz biografia, mas interpreta e recria, com aguda veracidade, os pensamentos de Géricault sobre a pintura. No diálogo com Thierry — em verdade mais monólogo que diálogo — o pintor fala das suas preferências pelos possantes mestres italianos, entre os quais Caravaggio, com o qual possui não poucas afinidades de temperamento. Vale a pena resumir alguns dos conceitos e opiniões que o romancista

Aragon põe na boca de Géricault, naquela noite de maus augúrios em que começava a "paixão" do rei.

Os críticos e os fariseus acusavam Caravaggio de não saber desenhar nem escolher as coisas belas para pintar. Sem dúvida, a verdade crua lhe bastava, não era necessário embelezá-la nem disfarçar a "fealdade" com fáceis truques. Há no Louvre uma tela admirável de Caravaggio — "A Morte da Virgem"... Para representar a morta, ele tomou como modelo não uma princesa com cara de anjo, mas uma mulher do povo, com as feições sulcadas pelo sofrimento, a agonia na boca, a face molhada de suor, as narinas cor de cera, o corpo deformado pela doença, o ventre inchado. Eis o que não lhe podiam perdoar. Os padres recusaram colocar a figura hidrópica sobre um tabernáculo de pedras preciosas e colunas de jaspe. Queriam uma Virgem morta que revelasse a ideia da Transfiguração, um toque mágico que sugerisse a Assunção.

Géricault exalta-se e exclama:

— Eis o que esperam de nós, os pintores, e nos acusam quando não damos o que esperam. Devemos ser transfiguradores — da Virgem ou de Napoleão. Mas o tempo virá em que nos beijarão as mãos por termos visto uma verdade humana na multidão da feira, uma verdade surgindo na esquina! Não mais se repelirá então das igrejas, ou do que houver no lugar das igrejas, a violência dos sentimentos, a riqueza das formas, as paixões nuas, a expressão que zomba das conveniências para apenas cuidar da humanidade! Então, diante do homem que sofre e sangra, não se exigirá mais de nós que pintemos o Paraíso nos olhos dos moribundos, nem o de Deus, nem o idílio do Trianon, nem o mundo do Código Napoleônico!

Thierry ouvia e calava. Géricault continuou a falar de Caravaggio e da sua vida. Filho da miséria, empregou-se num atelier da moda, pintando flores e ornamentos em quadros alheios. Mas quando pintava por conta própria, chamando-se de pintor "naturalista" — palavra nova plena de desafios — e afastando-se do ambiente morno que impregnava as suas primeiras obras, apurava a ciência das sombras, o gosto dos contrastes, e via no contraste o princípio mesmo da arte, a carne da pintura.

Caravaggio ensinava que a beleza é secreta e não ostentação. Pintava assassinos, bêbedos, rufiões, e não trocava a roupa do povo por vestes de serafins ou de rainhas. Sua vida, como a sua pintura, foi uma vertigem. Vertigem que o levou a correr, de cidade em cidade, Veneza, Roma, Nápoles, Malta, Messina, Siracusa, Palermo, como um réprobo, como um maldito.

Os biógrafos contam o que foram os últimos anos de Caravaggio, o drama do gênio rebelado e do homem desmedido, força elementar da natureza, possante e sombrio como a sua própria pintura. Aragon, para falar de Caravaggio, serve-se de Géricault e traça algumas das páginas mais vigorosas e apaixonadas do romance, tomando como tema o pintor e o homem. Mas semelhante transposição romanesca só foi possível porque existem realmente entre a obra de Caravaggio e a de Géricault numerosos pontos de contato — uma e outra evidentemente estudadas pelo romancista com amorosa penetração crítica. E não seria difícil descobrir também alguma afinidade secreta do escritor com os dois pintores — cada qual se exprimindo, naturalmente, segundo as condições do seu tempo.

*

A Semana Santa é um romance de vasta e complexa contextura, não apenas em sua linha narrativa, mas sobretudo em seu desenvolvimento dramático, que se apoiam em planos temáticos superpostos, os quais por sua vez se movimentam em diferentes atmosferas psicológicas. É em verdade um espetáculo grandioso, feito propriamente de grandezas tragicômicas, participando dele todas as classes e camadas da população francesa, desde a alta nobreza até aos mais ínfimos campônios e também operários de uma indústria em pleno crescimento, e que crescia precisamente sobre os escombros da sociedade feudal.

Muito natural, portanto, que a certa altura da narrativa apareçam alguns personagens meio misteriosos — uns conspiradores de tradição babouvista, que se reúnem clandestinamente em volta de um chefe que viaja de Paris até Poix, *monsieur* Joubert, antigo companheiro de Babeuf na Convenção. E convém lembrar que Poix fica situada na Picardia, região histórica das jaquerias, e onde viveram, a seu tempo, Saint-Just, Babeuf, Saint-Simon...

Joubert, em conversa com um jovem correligionário, Bernard, filho de um companheiro de velhas batalhas políticas, recorda os tempos em que ali trabalhara Babeuf, como "feudista", espécie de medidor e arquivista, encarregado de registrar os títulos de propriedade senhorial. Em suas funções na Picardia é que Babeuf pôde conhecer de perto "as origens da miséria dos camponeses sem terras", e essa experiência viva lhe forneceria os elementos que inspiraram as suas teorias sociais — e sua posterior atividade revolucionária.

A reunião dos conspiradores, à noite, em terreno de uma fortaleza em ruínas, é descrita pelo romancista com emoção vigorosa e comunicativa. Eram uns doze ou quinze homens, de tipo e condição diferentes, inclusive um padre, os rostos ardentes iluminados por algumas tochas fincadas no chão. A situação incerta do país, o regresso de Napoleão, a fuga do rei, a perspectiva de novas guerras, as condições de vida do povo piorando dia a dia — de tudo isso, desordenadamente, falavam aqueles homens impregnados de sentimentos revolucionários, patriotas sofrendo com o povo as agruras da pátria, e buscando inspiração para novas lutas, nas tradições ainda vivas da década de 1790.

Mas o que mais nos interessa ressaltar, nessa passagem do romance de Aragon, é a impressão e as consequências que a reunião dos conspiradores produziu no ânimo de Géricault, o qual pudera observar tudo sem ser visto — em circunstâncias especiais que não importa relembrar.

*

O jovem Teodoro Géricault, mosqueteiro do rei, acompanhava o rei em fuga, mas em verdade pouco lhe importava o rei, e menos ainda a assustada caravana que seguia o tragicômico desfile da covardia real; o que mais lhe importava era o seu cavalo Trick, pois o cavalo era a sua paixão de cavaleiro e de pintor. Suas opiniões em assuntos políticos e sociais eram imprecisas, superficiais, exteriores à sua natureza de homem e de artista. O que via e o que sabia da vida política e social não lhe interessava nem fazia qualquer mossa em sua sensibilidade, entretanto ardente, impetuosa, dramática. Foi preciso que algo de inesperado, algo de realmente novo, se bem que ainda informe e fugaz como uma chispa, lhe aparecesse diante dos olhos e lhe penetrasse os ouvidos para que despertasse dentro dele o interesse humano por ideias e coisas até então insuspeitáveis: e esse algo imprevisto, que contrastava violentamente com o triste espetáculo da debandada real, foi o encontro casual e furtivo com os conspiradores de Poix. Aragon descreve com extrema sagacidade o processo de semelhante despertar da consciência política até então imatura do pintor.

Observador involuntário da conjura encabeçada pelo antigo convencional Joubert, vendo e ouvindo a discussão dos conjurados, em hora e lugar cheios de mistérios, e tudo isso como estranho parêntese na atribulosa sequência daquela tragicomédia, Géricault percebeu em dado momento que uma coisa extraordinária se passava no mais íntimo de si mesmo — "uma espécie de mudança profunda, inexplicável", que as palavras e ideias que conseguira entender não podiam, aliás, justificar. "Ele sentia em si alguma coisa como uma infiltração de sombras, uma simples orientação inconsciente." Não chegou a dar-se conta inteiramente do que se passava, do que via, do que ouvia, do que sentia... uma lenta percepção que levava o seu pensamento a deslocar-se da posição rotineira e a assumir novos compromissos diante da vida. E era uma vida diferente que parecia começar com a palpitação que vinha da miséria daqueles homens — "uma miséria que verdadeiramente ele não tinha visto nunca, nem adivinhado, amalgamada sobre destinos sem esperança". Teodoro parecia indagar: "Onde moravam esses homens, como eram as suas mulheres, que preço monstruoso pagavam pelo pão de que falavam com ansiedade jamais pressentida?". Era perturbador, um espetáculo carregado ao mesmo tempo de desesperos e esperanças... A emoção, sutil e profunda, o dominava, ele temia que tudo não passasse de um espetáculo, e no mais entranhado do seu ser desejou acreditar que fosse mesmo uma nova realidade — "para não mais se separar daquele universo. fantástico iluminado por algumas tochas fincadas no chão, em meio de retorcidos pinheiros, ao pé de uma fortaleza e de um cemitério, numa volta do vale... enquanto os príncipes, os guarda-costas e os mosqueteiros dormiam, não longe dali, um sono de sombras e fadigas, como brutos sem pensamento, sem consciência do drama verdadeiro, e os cavalos nos estábulos, nas cocheiras, mexiam-se docemente sobre as palhas, estafados e resignados...".

A essa altura da narrativa, realiza o romancista um dos cortes mais audaciosos da obra: contrariando confessadamente todas as regras de composição de um romance, e de mais a mais de um romance cuja ação transcorre um século e meio antes, o autor aparece como tal, inserindo de passagem duas páginas e meia de recordações pessoais, em que nos conta certo episódio de que participara, numa noite de 1919, à boca de uma mina de carvão do Sarrebruck, na Alsácia, então ocupada por tropas francesas. Não é necessário repetir aqui o episódio, pois queremos apenas salientar a significação que ele teve na vida de Aragon, então ainda bem jovem, e que ele mesmo resume numa frase: "Mais tarde, muito mais tarde, eu tive a impressão de que essa noite havia marcado pesadamente o meu destino".

Estabelecia-se assim, de maneira imprevista e fora de pequenas regras convencionais, a analogia psicológica de dois episódios separados no tempo por mais de um século — e com isso vinca-se a traço vivo e profundo a linha de impregnação revolucionária e de significação social do romance.

O que aí poderia ser inquinado de artificialismo do autor vem a ser, a meu ver, mais que um recurso lícito da imaginação criadora, uma forma consciente, deliberada, audaciosa e bem-sucedida que o romancista utilizou para dar à sua obra uma caracterização ideológica mais movimentada, fazendo-a transcender — violentamente, é certo — os limites de uma narrativa que corria o risco de permanecer como um fim em si mesma, parada dentro do tempo e do compacto volume em que está vasada.

O romance de Aragon, de que estou comentando apenas alguns aspectos — pois iria longe se fosse meu intento proceder a um comentário mais pormenorizado da obra —, parece-me uma brilhante aplicação do realismo socialista, e aplicação tanto mais bem-sucedida quanto foi feita com a utilização de materiais históricos que datam de quase século e meio. *A Semana Santa*, conforme notei, não é narrativa simplesmente linear, nem é tampouco uma narrativa histórica, conforme nos adverte o autor, mas propriamente uma livre transposição romanesca de certo episódio da história francesa — episódio que constitui a matéria-prima bruta, que o romancista submete a um tratamento artístico em rigorosos termos de romance, a imaginação criadora exercendo plenamente os seus direitos. É uma epopeia de extraordinária densidade, a movimentar-se pesadamente por estradas da França de 1815, mas que transcende ideologicamente os seus limites de tempo, projetando-se numa consciente perspectiva histórica, e isto, precisamente, é que lhe confere o caráter dominante de obra literária elaborada segundo o método do realismo socialista.

Examinado desse ponto de vista, o romance de Aragon nos fornece elementos que servem para esclarecer certas confusões a respeito do "realismo socialista", que muita gente confunde maliciosamente com "diretivas" de Partido para a elaboração da obra de arte.

Não há e não pode haver o que chamam de "diretivas políticas", ou seja, um código, uma regra, uma norma, para escrever romances, pintar quadros, esculpir estátuas, compor sinfonias. Diretivas desse tipo só podem produzir frutos pecos, obras frustradas. Devemos compreender, por outro lado, que uma coisa é o método do realismo socialista, quando aplicado acertadamente, sem interferir na liberdade de criação, e outra muito diferente a sua aplicação mecânica, esquemática, portanto errada. O método permanece válido; o que pode falhar, e tem falhado em muitos casos, é unicamente a sua aplicação.

O realismo socialista não é um método "político", mas não é tampouco um método "esteticista", coisa idealista, fora das realidades do mundo. Sem querer formular uma definição, que por sua vez seria também esquemática, poderíamos resumir o seu sentido essencial dizendo que é o realismo da era do socialismo, assim como o realismo crítico foi o realismo da era do capitalismo. Trata-se, desde logo, de um problema principalmente ideológico. O socialismo avança no mundo, impetuosamente, e as ideias socialistas ganham a consciência universal: os escritores, os artistas não podem fugir à influência dessas ideias, e se realizam uma obra realista, refletindo a realidade que os envolve, estarão realizando, conscientemente ou não, um realismo de inspiração socialista.

*

Depois de redigido e publicado o que aí fica dito sobre o realismo socialista, é que me veio às mãos o número 105 de *La Nouvelle Critique*, em que aparece uma explicação de Aragon sobre o seu romance *A Semana Santa*. Digo "explicação" porque é mesmo uma espécie de explicação do romancista perante leitores reunidos num subúrbio de Paris. Coisa, como se pode calcular, do maior interesse: o autor nos fala aí dos seus processos de trabalho, da sua maneira de elaborar e construir os romances, seus contatos essenciais com o real, que lhe fornece a matéria-prima, suas concepções estéticas, etc.

Aragon aproveita a ocasião para desfazer o equívoco de alguns críticos que louvaram *A Semana Santa* não só por suas poderosas qualidades literárias mas também por verem na obra um recuo, uma negação, uma abjuração do realismo socialista. Permitam-me transcrever, a seguir, os esclarecimentos formulados por Aragon sobre o assunto:

> A verdade é que todos os meus romances, de Cloches de Bâle, escrito em 1933/1934, até *La Semaine Sainte*, escrito de 1955 a 1958, passando por *Les Communistes* (1948/1950), seguem o mesmo método que por comodidade se chama de realismo socialista, ou seja — o realismo do nosso

tempo, que não perde de vista a perspectiva histórica — do futuro ou do presente, segundo os países — do socialismo. Lamento vivamente ter de decepcioná-los, mas os que assim concluíram estão inteiramente enganados. *A Semana Santa* não é um abandono do realismo socialista, mas um desenvolvimento do método. Tal é a minha convicção. Pode ser que alguns dos críticos que me louvaram voltem atrás, se chegam por fim à mesma convicção. O romance, entretanto, permanecerá o que era antes [...] Poderão dizer-me que *A Semana Santa*, comparada a outras obras catalogadas como exemplo de aplicação do realismo socialista, distingue-se delas sobretudo por tais ou tais diferenças, e que isso é o que mais chama a atenção. Sem dúvida, essas diferenças existem, e sem dúvida são diferenças importantes, mas, não devemos esquecer que elas apenas fazem acentuar a diversidade dos resultados a que se pode chegar com a aplicação do método em questão.

Depois de uma apreciação crítica sobre as experiências do realismo socialista, muitas delas malsucedidas, inclusive na literatura soviética, Aragon escreve ainda o seguinte:

O realismo socialista apresenta esta particularidade: é um método de criação artística que se desenvolveu num tempo marcado pelo desenvolvimento do socialismo numa série crescente de países. Seu próprio desenvolvimento apresenta igualmente certos traços particulares, que não se encontram, por exemplo, no desenvolvimento do romantismo. Isto se verifica principalmente na ligação que se faz entre a realidade social das sociedades socialistas e o método da criação artística. Dá-se então que nos países que passaram ao socialismo, onde os escritores e artistas estavam antes habituados a criar em oposição ao regime, estão eles agora de *acordo* com a maioria, com o socialismo, e suas obras hão de estar também de *acordo* com o novo regime e não mais em oposição, como antes. Nisto consiste a originalidade do realismo socialista, e daí decorre a natureza dos dramas, dos conflitos, que podem produzir-se em seu seio — e principalmente os insucessos.

E Aragon acrescenta neste ponto uma aguda observação, que não é demais salientar: "Os dramas, os conflitos, os insucessos de uma arte não são menos significativos dessa arte do que as suas obras felizes e bem-sucedidas".

(1959)

Apêndice sobre o realismo socialista

O problema do realismo socialista permanece na ordem do dia, e tem suscitado, ultimamente, não poucos debates teóricos tanto nos países socialistas quanto em países não socialistas.

Já me referi aqui às palavras pronunciadas por Aragon, a propósito do seu romance *A Semana Santa*, em assembleia de leitores realizada em Paris. Aproveito a deixa para chamar a atenção para outro importante trabalho sobre o assunto: um ensaio do escritor espanhol Adolfo Sánchez Vásquez, no qual são abordados os aspectos mais agudos da questão. É trabalho realmente sério, que está pedindo tradução e divulgação entre nós. Mas enquanto não se faz essa divulgação, pareceu-me interessante transcrever, simplesmente, alguns dos seus tópicos mais característicos.

Esclarecendo o que é o realismo socialista como princípio criador da arte soviética, escreve A. S. Vásquez:

> O artista soviético se orienta, em sua criação, pelo método do realismo socialista. Mas a conceituação deste método se prestou a não poucas confusões entre os próprios artistas e críticos soviéticos, e bem assim fora das fronteiras da URSS, entre artistas e escritores progressistas. Deixamos de lado, por evidente, a visão deformada do realismo socialista tal como é apresentada, desde muitos anos, pelos ideólogos burgueses mais reacionários e cujos objetivos de classe são claros: integrar as suas tergiversações no plano de calúnias e falsidades contra a URSS.

Entre as falsas interpretações do realismo socialista aparece, em primeiro lugar, aquela que o apresenta como uma "concepção esteticista", reduzindo-o a um conjunto de regras e receitas formais. Vásquez nos mostra o que há de errôneo nessa concepção:

O realismo socialista é desse modo assimilado como uma escola ou estilo artístico a mais, negando-se de fato a influência determinante que o novo conteúdo ideológico, socialista, exerce sobre a sua estrutura interna enquanto método artístico. Esquece-se que a concepção marxista-leninista proporciona ao artista uma nova maneira de perceber a realidade, e de situar-se em face dos homens e das coisas, e que é justamente esta concepção que leva o artista a um realismo de novo tipo. Os traços peculiares deste realismo, que caracterizam sua estrutura interna, têm, por fundamento, em última instância, o novo conteúdo ideológico do socialismo. O que chamamos de concepção esteticista do realismo socialista leva a ignorar ou a rebaixar o papel que o conteúdo ideológico desempenha na aplicação do método, na atividade criadora, em obras impregnadas de elementos estranhos, quando não contrapostos, ao marxismo-leninismo.

Prossegue Vásquez:

Esta concepção esteticista, levada às suas últimas consequências, abre um abismo entre a arte e a concepção do mundo. Ao conhecer o realismo socialista dessa maneira, parte-se na prática da tese gratuita de que pode haver uma arte "pura", que não se nutra de uma determinada visão do mundo. Parte-se, igualmente, de uma suposta intranscendência da arte, quando a verdade é que mesmo as obras de feição mais escapista, ao pretenderem afastar de si a visão da realidade ou criar um vazio na consciência, nem por isso deixam de ser tendenciosas, influindo de tal sorte na consciência dos homens.

Agora, o outro lado da medalha:

O realismo socialista se viu também reduzido a uma concepção estreita, vulgar, mera concepção do mundo ou mero método político. Isto significa ignorar o caráter específico da arte, como forma particular da consciência social, que consiste em refletir a realidade de um modo concreto e sensível. A arte, enquanto forma da consciência social, possui características comuns com outras expressões dessa consciência, como a filosofia, a moral, a política etc., porém possui, por sua vez, certas características específicas que a tornam irredutível a qualquer das outras expressões.

A arte não se identifica nem com a filosofia, nem com a moral, nem com a política. A ideologia socialista influi evidentemente no processo de criação artística permitindo ao artista "instalar-se no tumultuosa corrente da vida, captando mais profundamente o sentido do seu movimento". Entretanto, acrescenta Vásquez,

> a ideia por si só não salva a obra de arte, se esta não recebe a correspondente encarnação artística através da palavra, da cor, do som etc. Esta falsa concepção do realismo socialista conduz na prática a uma arte declamatória, anedótica, ilustrativa, falha de expressividade e de qualidade artística. Todavia, a fonte de semelhante contrafação estética não reside na ideia propriamente dita, ou seja, no conteúdo ideológico socialista, mas sim na incapacidade do artista em realizar a sua transposição estética, seja por falta de vibração emocional, seja por suas débeis conexões com a própria vida, seja por seu insuficiente conhecimento da realidade, ou seja, enfim, por lhe faltar o talento necessário para encarnar artisticamente o conteúdo ideológico da obra.

TESTAMENTO SOB A FORCA

Júlio Futchick, jovem e vigoroso escritor tcheco, membro do Comitê Central do Partido Comunista da Tchecoslováquia, dirigente de primeira linha da organização de resistência do seu povo contra o invasor nazista, foi um dia — justamente a 24 de abril de 1942 — apanhado pelos esbirros da Gestapo instalada em Praga. Sofreu o pior que se pode imaginar nas unhas dos verdugos hitleristas: desde os espancamentos sistemáticos e "científicos" até as torturas morais mais requintadas. Depois de um ano e quatro meses de padecimentos incríveis, aos quais resistiu com espantosa energia, foi por fim condenado à morte, a 25 de agosto de 1943, e executado uns quinze dias depois.

Prisioneiro de categoria, por isso mesmo castigado com extrema ferocidade e sujeito a excepcional vigilância, Júlio Futchick conseguiu, no entanto, em tais condições, escrever a história da sua prisão e de tudo quanto sofreu e viu durante meses. Desta façanha extraordinária resultou um livro também extraordinário — *Testamento sob a forca*.

Trata-se, com efeito, de um livro de primeira ordem, que há de perdurar não só pelo que vale como depoimento sobre o terror nazista, mas ainda como obra literária cuja densidade dramática é particularmente ressaltada por uma escrita limpa, direta, sem artifício. Há nestas páginas qualquer coisa de esquiliano — a tragédia de um homem em face da morte inelutável, com a diferença que o homem, aqui, não acredita no "destino", nem se deixa dominar pela fatalidade, mas, pelo contrário, encara a morte com um sentimento heroico que só a confiança, a fé e o otimismo podem inspirar. É um diálogo entre o homem e a morte, no qual o homem acaba vencendo a própria morte para continuar vivo com a sua obra e a sua esperança no futuro.

Júlio Futchick foi este homem e pôde assim enfrentar a morte, sem medo e até sem tristeza, porque o animava a flama imortal de uma certeza — a certeza de que os inimigos do seu povo acabariam perdendo a partida. Só um homem desta qualidade, homem novo forjado nas lutas da classe operária, poderia dizer em face da morte palavras deste teor:

> Demoraste a chegar, morte. E assim mesmo eu esperava só te conhecer mais tarde, depois de longos anos. Esperei poder viver ainda a vida de um homem livre, trabalhar muito, amar muito e cantar muito, e muito percorrer o mundo. Justamente agora eu estava amadurecendo, e tinha ainda muitas forças, já não as tenho mais, elas se apagam em mim. Eu vos amava, homens, e ficava feliz quando sentíeis o meu amor, e sofria quando não o compreendíeis. Que aquele a quem prejudiquei me perdoe, que aquele a quem consolei me esqueça. Que a tristeza nunca seja ligada a meu nome, este é o meu testamento para vós, pai e mãe, e minhas irmãs, e para ti, Gusta, e para vós, camaradas, para todos aqueles a quem amei. Se pensais que as lágrimas vão apagar o triste turbilhão do sofrimento, chorai um pouco. Mas não lamenteis nada. Vivi para a alegria e morro para a alegria, e seria injusto para comigo colocar sobre meu túmulo o anjo da tristeza.

Só homens como Júlio Futchik podem comportar-se diante dos verdugos da maneira por ele descrita no diálogo seguinte, ao cabo de uma hora de interrogatório:

> — Estás vendo? Sabemos de tudo. Fala!
> — Se já sabem de tudo, para que hei de falar? Não vivi em vão, minha vida não foi estéril, portanto não estragarei meu fim.
>
> Eles não acreditam, repetem com paciência as perguntas e não recebem nenhuma resposta. Fazem uma segunda, uma terceira, uma décima pergunta.
>
> — Então, não compreendes? Está acabado, compreendes? Tudo está perdido.
> — Eu só é que estou perdido.
> — Então acreditas ainda na vitória da Comuna?

— Evidentemente.

— Acreditará ele — pergunta o chefe em alemão, e o comissário comprido o traduz —, acreditará ele ainda na vitória da Rússia?

— Evidentemente. Isto não pode terminar de outra forma.

Diálogo travado após cruéis espancamentos, e num momento em que as tropas nazistas pareciam invencíveis...

O grande pequeno livro de Júlio Futchick — depoimento, reportagem, obra de arte — vale ainda como uma lição de inabalável firmeza política. Ele conta também o que viu acontecer com outros companheiros de prisão, homens e mulheres, operários, camponeses, intelectuais. Figuras heroicas, simples, inteiriças, sem pose, mas irredutíveis. Um desses homens explicava tranquilamente alguma coisa ao policial que o guardava, dizendo-lhe por fim: "— Nada disso vos ajudará. Muitos dos nossos cairão ainda, mas os nazistas serão vencidos".

O Partido Comunista da Tchecoslováquia pagou pesado tributo na luta do povo tchecoslovaco contra as hordas de Hitler. Dezenas de milhares de comunistas foram assassinados pela Gestapo. Muitos dos melhores homens, dos mais devotados, dos mais corajosos tombaram em defesa da libertação do território pátrio. Houve momentos em que tudo parecia realmente perdido. Mas os comunistas não perdiam jamais a confiança na capacidade de luta do povo — e continuavam. Sabiam que o inimigo infame seria por fim batido e expulso do solo da Pátria. Isso aconteceu, os nazistas foram esmagados e a Tchecoslováquia ressurgiu livre e independente — e é hoje uma República Popular em marcha para o socialismo, com um governo a cuja frente se acha o Partido Comunista.

O sacrifício de Júlio Futchick não foi feito em vão, nem falhou a sua confiança no povo, e as suas esperanças mais caras são hoje uma realidade poderosa e indestrutível.

(1949)

JOSÉ VERÍSSIMO SEM ILUSÃO AMERICANA

A passagem do centenário de nascimento de José Veríssimo oferece oportunidade a que se trate da sua obra de escritor, de crítico e historiador da nossa literatura, de educador e publicista.

Sua atividade intelectual foi intensa, mas é opinião unânime que o mais importante do que ele deixou está enfeixado nos volumes de crítica literária e na *História da Literatura Brasileira*. De acordo. Há no entanto alguns desses volumes que são menos lidos e citados do que os da série de Estudos de Literatura Brasileira, e que a meu ver reclamam melhor atenção dos críticos de hoje — dos críticos e de quantos se preocupam, por gosto ou por obrigação, com as questões referentes à nossa formação nacional e cultural. Refiro-me em particular aos três volumes da série intitulada Homens e Coisas Estrangeiras, em que o crítico reuniu artigos publicados na imprensa durante dez anos, de 1899 a 1908. Nem todos os autores aí analisados são estrangeiros, mas, quando são brasileiros, os temas ventilados se relacionam com problemas universais, sejam de natureza cultural, sejam de natureza política ou social. E é neste último caso que as opiniões então expendidas por José Veríssimo ganham, a meu ver, maior interesse, principalmente por incidirem sobre questões ainda hoje de plena atualidade, que não só não foram resolvidas como ainda se agravaram consideravelmente, neste meio século.

Por exemplo, na questão do Pan-Americanismo, encarado este em suas conexões com a política externa dos Estados Unidos. Em dois capítulos diferentes é o assunto abordado pelo crítico brasileiro, como veremos a seguir.

*

O primeiro capítulo está incluído no primeiro volume da série e consta de duas partes subordinadas a um título comum — "A Regeneração da América Latina". Aí o crítico examina o livro *Peligros americanos*, do publicista argentino Rodriguez del Busto, e o famoso *Ariel*, do uruguaio José Enrique Rodó, esse último reeditado numerosas vezes, pelos anos adiante, com enorme repercussão em todo o continente. Vale a pena reler as páginas de José Veríssimo, o qual, se não me engano, foi o primeiro crítico entre nós a tratar do livro de Rodó. Sua acuidade de observação e compreensão é posta em jogo; e não há dúvida de que o tempo tem confirmado muitas de suas opiniões, isto sem embargo do pessimismo que manifestava em relação às possibilidades de um desenvolvimento independente dos povos hispano-americanos.

No terceiro volume da série, em capítulo intitulado "O perigo americano" e consagrado a dois livros brasileiros (*Pan-americanismo*, por Oliveira Lima, 1907, e *Pan-americanismo*, por Artur Orlando, 1906), volta José Veríssimo a tratar da questão, e dessa vez enfrentando-a mais diretamente, com a enumeração de dados. históricos concretos e a citação de autorizados doutrinadores do expansionismo norte-americano.

Escreve o nosso crítico:

> Sabe-se com que má-fé ou abuso de força os Estados Unidos se foram apoderando de tudo o que ao México herdou, ao Norte do Rio Grande e do Colorado, a Espanha, até chegarem ao Pacífico e enfrentarem os dois oceanos. Se a declaração de Monroe é de 1823 e só por meados do século passado se completou a espoliação do México, é positivamente certo afirmar que o pensamento, já imperial, de domínio que essa doutrina continha em potência existia na mente nacional americana. Os sucessos que lhe facilitaram completar a sua expansão na parte do continente já por eles ocupada, e

principalmente a segurança, que da sua força lhes veio da guerra de secessão, criou-lhes então a consciência do seu "manifesto destino".

Para esclarecer o significado exato e o alcance prático desse negócio de "manifesto destino", José Veríssimo cita as palavras de John Fiske, publicista, historiador e filósofo de grande peso nos Estados Unidos, autor do livro *American Political Ideas*, dado a lume em 1898. Em certo passo deste livro, e depois de longas e eruditas considerações acerca do "papel histórico da raça", afirma John Fiske, sem qualquer disfarce ou hesitação, que a raça a que pertence e de que se fez porta-voz:

> [...] está destinada a estender-se a todo país da superfície terrestre que ainda não seja a sede de uma velha civilização, e que se tornará inglês pela língua, pelos costumes políticos e pelas tradições e pela predominância do sangue inglês no povo. Está perto o dia em que quatro quintos da raça humana traçarão a sua árvore de costado de antepassados ingleses, como dela já a traçam quatro quintos do povo branco dos Estados Unidos.

Mais adiante, insistindo em sua "argumentação" sobre o "destino histórico da raça", declara o truculento filósofo citado pelo escritor brasileiro: "Eu creio que tempo virá em que se realize na terra um tal estado de coisas que seja possível falar dos ESTADOS UNIDOS estendendo-se de polo a polo".

John Fiske não é voz isolada, pelo contrário; apenas se expressa de maneira mais clara e mais brutal que outros. José Veríssimo, que acompanha de perto os acontecimentos da política internacional, sabe muito bem que o pensamento dos publicistas tipo Fiske responde simplesmente aos planos traçados pelos políticos americanos, os quais, por sua vez, representam os interesses das grandes corporações econômicas e financeiras em pleno desenvolvimento. Além de tudo, os fatos históricos estavam à vista de todo o mundo, como antecedentes de uma linha política a se reafirmar no presente e a se projetar no futuro. O autor de *Homens e coisas estrangeiras* não alimenta a menor ilusão, e por isso escreve:

[...] quando vejo os Estados Unidos romperem com a tradição, muito recomendada pelos veneráveis pais da sua República, de se absterem de quaisquer procedimentos e intervenções exteriores, empenharem-se visível e disfarçadamente, qualquer que fosse o pretexto, em guerras de conquista, como foi a da Espanha, a quem tomaram as Filipinas, Porto Rico e, quase se pode dizer Cuba, sem falar do que antes já haviam conquistado ao México, introduzirem sob e sub-repticiamente no seu regime político entidades novas, que eles mesmos não sabem como qualificar e incorporar, e meterem no seu organismo republicano e democrático o vírus funestíssimo das instituições militares à europeia, e fazerem [...] da posse de uma grande esquadra e de um poderoso exército um ideal de governo, ultrapassando com tudo isto o que o [...] professor Moore chama "as barreiras do pensamento político americano" e, tomando uma atitude francamente imperialista, ao lado das monarquias retrógradas da Europa, quando tudo isto vejo e considero, acabo de convencer-me das profecias não só de John Fiske, de Benjamin Kidd e de quase todos os sociólogos norte-americanos, mas dos seus estadistas, os Blaine, os Root, os Roosevelt, todos ali igualmente capacitados de que o "manifesto destino" da sua grandíssima nação é virtual ou efetivamente avassalar a América.

*

Em sua crítica aos livros de Artur Orlando e Oliveira Lima, afirma José Veríssimo que o primeiro pretende atenuar o perigo americano — "lírica e ingenuamente"; já o segundo, não, pois reconhece e denuncia o perigo, buscando no entanto contrastá-lo por meios meramente diplomáticos, que ao crítico parecem insuficientes. Para Oliveira Lima, as nossas relações com os Estados Unidos não devem ir além da "estima cordial que ao Brasil merecem as outras nações do Novo Mundo, com as quais se sente em comunhão de interesses positivos e de ambições morais". Isto não basta, opina o crítico, e sem dizê-lo explicitamente, deixa entender que não basta "contrastar" diplomaticamente o perigo, mas "enfrentá-lo" com decisão para melhor combatê-lo. E a admitir-se a possibilidade de contrastá-lo, acrescenta, "somente o será por uma política que não faça da amizade americana uma questão nacional".

Eis aqui uma opinião da maior importância, cem por cento oposta à opinião daqueles que invocam mil e um motivos — a começar por uma suposta fatalidade geográfica e histórica — para fazer das nossas relações de amizade com os Estados Unidos, não uma questão normal de política externa, baseada num livre critério de mútuo interesse, mas uma singularíssima "questão nacional", que envolveria em suas malhas, irremissivelmente, a própria existência da nacionalidade brasileira. Questão, portanto, "intocável". Semelhante intocabilidade acabaria, porém, em nossos dias, da maneira que se sabe: pela tentativa oficial de formulação de uma nova teoria de direito internacional, chamada mui sem-vergonhamente (desculpem o desajeitado advérbio pouco jurídico e pouco diplomático) de "alienação progressiva da soberania nacional".

Merece ainda particular destaque a referência de José Veríssimo à "transformação extravagante" por que passou a Doutrina de Monroe, em consequência da evolução histórica da política externa americana. Esta, com efeito, perdeu o seu sentido puramente "nacional" para expandir-se em sentido "continental e imperialista", o que levou a Doutrina de Monroe, cujo objetivo inicial consistia apenas em opor-se à reconquista europeia de países americanos libertos, a erigir-se, mais tarde, em doutrina do "direito de controle sobre as nações americanas" por parte dos Estados Unidos.

O crítico brasileiro observa, com muita sagacidade, que a Doutrina de Monroe, malgrado seu papel historicamente positivo e benéfico, já "continha em potência" um "pensamento imperial" de dominação continental. Se examinarmos mais detidamente o alcance dessa justa observação, veremos, passo a passo, que a Doutrina proclamada em 1823 pelo presidente Monroe viria a tomar, com o tempo, um sentido precisamente contrário ao que tivera em seu início: de instrumento criado primitivamente para a *defesa* da independência das repúblicas latino-americanas, passou a ser usada como instrumento de *dominação* dessas repúblicas, com a única diferença de que antes se tratava de impedir a reconquista e dominação *europeia* e depois se tinha em vista permitir e justificar a dominação *norte-americana*. A partir sobretudo da espoliação do México, em meados do século, tornou-se claro para todo o mundo em que sentido e com que novos objetivos se operava a transformação da famosa Doutrina. O "pensamento imperial", que a proclamação de Monroe já "continha em potência", desenvolveu-se rapidamente e acabou por impor-se como diretriz dominante da Doutrina, vencendo e liquidando suas aparências iniciais de instrumento assegurador da independência dos países situados abaixo da linha do rio Grande.

Hoje compreendemos muito bem que na raiz de tudo isso está a própria história do desenvolvimento do capitalismo norte-americano. Enquanto este último tinha um caráter progressista, anterior à fase dos monopólios, podia a política exterior dos Estados Unidos assumir posições também progressistas, a ponto de promover a defesa das jovens repúblicas do Sul contra as ameaças de reconquista por parte das antigas metrópoles europeias. Mas é da natureza do capitalismo "progredir" para a adoção de formas monopolísticas — e isso já significa entrar na sua fase propriamente imperialista, com a política externa do país obedecendo a diretrizes e a objetivos ditados ao Departamento de Estado pelo expansionismo insaciável dos monopólios. Tal a causa das causas que levou a Doutrina de Monroe a passar pela "extravagante transformação" a que se referia José Veríssimo.

*

O nosso crítico, é evidente, não alimentava a menor ilusão a respeito dos propósitos da política externa americana. Suas opiniões neste particular não admitem duas interpretações, tanto mais que se sabe que eram opiniões arraigadas desde muito em seu espírito e robustecidas pela continuidade dos seus estudos da matéria. Nesse mesmo artigo sobre os livros de Artur Orlando e Oliveira Lima, reafirma ele não padecer da "ilusão americana", esclarecendo que já o dissera antes mesmo de Eduardo Prado, em capítulo especial do seu volume *A educação nacional*, publicado em 1891. Não tenho aqui à mão esse volume, que me poderia fornecer novos elementos — aliás cronologicamente mais antigos — sobre a posição de José Veríssimo em face do perigo americano. Creio entretanto que a indicação do próprio autor já constitui um elemento bastante esclarecedor.

Mas outro dos seus livros, que estou a manusear neste momento, trata também da questão: *O século XIX*. É uma resenha histórica, uma visão panorâmica do século que acabava de findar, escrita para a *Gazeta de Notícias*, publicada primeiramente nesse jornal e depois pelo mesmo jornal editada em volume com a data de 1899.

Aí, no capítulo consagrado aos Estados Unidos, José Veríssimo resume aqueles pontos ou aspectos de maior relevo na história americana durante a centúria. Refere-se, com compreensível admiração, ao estupendo progresso material e espiritual da grande república do Norte, mas ao mesmo tempo enumerando fatos sombrios e episódios injustificáveis que marcam frequentemente o caminho percorrido. As conquistas territoriais, realizadas pela força das armas ou dos dólares, os horrores da escravidão e do racismo (que perduram até hoje), os massacres de índios para tomada e ocupação das suas terras pelos "pioneiros" em marcha para o Oeste, a brutalidade da exploração capitalista... eis alguns desses fatos e episódios que marcam o outro lado da medalha de maravilhas.

Não passou despercebido ao crítico o fenômeno típico de subordinação da política e da administração do Estado aos interesses das grandes corporações econômicas e financeiras. Convém citar o que escreveu a esse respeito: "Influindo essas agremiações de homens de finança e comércio na política e na administração do país, já são uma causa de corrupção e vêm certamente perturbar, com grande perigo para a República, a evolução normal da sua vida social". Esse, como se sabe, um dos rasgos típicos do imperialismo — a política e a administração subordinadas aos interesses dos monopólios capitalistas, levando a extremos a corrupção na ordem interna e a expansão do seu domínio a outros países, nos quais são também aplicados os mesmos métodos de corrupção política e administrativa.

José Veríssimo era dos poucos que em seu tempo já compreendiam muitas dessas coisas, e isto é um mérito que devemos ressaltar nesta oportunidade.

(1957)

UMA BIOGRAFIA DE MONTEIRO LOBATO

Monteiro Lobato era um homem múltiplo, uma natureza variável, inquieta, rebelde, mas ao mesmo tempo de cerne unido, íntegro, indissolúvel — dir--se-ia uma essência única extremamente rica de aparências. Nele, o homem de letras e o homem de ação se casavam e completavam; suas frustrações na vida prática resultariam, não de tal ou qual insuficiência inata, mas principalmente da tremenda pressão desagregadora de um meio atrasado, hostil e aquém das reais possibilidades de que era ele portador. Como todo pioneiro, todo desbravador de novos caminhos, sofreu o diabo, vítima da rotina imperante e de forças mais ou menos ocultas, interessadas em conservar--nos no estado de velha pasmaceira semifeudal e semicolonial. Permaneceu no entanto fiel a si mesmo até ao fim, legando-nos uma obra e um exemplo que constituem motivo de justo orgulho para a sua gente. Foi em toda a linha um vencido-vencedor.

A este homem, sua vida e sua obra, consagrou Edgard Cavalheiro um livro admirável, elaborado e escrito com mão de amigo — e é mesmo um livro apaixonado, mas em que a paixão da amizade não só não prejudica senão que serve para imprimir maior força à paixão da verdade. Daí que o timbre polêmico de muitas das suas páginas tenha contribuído, a meu ver, para emprestar maior vivacidade e vigor à narrativa, nem se compreende uma biografia de Monteiro Lobato traçada com a frieza objetiva de um analista de coisas mortas. Sua obra de escritor e seu exemplo de homem de ação continuam vivos e vivos continuarão por muito tempo, e será impossível retratar a sua personalidade senão com o calor próprio da vida.

Não direi que o trabalho de Edgard Cavalheiro seja coisa definitiva, perfeita, que haja esgotado o assunto. Direi, porém, sem hesitação, que é um verdadeiro monumento levantado à glória de Monteiro Lobato, e que a ninguém mais será dado falar ou ocupar-se do escritor e do homem sem reportar-se e apoiar-se nessa biografia. Mas a vida e a obra de Monteiro Lobato são um manancial demasiado abundante para ser esgotado de uma só vez, e penso mesmo que o melhor elogio que se pode fazer ao livro de Edgard Cavalheiro consiste em compreender que ele veio precisamente revelar, em toda a sua complexidade, quão numeroso e fascinante é o assunto Monteiro Lobato. E por isso mesmo é que encontramos aqui os mais variados e estimulantes motivos de estudo para analistas, críticos e comentadores.

*

O que mais chama a atenção, ao se estudar a personalidade de Monteiro Lobato, é antes de tudo o seu ímpeto de pioneiro e renovador, criador de tantas iniciativas fecundas, animador de ousadas aventuras, sonhador de sonhos generosos. Essa, de toda a evidência, a nota tônica da sua maneira de ser e de agir, fermento e acicate da agressividade com que teve de enfrentar as incompreensões rotineiras e os obstáculos reacionários. Desde a primeira infância já Monteiro Lobato se mostrava o que viria a ser pela vida em fora — um inconformado, um batalhador, um caráter afirmativo, como é de regra em todas as índoles de pioneiro. Edgard Cavalheiro relata inúmeros episódios e fatos nesse sentido, ocorridos na sua meninice, no período da sua formação, na maturidade e na velhice.

Estudante de direito *malgré lui*, autodidata por força das circunstâncias — e também, naturalmente, por força do seu próprio temperamento — entregou-se Lobato a uma tenaz preparação para o ofício de escrever, lendo muito, buscando incansavelmente alimentar o cérebro e a alma. O desenho e a pintura o tentavam não menos que a literatura, mas não é difícil se perceber que só a literatura lhe abria caminhos suscetíveis de realizações mais em consonância com o seu poder de expressão.

Sua estada na pequena cidade morta de Areias, como promotor, permitiu-lhe também exercitar-se utilmente na produção literária. A vida ali era uma tremenda pasmaceira, que só o estudo e o trabalho poderiam de algum modo compensar. Desse período, conta-nos Edgard Cavalheiro, data a acurada leitura do dicionário de Aulete, de Machado de Assis e sobretudo de Camilo Castelo Branco. Lia também com regularidade o *Weekly Times* e *Le Rire*, de que era assinante, e no gosto dessa imprevisível mistura entrava muito do Lobato de sempre.

Veio depois a experiência do fazendeiro, sua primeira grande aventura no mundo dos negócios. Aí na fazenda, onde as ousadias do renovador malogravam desastrosamente, é que na realidade se consolidou a sua vocação de escritor. "Enquanto o fazendeiro se enterra, o escritor se levanta" — observa Edgard Cavalheiro. O próprio Lobato tinha consciência disso, sentindo que a sua personalidade de escritor se afirmava no fazendeiro gorado.

Na fazenda nasceram Jeca Tatu e *Urupês*, que lhe abririam de repente as portas da celebridade literária.

*

O êxito excepcional de *Urupês* não foi coisa fortuita. O elogio de Rui Barbosa, que lhe proporcionou tamanha publicidade, não foi tampouco obra do acaso, nem se compreende que Rui, ao referir-se a Jeca Tatu, fosse a isso levado por mero diletantismo, que seria descabido em discurso político de veemente crítica à situação econômica do país. Havia, com efeito, no pequeno volume, algo de insólito, a revelação de um escritor que escrevia diferente, um renovador, um anunciador de novos rumos, alguém que encarava e praticava a literatura, não como simples e ameno divertimento de ociosos, mas sim como importante e responsável tarefa cultural, instrumento de luta aberta contra o nosso atraso, contra a miséria da nossa gente, contra o conservantismo rotineiro, corrupto e corruptor. Em vez de "sorriso da sociedade", a nossa literatura assumia em suas mãos a função de látego da sociedade. É fácil conjecturar que a atenção de Rui Barbosa se fixara justamente sobre essa feição do livro.

É fácil também compreender, pelas mesmas razões, por que *Urupês* caiu no gosto do público. Era um brado de revolta, como não se ouvia semelhante desde *Os sertões* de Euclides, e que vinha ao encontro de sofrimentos e anseios populares ainda pouco definidos mas cujos rumores profundos já subiam à superfície da sociedade. A guerra mundial de 1914/1918 chegava ao fim e a grande Revolução Russa fazia tremer pela base a estrutura social do mundo capitalista: o Brasil não podia furtar-se às consequências históricas da guerra e da revolução. Como primeiro reflexo dessas consequências, ali mesmo em São Paulo, onde vivia Monteiro Lobato, ocorrera a greve geral de julho de 1917, e desde então a onda grevista crescera e se alastrara por todo o país, só amainando depois de 1920.

O descontentamento se generalizava por todas as camadas da sociedade, evidenciando uma situação de perigosa instabilidade. O livro de Monteiro Lobato vinha a ser a expressão, em termos de literatura, desse descontentamento e dessa instabilidade, e daí sem dúvida o seu êxito sem precedentes.

Monteiro Lobato teve logo a intuição do papel que era chamado a desempenhar na renovação da nossa literatura, não apenas como escritor mas simultaneamente como animador de todo um movimento cultural em correspondência com as novas condições históricas, cujo alcance estava à vista dos observadores menos atentos.

O êxito editorial de *Urupês* mostrava claramente o que devia fazer para realizar plenamente o que lhe fervia na cabeça — a organização de uma grande empresa editora, que se tornasse o centro propulsor do movimento renovador. Já tinha em suas mãos a *Revista do Brasil*, que editara *Urupês*, e que era sobretudo uma arma de preparação e de apoio à grande campanha. O pioneiro estava a postos — não havia pois que hesitar. E como não era homem de meias medidas, nem de cálculos cautelosos e mesquinhos, vendo tudo em grande escala e só sabendo trabalhar em grande escala, jogou-se de corpo e alma no negócio, surpreendendo-se a si mesmo com os esplêndidos resultados iniciais. O fato é que dentro em pouco as edições Monteiro Lobato & Cia. dominavam o mercado livreiro em todo o país.

O novo editor esmerava-se no tratamento gráfico do livro e na apresentação de novos autores, com os quais buscava imprimir novo sentido à atividade literária nacional. Rompia com a rotina das minguadas edições, mal e mal distribuídas nas grandes cidades. Alargava audaciosamente o mercado de livros pelos quatro cantos do território nacional. Montava grandes oficinas gráficas. Era preciso inundar o Brasil de belos e bons livros, sobretudo de livros corajosos, que não temessem a verdade e que inclusive ensinassem os brasileiros a ler, levando a instrução, a cultura, a esperança, a confiança aos mais recônditos rincões do solo pátrio.

O inimigo entretanto rondava-lhe a incrível prosperidade, farejando as brechas deixadas na grande fábrica. O "inimigo", filho da velha rotina em que assentava a estrutura econômica do país, surgiu-lhe pela frente com duas caras medonhas: de um lado a Light (estiagem, crise de energia) e de outro o Banco do Brasil (mudança na orientação financeira do governo). Edgard Cavalheiro conta a triste história por miúdo, até o seu dramático desfecho: a falência.

O biógrafo conta igualmente como Lobato enfrentou a situação, liquidando honradamente a Cia. Gráfico-Editora Monteiro Lobato, em cujos escombros plantaria os sólidos alicerces da Cia. Editora Nacional.

Mas a alma dos pioneiros se distingue do comum das almas precisamente por andar em busca de novas e novas aventuras.

Eis então que o nosso homem, apenas refeito da áspera batalha, e entregue a direção da nova editora a outras mãos, mudou de ares, a esgaravatar na inquieta imaginação o alimento para outras e mais vastas andanças. Transferiu-se para o Rio, colaborou intensamente na imprensa, escreveu livros e panfletos, amadureceu o seu pensamento no trato dos problemas nacionais, não teve medo de declarar o seu entusiasmo pela Revolução Russa, e já em 1927 realizava um velho sonho — botava-se para os Estados Unidos, na qualidade de adido comercial brasileiro em Nova York.

Sua estada nos Estados Unidos prolongar-se-ia por mais de quatro anos, e dela resultariam imprevistos desdobramentos na atividade de Monteiro Lobato.

*

A permanência de Monteiro Lobato nos Estados Unidos prolongou-se por mais de quatro anos. Sente-se deslumbrado — até quase o delírio — com o formidável desenvolvimento econômico da grande nação. Vê e compara — escreve Edgard Cavalheiro; vê o gigantesco progresso americano e compara-o com a nossa lentidão colonial. Do seu deslumbramento, do que viu e esquadrinhou, e dos constantes motivos de comparação, retira farto material para livros, artigos, cartas aos amigos, relatórios oficiais — e sobretudo para grandes planos de salvação econômica do Brasil, a fim de empurrar o Brasil para a frente e libertar-nos do atraso crônico, doloroso e vergonhoso.

Desses planos nasceu a campanha do ferro — é preciso "ferrar" o Brasil! — e em seguida a do petróleo. Edgard Cavalheiro narra de maneira empolgante o que foram essas campanhas, levadas a efeito com um ímpeto magnífico, algo de quixotescamente heroico, legítima aventura lobatiana, que interessou o país inteiro — e acabou dando com Monteiro Lobato na cadeia.

A aventura do ferro e do petróleo, obra de pioneiro possuído da mais lúcida exaltação patriótica, está hoje incorporada à história da luta pela emancipação econômica da nossa terra, e dela sai engrandecida a figura singular de Monteiro Lobato, homem de poderosa inteligência e extraordinária capacidade de trabalho. Em contraste, como se amesquinham ainda mais, vistos à luz da história, os pigmeus que lhe fizeram guerra, uma suja guerra — governantes, burocratas, doutores, técnicos, sabotadores, agentes do inimigo estrangeiro...

Em dois livros — *Ferro*, de 1931, e *O escândalo do petróleo*, de 1936 —, o próprio Lobato documentou resumidamente os lances dramáticos, e às vezes também grotescos, da duríssima batalha que teve de sustentar contra a carneirada e os moinhos de vento, movido unicamente pelo afã de prover o Brasil de modernas usinas siderúrgicas e de uma indústria petrolífera independente. São páginas candentes, em que o doutrinador, o economista, o polemista, o panfletário, o homem de negócios se fundem num só — o ousado pioneiro a serviço do progresso industrial do Brasil, o patriota indefesso a arder de amor por sua terra e sua gente.

"Num temperamento como o de Lobato — apaixonado, impulsivo, impaciente, inquieto, por vezes sôfrego — não é difícil a contradição." Essa justa observação de Edgard Cavaleiro pode ser desdobrada com o acrescentar-se que em homens desse tipo a ilusão não é mais difícil que a contradição e andam mesmo entrelaçadas uma na outra. Assim aconteceu com o autor de *América*: a sua paixão pelo progresso técnico americano, que o levaria a formular certos juízos contraditórios, produziu-lhe também não poucas ilusões, a mais grave das quais consistia em não perceber, com a necessária profundidade, aquilo que era a própria essência do capitalismo em sua fase derradeira de desenvolvimento — o monopólio, filho do capital bancário, pai do imperialismo.

Tais ilusões é que impediram Monteiro Lobato de compreender cabalmente — ou só compreender tarde demais — que a famosa "prosperidade" americana, que tanto o deslumbrara, se alimentava principalmente da espoliação e da opressão exercidas pelos monopólios sobre os países coloniais, semicoloniais e dependentes, entre os quais figurava e ainda figura o Brasil. Seu deslumbramento pelo colosso americano produziu-lhe uma espécie de deformação unilateral da realidade, não lhe permitindo ver com clareza o que havia na base de tudo aquilo — inclusive os pés de barro do colosso, os pés de barro que levaram ao craque bancário de 1929, crise de estrutura na economia monopolista, catástrofe que o próprio Lobato teve ocasião de ver e sentir muito de perto.

Não há dúvida que ele compreendia muito bem a nossa triste condição de atraso e dependência, e todas as suas lutas tinham por objetivo justamente prestar a sua contribuição ao esforço comum dos brasileiros para libertar-nos de semelhante condição, que lhe doía na mente e no coração de patriota. Mas não é menos certo que lhe faltava uma compreensão aprofundada do fenômeno imperialista, coisa que teve de experimentar na própria pele, inclusive purgando na cadeia o "crime" de desejar para a sua pátria o mesmo nível de progresso já alcançado pelos Estados Unidos.

Seja porém como for, o certo é que Monteiro Lobato, com admirável pugnacidade, conseguiu sacudir o Brasil de alto a baixo, apontando ao povo brasileiro o caminho das grandes lutas pela emancipação econômica do nosso país, lutas que se ampliaram e aprofundaram, depois da sua morte, e já nos deram Volta Redonda e a Petrobras.

*

Críticos e educadores são unânimes em reconhecer que Monteiro Lobato é o maior e melhor autor brasileiro de livros e histórias para crianças. Sua primeira obra no gênero, *Narizinho arrebitado*, data de 1921, tendo o pequeno volume obtido extraordinário êxito de venda, com uma edição inicial de 50 mil exemplares. Descoberto o filão, não parou mais. Mesmo durante os mais duros tempos da campanha do ferro e do petróleo, manteve Monteiro Lobato constante e atenta fidelidade aos seus pequenos leitores, brindando-os com sucessivos racontos do país das maravilhas infantis. Fez algumas adaptações de histórias colhidas em fontes estrangeiras, mas a maioria dos seus livros infantis é criação de timbre genuinamente brasileiro, com paisagens, personagens, cenas, maneiras, linguagem muito nossas, mesmo quando em voos e mergulhos pelos mágicos mundos da infância.

Informa-nos Edgard Cavalheiro: "Escrevendo *Os doze trabalhos de Hércules*, Monteiro Lobato conclui a saga infantil iniciada em 1921 com *Narizinho arrebitado*. Trinta e nove histórias, das quais trinta e duas originais e sete adaptações. Cerca de cinco mil páginas, quase um milhão de exemplares em circulação". Isso em português editado no Brasil, não se incluindo aí as traduções e edições em francês, italiano, inglês, alemão, iídiche, árabe, japonês, e principalmente em castelhano, feitas na Argentina em grandes tiragens para toda a América Latina.

É excelente o capítulo em que Edgard Cavalheiro analisa a literatura infantil de Monteiro Lobato, contando como se originou, como se desenvolveu, como ganhou corpo e como se converteu afinal no trabalho que mais preocupava e ocupava o escritor em seus últimos anos de vida. De início Lobato escrevia para as crianças com a mesma ou quase a mesma disposição de espírito com que escrevia para adultos. Mas pouco a pouco, no próprio processo de elaboração e reelaboração da obra, foi se inteirando da enorme importância, da grave responsabilidade de semelhante tarefa. Passou a executá-la com exemplar probidade artística e científica, em plena consciência do que fazia, e não parece difícil supor que nisto é que precipuamente reside o segredo do favor sem precedentes com que os pequenos leitores preferem os seus livros. O certo é que entre autor e leitores se estabeleceu um verdadeiro elo de comunicação e de mútua compreensão, sob a forma de cartas, visitas, homenagens, presentes, pedidos etc. que deixavam o escritor profundamente comovido. Foi esta sem dúvida a mais bela e cabal consagração que recebeu em vida, o bálsamo consolador dos seus dias derradeiros.

E foi talvez na elaboração da literatura infantil que o gênio de Monteiro Lobato pôde realizar-se plenamente como escritor. Foi esta a sua aventura maravilhosa.

*

Desde os tempos de estudante, com as suas leituras e as suas amizades, já Monteiro Lobato se preocupava com os problemas políticos e sociais. Mas tudo num plano mais propriamente literário e filosófico, observa Edgard Cavalheiro. Ansiava, diz o seu biógrafo, "por um vago socialismo, meio anárquico, meio romântico, produto mais do sentimento do que da razão". Manifestara publicamente seus pendores em famosa conferência pronunciada na Arcádia Acadêmica, na qual convocava os estudantes à luta por um grande ideal — "um ideal bastante generoso, bastante amplo para acolher em seu seio tudo quanto a mocidade tiver de mais superiormente generoso, de mais finamente intelectual, de mais grandiosamente altruísta — o socialismo". Mas essa pregação inicial morreu sem eco, e o pregador esfriou.

A verdade é que Monteiro Lobato não possuía o gosto da especulação doutrinária, nem seria jamais o que se chama um homem de partido, um militante. Não foi tampouco nos livros que aprendeu a sua lição política, mas na vida arduamente vivida nos embates e controvérsias de toda uma existência de permanente trabalho, de trepidante atividade, de audácias, de ilusões, de malogros, de amargos triunfos.

Sua visão do problema social, ele a resumiria, já sexagenário, da seguinte maneira, que era bem a sua maneira: "A nossa ordem social é um enorme canteiro em que as classes privilegiadas são as flores, e a imensa massa da maioria é apenas o esterco que engorda essas flores. Esterco doloroso e gemebundo. Nasci na classe privilegiada e nela vivi até hoje, mas o que vi de miséria silenciosa nos campos e cidades me força a repudiar uma ordem social que está contente com isso e arma-se até com armas celestes contra qualquer mudança."

*

O autor de *Urupês* acompanha sempre com o maior interesse as mudanças que se haviam operado na Rússia, a partir de 1917. Com enorme entusiasmo referia-se Lobato, sobretudo depois da guerra contra o nazismo, às conquistas da revolução bolchevique. "O que a Rússia fez nesta guerra", dizia a um repórter, "e o que está fazendo na ciência, na educação e em todos os setores da vida humana, é o maior dos milagres modernos e essa vitória da experiência russa [...] não pode mais ser oculta aos olhos de todos os países; está aí a crise do mundo." A vitória do socialismo no mundo inteiro era para ele inevitável.

Proclamava sem rebuços a sua admiração e estima por Luiz Carlos Prestes, sempre que se lhe oferecia oportunidade ou que era solicitado a opinar sobre o Cavaleiro da Esperança ou sobre o Partido Comunista.

Não era um comunista, nunca foi membro do PCB, mas isso não lhe impedia de reconhecer abertamente os méritos de Prestes e do Partido, mesmo quando levado a certas incompreensões, ou quando movido por ilusões doutrinárias, como ocorria em relação ao georgismo, que pretendia opor ao marxismo. Eis por que enviou a Prestes a saudação tão bela e tão humana, que foi lida no comício do Pacaembu, em 1945. Eis por que, na hora em que se levantava nova onda de calúnias e perseguições contra os comunistas, escreveu a história de Zé Brasil, panfleto que teria tamanha repercussão política.

Um dos mais nobres e expressivos documentos da vida de Monteiro Lobato é a carta que ele escreveu a Prestes, de Buenos Aires, em fevereiro de 1947. Estava longe da pátria, sentia-se próximo do fim, queria menos explicar-se do que desabafar: "Nunca tivemos (nem espero que tenhamos) ensejo de conversar de *espacio*, como duas simples criaturas humanas capazes de idealismo. Mas estou perto do fim e não quero ir-me sem falar de coração aberto com um dos homens mais decentes com quem me encontrei na vida e o mais corajoso de todos".

Esta carta é o testamento político e moral de Monteiro Lobato, um brasileiro que foi também um dos homens mais decentes e mais corajosos que já viveram neste país.

(1956)

Heloisa e Graciliano Ramos, Pablo Neruda, Candido Portinari e Jorge Amado em almoço no Rio de Janeiro, 1952. Acervo Projeto Portinari.

UM DISCURSO NA ACADEMIA E UMA BATALHA EM LISBOA

I

O discurso de posse de Álvaro Lins, na Academia Brasileira, foge, ao que parece, à tradição e às normas convencionais do "elogio acadêmico" — e isso, por declaração expressa do orador, foi feito deliberadamente. É talvez longo demais para ser ouvido em solenidade obediente a moldes mundanos; mas no caso tudo resultou, felizmente, em benefício para a memória de Roquete Pinto, que assim se livrou de um "elogio" formal para ganhar um substancioso estudo crítico sobre a sua obra e a sua personalidade. Trata-se com efeito de um verdadeiro "estudo sobre Roquete Pinto", conforme consta do subtítulo com que foi o discurso impresso. E faz lembrar, de certo modo, outro famoso discurso "antiacadêmico", lido ali mesmo na Casa de Machado de Assis, meio século antes, justamente pelo fundador da cadeira número dezessete — Silvio Romero, ao receber Euclides da Cunha. Sílvio Romero, em tudo e por tudo, era o tipo do escritor "antiacadêmico", e seu discurso de então fugiu também às regras próprias do gênero, embora por feição e por objetivos de todo em todo diferentes da feição e dos objetivos que caracterizam o discurso de Álvaro Lins.

Sílvio Romero fez da recepção de Euclides da Cunha um pretexto para a polêmica retrospectiva, que era nele uma espécie de obsessão, e para bravias considerações políticas e sociológicas a propósito da obra do novo acadêmico. Álvaro Lins delimita estritamente o seu estudo ao objeto estudado, mas realiza um estudo sério, trabalhado, corajoso, e de gosto literário sem dúvida mais exigente que o de Sílvio Romero. Fugindo, porém, como Sílvio Romero, à eloquência brilhante, superficial e... mais nada. Ainda outro paralelo se pode estabelecer entre os dois discursos: ambos, à distância de cinquenta anos um do outro, são inspirados por idêntico sentimento de patriotismo, que se manifesta sob a forma de lúcido e vigilante nacionalismo — e este sentimento foi igualmente uma constante na vida e na obra de Roquete Pinto.

Em suma, Álvaro Lins realizou aqui um estudo para perdurar, para ser lido e relido, para ser obrigatoriamente consultado, sempre que se quiser tratar da personalidade de Roquete Pinto como homem de pensamento e de ação.

*

Em todos os domínios da ciência em que exerceu a sua atividade teórica e prática, viveu Roquete Pinto intensamente, numa harmoniosa e fecunda conjunção de pensamento, de experiência e de ação.

Médico, biologista, naturalista, etnógrafo, antropólogo, sociólogo, educador, professor, escritor, artista, espírito pioneiro, temperamento otimista — Roquete Pinto era realmente um belo exemplar de homem de alta inteligência e coração generoso, por isso mesmo um servidor do seu povo, um brasileiro que "via tudo em termos de educação e de progresso do Brasil", como bem o caracteriza Álvaro Lins.

Desde sua tese de doutoramento em 1906 — *O exercício da medicina entre os indígenas da América* — até à criação do Instituto Nacional do Cinema Educativo em 1936, e nestes dois extremos como que se define o roteiro do seu destino, dedicou-se Roquete Pinto, com inesgotável entusiasmo e devoção, a um contínuo labor científico em que o estudo de gabinete, a experiência de laboratório, a pesquisa de campo e a aplicação utilitária se desdobravam e completavam, tendo sempre em vista a educação do povo e o progresso do país. Os longos anos de trabalho no Museu

Nacional e na Comissão Rondon serviram para ampliar e consolidar a base dos seus conhecimentos e experiências, e não só lhe forneceram o material para o melhor da sua obra escrita, como ainda lhe aguçaram a capacidade e o gosto para as obras de caráter prático, que viria a fundar entre nós, sobretudo em matéria de rádio e de cinema educativo.

Para Roquete Pinto a ciência não podia isolar-se fora da realidade utilitária, sob pena de esterilizar-se em especulações supostamente "puras", mas ao cabo de tudo estreitamente ligadas a forças e grupos sociais empenhados em manter privilégios de classe ou de casta. Nesse sentido, nada expressa melhor a sua posição do que a confidência feita certa vez a Humberto de Campos e que Álvaro Lins cita, a propósito, em seu discurso: "Agora, o meu desejo é divulgar o conhecimento das maravilhas da ciência moderna nas camadas populares. Essa a razão dos estudos que estou agora realizando. Eu quero tirar a ciência do domínio exclusivista dos sábios para entregá-la ao povo".

Numa expressão muito feliz, também citada por Álvaro Lins, deixou dito Aloísio de Castro que Roquete Pinto lhe aparecia — "a um tempo como professor de alta ciência e como educador popular".

*

Em mais de uma passagem do seu discurso, põe o orador em relevo — honradamente, corajosamente — a coerência das convicções científicas de Roquete Pinto, o seu materialismo, o seu ateísmo, convicções que sustentou sempre, sem o menor desfalecimento, desde a juventude até aos últimos dias de vida. Tais convicções é que lhe permitiam transmitir aos que o ouviam ou liam aquela "sensação de otimismo, de euforia, de confiança no progresso e de fé na ciência", assinalada por Álvaro Lins ao ler, agora, a aula inaugural do Curso de Fisiologia Experimental, que Roquete Pinto proferiu na Universidade de Assunção, em 1920, como professor visitante.

Tais convicções, igualmente, é que explicam e justificam os aforismos do famoso *Credo*, escrito em 1935 para o Clube de Arte Moderna —

"verdadeiro poema em prosa", e certamente "uma das páginas mais extraordinárias de Roquete Pinto". Álvaro Lins transcreve-o na íntegra, reconhecendo a impossibilidade de o resumir e comentar. "É preciso conhecê-lo em todos os seus termos" — acrescenta — "para conhecer-se realmente a figura humana, as ideias, o pensamento, a coragem intelectual, a filosofia de Roquete Pinto."

O *Credo* é efetivamente uma bela e corajosa página, uma límpida afirmação de princípios, que se deve conhecer, compreender e sentir em toda a sua integridade. Síntese do pensamento roquetiano na maturidade, podemos ou não concordar individualmente com o seu conteúdo, mas não podemos negar a sua significação de importante documento ideológico já incorporado à história do pensamento brasileiro.

Bem haja Álvaro Lins por o ter de novo trazido à luz, no lugar e na ocasião em que o fez.

*

Observa o orador que a obra de Roquete Pinto, repleta de citações de autores estrangeiros, elaborada à luz de teorias científicas universais, é toda ela entretanto profundamente brasileira — pelo assunto, pelo objetivo, pela ideologia, pela substância. Era essa a maneira corrente de Roquete Pinto praticar o patriotismo — praticando o princípio de que é preciso antes de tudo estudar o Brasil, conhecer a verdade sobre o Brasil. Ele mesmo explicava a sua compreensão do amor patriótico em termos simples, claros, concretamente definidos: "É preciso estudar o Brasil, com os seus encantos e as suas tristezas, para amá-lo conscientemente; estudar a terra, as plantas, os animais, a gente do Brasil".

Nenhuma exaltação retórica, nenhuma ingenuidade ufanista, tampouco nenhuma nota pessimista nessa compreensão do patriotismo. E essa compreensão, num homem da têmpera de Roquete Pinto, com a sua formação científica e a sua índole generosa, é que fez dele ao mesmo tempo o professor de alta ciência e o educador do povo.

Professor de alta ciência e educador do povo — que mais feliz destino para um homem de pensamento e de ação? Nem outro título poderia melhor perpetuar a sua glória de grande brasileiro.

*

Um dos tópicos mais penetrantes do estudo de Álvaro Lins sobre Roquete Pinto é aquele em que o crítico examina a qualidade literária da obra científica do autor de *Rondônia* — justamente a qualidade que lhe confere o título de escritor propriamente dito, integrado simultaneamente nos quadros da Literatura e da Ciência.

O problema das diferenciações e aproximações entre a linguagem literária e a linguagem científica tem preocupado numerosos teóricos da estilística e oferece margem a infindáveis especulações, nem sempre orientadas com acerto. Alguns teorizantes da matéria são levados não raro a esquematismos inteiramente arbitrários, havendo mesmo quem pretenda submeter a análise do estilo, inclusive na poesia, a processos meramente quantitativos, a cálculos matemáticos, a tabelas estatísticas. Sou dos que admiram os trabalhos dessa natureza — como admiro, em geral, toda pesquisa feita com propósitos sérios —, mas confesso o meu ceticismo em relação à sua eficácia como instrumento de avaliação da "qualidade" da forma literária. No caso em apreço, a mim me parece muito difícil, senão mesmo humanamente impossível, traçar a linha divisória ou a fronteira exata entre o estilo literário e o estilo científico. E digo "humanamente impossível" porque aí o fator "homem", subjetivo, inalienável da pessoa que escreve, desempenha um papel sem dúvida decisivo — decisivo e todavia imponderável.

Roquete Pinto constitui a esse respeito um exemplo muito instrutivo. Ele pertence de pleno direito aos quadros da Literatura, graças à forma de expressão, ao estilo literário da sua obra, graças principalmente, no dizer de Álvaro Lins — e é fácil concordar com esta opinião —, graças principalmente "ao ritmo do seu mundo interior, quando exteriorizado para ordenar esteticamente a temática do cientista e as ideias positivas do pensador". Aqui está o ponto nodal da questão, e que mais elucidativo se nos afigura quando podemos verificar que não é propriamente em seus versos ou contos que mestre Roquete consegue moldar o melhor da sua obra de escritor. Entre os contos reunidos no volume *Samambaia* aponta o crítico algumas páginas de boa qualidade, mas o conjunto lhe parece "mal-nascido e mal-acabado". *Samambaia* é "mero divertimento de cientista", livro de pouca significação, embora corretamente bem escrito.

Roquete Pinto não tinha imaginação romanesca, nem era no verso que a sua emoção poética encontrava o meio adequado de expressão. O seu "mundo interior" só adquiria o pleno domínio da expressão verbal quando se processava dentro dele a fusão do cientista e do artista, num entrosamento harmonioso dos seus dons de captação, ordenação e comunicação da experiência vivida. O momento ou o ponto de semelhante fusão é que, no homem Roquete Pinto, constitui precisamente aquele fator subjetivo e imponderável.

*

Roquete Pinto foi um euclidiano da primeira hora, e Álvaro Lins nos mostra o que significou Euclides da Cunha para a sua formação e para a realização da sua obra de cientista e de escritor. O grande livro de Euclides apareceu em 1902 — "no instante agudo e definidor" de uma juventude ardente, inquieta, em busca de rumos para o próprio destino. *Os sertões* impregnaram para sempre o espírito receptivo, puro, vibrátil do estudante de dezessete anos. Ao escrever sobre Euclides, anos mais tarde, já na plenitude de si mesmo, assim se expressava Roquete Pinto: "É um escritor pungente; aflige, emociona, por si mesmo, desperta, como nenhum outro, o ideal nacionalista".

Aqui neste conceito percebe Álvaro Lins a chave de uma posição ideológica que foi uma constante em toda a vida e toda a obra do autor de *Rondônia*: "Sim, o *ideal nacionalista* — eis a chave principal da corrente, a princípio de influências, depois de comunicação, que fluiu incessantemente, durante pouco mais de cinquenta anos, das páginas dos livros de Euclides para o espírito de Roquete Pinto".

Sem dúvida alguma, era Roquete Pinto um espírito universal, aberto à compreensão e à amizade de todos os povos, diríamos um humanista no sentido mais amplo da palavra; mas semelhante sentimento em nada colidia com o seu nacionalismo, ideal de valorização e aperfeiçoamento do homem brasileiro. E muito precisamente no universalismo da ciência é que ele encontrava os elementos básicos necessários à realização da sua dupla atividade de professor de alta ciência e educador do povo.

Ambos materialistas, diferiam, no entanto, no concernente à filosofia social ou à tendência na maneira de encarar o que se convencionou chamar de questão social: Euclides socialista, Roquete positivista, se bem que nem um nem outro militante de partido ou ortodoxo na aceitação do socialismo e do positivismo. Ambos, porém, praticavam o mesmo nacionalismo clarividente, utilitário, realista, ditado pelo conhecimento que se colhe no trato dos livros e muito mais ainda no trato direto e vivo com os seres, as coisas e seus problemas — e nisto sobretudo é que se fez sentir a profunda e duradoura influência de Euclides da Cunha sobre Roquete Pinto.

Mas é interessante verificar que essa influência não se estendeu às formas de expressão, ao estilo literário. Nesse ponto o discípulo não só não seguiu o exemplo do mestre como se revelou mesmo o oposto dele. Álvaro Lins caracteriza facilmente o estilo de Roquete Pinto — medido, claro, equilibrado, preciso no emprego dos vocábulos. Nada de comum com o estilo euclidiano. O que é uma demonstração evidente da forte personalidade do discípulo, tanto mais digna de ser salientada quando se sabe que a manifestação mais comum do euclidianismo consistiu sempre em se imitar servilmente — e para pior, como é da regra — a forma difícil do grande escritor. Pode-se mesmo afirmar que o estilo de *Os sertões* produziu uma verdadeira devastação na maneira de escrever de enorme quantidade de literatos — ou subliteratos — surgidos neste país depois de 1902. Roquete

Pinto foi dos poucos euclidianos que não se deixariam contaminar pela febre de imitação, mesmo porque, para ele, em *Os sertões* — "a forma vale muito menos do que o conceito", julgamento aliás bastante exagerado.

*

O estudo de Álvaro Lins abrange os mais diversos aspectos da vida e da obra do seu antecessor na Academia: eu estou apenas me detendo naqueles tópicos que a meu ver são mais importantes ou mais significativos. Note-se ainda que o orador não esquece nunca a sua missão de crítico, e daí a independência com que avalia os muitos méritos da obra estudada, assinalando ao mesmo tempo, aqui e ali, o que lhe aparece como ponto débil, duvidoso ou falso nas opiniões e posições de Roquete Pinto. Neste último caso incidem, por exemplo, os dois capítulos dos *Ensaios brasilianos* onde o ensaísta esboça um quadro — "sumário, mas por certo dentro dele enraizado" — da sua visão histórica da literatura brasileira.

Roquete Pinto divide a nossa história literária em duas linhas ou correntes: a primeira forma um "sistema", em que Euclides da Cunha constitui o ponto mais alto, e a outra é apenas um "movimento" puramente literário, estético, quase que só retórico. Ao "sistema", que é também o seu, pertencem as obras de espírito nacionalista e temática brasiliana; ao "movimento" pertence o resto, com as suas origens, filiações e influências europeias. O que principalmente lhe interessava na literatura era a feição e o conteúdo de caráter científico, sociológico, psicológico, ideológico, histórico, social, expressão pura e direta da nacionalidade. O resto... era o resto. "Visão parcial e mutilada, impressão preconceituosa e incompleta" — opina Álvaro Lins.

Sem embargo de uma justa posição quando considerava a literatura um fenômeno histórico, indissoluvelmente ligado ao desenvolvimento da nacionalidade, é evidente que nesta questão do "sistema" e do "movimento" sustentou Roquete Pinto uma tese de todo em todo indefensável, por unilateral e, digamos, nada científica. Isto o levou a menosprezar inclusive a importância primacial de Machado de Assis, e a menosprezar até mesmo a estilística de *Os sertões* — muito embora considerasse o livro de Euclides a obra-prima da nossa literatura, o grande livro nacional, o equivalente brasileiro de *Dom Quixote* e de *Os lusíadas*.

II

Ao chegar à última página do novo livro de Álvaro Lins — *Missão em Portugal*, e foram mais de quinhentas páginas devoradas em dois dias, uma caracterização de ordem geral acudiu-me desde logo — a de que este não é apenas um livro de escritor em plenitude, amadurecido no ofício, mas livro por igual de um homem político também em plenitude, isto é, com envergadura de estadista. Suas qualidades literárias não surpreendem a ninguém, nem se poderia esperar outra coisa de um autor da categoria de Álvaro Lins; a surpresa aqui é produzida pelo que há de fundamental na obra — sua intrínseca significação política.

Na primeira parte do volume — "Diário de uma experiência diplomática" — está a história viva, dramaticamente vivida nos meses de janeiro--fevereiro de 1959, do caso, que tamanha repercussão viria a ter, do asilo concedido pela embaixada brasileira em Lisboa ao general Humberto Delgado, perseguido político do fascismo salazarista.

O embaixador Álvaro Lins soube conduzir-se, na emergência, como um diplomata de classe, firme e intransigente na sustentação do instituto do asilo como um princípio, portanto como um direito líquido da embaixada, mas ao mesmo tempo com equilíbrio e espírito amistoso no processamento das negociações, que entabulou com a chancelaria portuguesa, para a solução concreta do caso.

O registro diário da evolução do "caso" — realização literária de primeira ordem, inclusive pelas digressões e reflexões laterais — constitui um documentário do mais alto valor político, permitindo-nos avaliar em profundidade certos aspectos da máquina de opressão e mentira montada em Portugal, há mais de trinta anos, pelo torvo jesuíta Salazar. Quanto ao jogo diplomático propriamente dito, disputado no palco ou nos bastidores, e em que não raro o drama e a comédia se chocam em lances simultâneos, a posição e o comportamento do embaixador brasileiro denotam sempre absoluta superioridade em face da estúpida obstinação, da tola arrogância e das mesquinhas manobras com que agem os pífios paus-mandados da diplomacia salazarista.

De início Álvaro Lins propôs ao ministro de Estrangeiros uma solução simples, rápida, sem ruído nem complicações: o embaixador poria o asilado dentro de um avião com destino ao Rio de Janeiro — e no dia seguinte o general Delgado estaria no Brasil. Solução de amigos, tudo limpo, correto, sem diminuição para ninguém. Mas Salazar não seria Salazar se a sua diplomacia se mostrasse propensa a semelhantes atitudes de compreensão democrática e mútua cordialidade. E então, em obediência às ordens do amo, o ministro de Estrangeiros empacou: não havia perseguição, logo não havia o que asilar. Esquecia-se o ministro português que nessa questão de perseguições o que vale não é a palavra do perseguidor e sim a do perseguido. Demais disso, é óbvio que ninguém de bom senso e com senso de responsabilidade se deixaria levar por mera negativa oficial, feita da boca para fora, e feita em país dominado por um governo de terror fascista.

Álvaro Lins não cedeu às imposturas do salazarismo, nem viria a ceder aos seus ódios e mesquinharias, que se aguçariam de mais em mais, com a utilização inclusive da polícia política a cercar ostensivamente os edifícios da nossa representação diplomática em Lisboa.

Tudo isso é relatado, ponto por ponto, nas páginas de *Missão em Portugal*. Mas o autor não se limita ao simples relato, seco e isolado, dos fatos diretamente relacionados com o caso do asilo; vai além e estabelece o necessário nexo político entre tais fatos e o complexo da situação portuguesa no interior e no exterior. Isto precisamente é que confere maior importância ao livro, que assim transcende o próprio motivo do conflito diplomático — o "caso" do asilo do general Delgado — para assumir uma funcionalidade mais alta: a de um verdadeiro "processo político" do regime salazarista, com a denúncia das forças estranhas que o sustentam ainda hoje.

*

Na segunda parte de seu livro, trata Álvaro Lins especialmente da chamada "política luso-brasileira", planejada por Salazar com o fim precípuo de atrelar o Brasil à política externa do colonialismo português, e com isto servir-se da democracia brasileira como ponto de apoio para o fascismo lusitano.

A viagem do presidente Kubitschek a Portugal, por ocasião das comemorações henriquinas, em agosto último, foi meticulosamente preparada pelo governo de Lisboa tendo em vista apertar os laços de dependência brasileira aos objetivos do colonialismo mascarado de "comunidade" luso-brasileira. Álvaro Lins denuncia toda a trama arquitetada pelo encanecido jesuíta Salazar, que explorou calculadamente a vaidade de Kubitschek, fazendo-o representar o vergonhoso papel de "coanfitrião" do presidente Tomás nos festejos portugueses. Festa para o fascismo português, vergonha para a democracia brasileira.

Com argumentação cerrada, veemente e irrespondível, Álvaro Lins mostrou em tempo o que tudo isso significava, e o fez como um legítimo intérprete da opinião pública brasileira. Kubitschek a nada atendeu, todo derretido com a perspectiva dos aplausos e confetes com que lhe acenava Salazar, e todavia surdo, mudo e cego, insensibilidade coriácea em face do indignado clamor levantado no Brasil contra semelhante viagem na qualidade de "coanfitrião" — ambígua honraria de ópera-bufa.

Transcreve-se no livro a *Carta aberta ao presidente do Brasil*, que um grupo de democratas portugueses lhe enviou de Portugal; é um grave e nobre documento, expressão dos verdadeiros sentimentos do povo português oprimido pelo regime salazarista. Parece que o Sr. Juscelino Kubitschek nem sequer tomou conhecimento dela, empolgado pelas brilhaturas que ia representar na Corte da Comunidade.

Como estava previsto, Salazar explorou a fundo a vaidade do nosso presidente, capitalizando em proveito da ditadura fascista o apoio oficial que tão graciosamente lhe prestou o governo brasileiro. O jesuítico Salazar queria, sobretudo, que o presidente Kubitschek firmasse, lá na Corte, solenemente, e à vista do mundo inteiro, os atos de regulamentação do incrível papel denominado Tratado de Amizade e Consulta. Juscelino assinou tudo, com mão eufórica e leviana de "coanfitrião".

Álvaro Lins dedica vários capítulos à análise e ao comentário desse malfadado papel — sua exata significação, os termos em que foi elaborado por Salazar em pessoa, o quase nada que nos dá e o tudo a que nos obriga, quais os motivos de sua aceitação pelo Brasil, quais as pretensões do governo português ao levar o presidente Kubitschek a assinar, em Lisboa e nesta hora, os atos de sua regulamentação etc. O autor revela-nos ainda, com grande clareza e não menor coragem, que espécie de interesses escondidos há nas entrelinhas do tratado — interesses "maiores e mais fortes, porque não aparentes, estariam a impor-se na zona subterrânea das manobras de bastidores, tendo poderes e recursos para fazer de marionetes tanto certos homens do governo brasileiro como os do governo português". E aqui Álvaro Lins nos aponta, entre tais interesses escondidos, "certos conhecidos interesses dos Estados Unidos, simultaneamente no Brasil e nos dois países da península ibérica, por efeito consequente da política norte-americana, posta na linha tão mais imperialista quanto mais reacionária dos republicanos".

Eis aí o fundo real de toda a triste e feia história do Tratado de Amizade e Consulta, cujo objetivo máximo consiste em sustentar o domínio da ditadura fascista sobre os territórios de Portugal e suas colônias. Portugal de Salazar, como a Espanha de Franco, são hoje territórios ocupados de fato pelos imperialistas ianques, que consideram os Pireneus como uma de suas fronteiras no Leste. Não há hoje sombra de dúvida que Salazar e Franco, podres por dentro e por fora, reduzidos a meros "gauleiters" a serviço do Departamento de Estado, só se aguentam no poder porque recebem apoio maciço dos Estados Unidos. Tudo se esclarece então para nós:

a mão escondida do Departamento de Estado é que ditou o Tratado de Amizade e Consulta e conduziu o passivo Kubitschek à Corte de Lisboa, como "coanfitrião" do títere Tomás, para ali firmar, sob as luminárias das festas henriquinas, os papéis preparados por Salazar.

Com inexcedível bravura patriótica, Álvaro Lins revela e denuncia no seu livro os fios de ligação que funcionaram no jogo político da viagem presidencial e do Tratado luso-brasileiro. Aqui está, em meia página, o resumo de tudo:

> Revelamos e denunciamos, com a devida nitidez, que estávamos ante uma série de compromissos desdobrados em cadeia. Pelo Tratado de Amizade e Consulta, o Brasil se acorrentaria em compromissos com o Portugal salazarista. Consequentemente, dados os compromissos equivalentes da ditadura salazarista com a Espanha de Franco, os nossos compromissos se prenderiam a esse novo elo da corrente, que é o chamado *Pacto Ibérico*. Por fim, em terceiro grau, os nossos compromissos do Tratado com Portugal iriam prender-nos ao Departamento de Estado, em Washington, uma vez que o *Pacto Ibérico* está colocado a serviço dos Estados Unidos, sabendo-se que os norte-americanos fizeram dos Pirineus a sua principal fronteira na Europa e ocuparam, militarmente, a península, com os seus homens fardados, as suas armas de guerra e as suas bases de operações bélicas.

Haveria muita coisa mais a destacar e comentar neste livro a todos os títulos admirável que é *Missão em Portugal*. Por exemplo, o magistral retrato de Salazar (p. 439), figura anacrônica de inquisidor espanhol, feito ditador fascista no século XX. Mas o que deixei dito, em duas breves notas, creio que basta para patentear a importância excepcional deste livro, que, a par de suas virtudes literárias, representa inestimável serviço político prestado ao povo brasileiro — e também ao povo português.

III

Álvaro Lins irrompeu na literatura com a *História literária de Eça de Queiroz*. Estreia dessas que é costume dizer que marcam época. O jovem professor desdobrava-se em crítico já amadurecido e talhado para o ofício, que viria a exercer, nos anos a seguir, com ininterrupta regularidade. Mas o homem político, que também se ensaiara em sua província, em cargos de governo e em bancas de imprensa, não se deixou apagar pelo crítico: nos editoriais do mesmo jornal onde fazia a crítica literária tomava nas mãos a pesada tarefa de orientador da opinião pública. O professor tampouco desertara: a cátedra do Pedro II entregou-se-lhe como a um herdeiro nato.

Professor, crítico literário, jornalista político, um nome nacional — para que avançar mais? Podia manter-se aí na altura, a roer calmamente a glória conquistada tão cedo, sem mais complicações. Mas Álvaro Lins é daqueles combatentes que não sabem o que é ensarilhar armas. Poder-se-ia dizer que a combatividade é o seu fraco. E ei-lo então, depois de áspera batalha jornalística a ocupar um dos mais cobiçados postos da alta administração: a chefia da Casa Civil da Presidência de República. E depois a Academia, que ocupou com um discurso não muito "acadêmico". E ainda depois — uma embaixada no exterior.

A velha tradição era a do posto diplomático lugar de sossego, de amenidades mundanas, mera sinecura. Mas este homem é rigorosamente um homem do nosso tempo, afinado com os timbres bravios destes tempos de guerras e revoluções. A embaixada para ele era uma trincheira, e não tardou que esta concepção se confirmasse cabalmente. Um caso de asilo, um corriqueiro caso de asilo político forneceu ao governo de Lisboa o pretexto, desmesurado pretexto, para uma batalha diplomática em grande estilo. O embaixador brasileiro enfrentou na raça os broncos besteiros da diplomacia salazarista, batendo-os palmo a palmo, com grande vantagem. O princípio do asilo político foi mantido incólume, o político perseguido devidamente asilado, e ao cabo de tudo ganhamos um livro — *Missão em Portugal*, missão cumprida, grande livro.

No *Discurso de posse na Academia* e em *Missão em Portugal* são visíveis os passos percorridos por um escritor que marcha corajosamente para a frente, e tanto mais para a frente quanto mais lhe correm os anos e as refregas, ao contrário de muitos outros. Ao atingir os cinquenta anos, idade que é para muita gente a idade do "juízo", da "moderação", da "sabedoria" e sobretudo de espertas acomodações tendo em mira os dias que se aproximam da gorda aposentadoria, do ócio com ou sem dignidade — aí o vemos a desmentir, ponto por ponto, os macios augúrios. Reintegrado plenamente em sua missão de crítico, Álvaro Lins se reafirma o mesmo homem de pensamento e de ação que sempre foi, seguindo a sua trajetória com o destemor de sempre, e já agora palmilhando a ampla perspectiva que a era do socialismo estende ante seus olhos abertos, hoje mais ricos de ciência adquirida no trato dos livros e de experiência vivida no trato dos homens, suas grandezas e misérias.

(1956/1963)

O BRASILEIRO PAULO RÓNAI

Segundo o dicionário, poliglota é a pessoa que sabe ou fala muitas línguas. Mas há poliglota e poliglota. Há por exemplo o poliglota anglo-americano do Exército da Salvação, que fala (não sei se sabe) línguas estrangeiras com todos os rigores gramaticais — coisa entretanto rígida, descarnada, mal mastigada e certamente não digerida. Há o poliglota de ouvido, caixeiro-viajante, funcionário aduaneiro ou chofer de beira de cais. Há o poliglota que apenas lê outras línguas que não a própria, com a ajuda frequente do dicionário e desse tipo é sem dúvida a maioria. Há enfim uma outra espécie de poliglota, talvez a única verdadeira — a dos que sabem, falam e escrevem línguas vivas e mortas tão bem quanto a própria língua materna. É este precisamente o caso do professor Paulo Rónai.

Professor de latim e de francês, familiarizado não só com os idiomas de origem latina mas também com o alemão, o inglês e não sei que outros mais, isto sem dúvida lhe facilitou a aprendizagem autodidata do português. Acrescentaremos que se trata de pessoa de nacionalidade húngara, quer dizer, pessoa que tem como língua de berço uma das mais difíceis línguas do mundo, para quem aprender as demais deve ser, portanto, tarefa cômoda e fácil. Sem nos esquecermos, bem entendido, que o fator primordial, o que decide de tudo, é o dom, a queda, a inclinação, a vocação.

Com ser um poliglota nato, o professor Paulo Rónai é também um escritor nato, e escritor brasileiro tão escritor e tão brasileiro como os que mais o sejam. Um ensaísta de mão cheia. Aqui temos a prova disso neste pequeno livro — *Como aprendi o português e outras aventuras* —, em que nos conta como aprendeu o português-brasileiro e outras aventuras correlatas ou consequentes. É um voluminho que é uma delícia de se ler — pela finura, pela graça e até pelo pudor de um sólido saber que se esconde por trás de um texto límpido e lépido.

Que o professor Paulo Rónai, homem sábio e modesto, me desculpe essa avalancha de elogios, mas o fato é que o seu livro os merece de sobra.

Todavia, para não se pensar que estou elogiando pelo puro prazer de elogiar, mera consequência do puro prazer da leitura, sempre direi algo mais, apontando algum pequeno equívoco, ou lembrando coisas que poderiam talvez acrescentar-se a tais ou quais observações do autor.

Um pequeno equívoco, não difícil de apurar-se, está na página 33, quando lemos que Benjamin Constant (o de Lausanne, não o de Niterói) aprendera o grego, por brincadeira, aos doze anos de idade. Aos doze anos de idade, em criatura inteligente e viva, não seria muito de admirar e a brincadeira não teria graça; mas o caso é que a brincadeira se passou aos cinco anos de idade, conforme confissão do próprio Benjamin Constant em seu famoso *Cahier Rouge*.

Há cem maneiras de estudar idiomas — eis o que nos ensina o professor Paulo Rónai, citando alguns exemplos célebres. Aquela de que se serviu o preceptor do pequeno Benjamin é uma delas; as restantes 99 variam muito, seja com relação à idade dos aprendizes, seja com relação aos métodos empregados, dos quais não se exclui o oposto da brincadeira, que é o castigo sob as formas mais diversas, a começar pelo castigo em si mesmo de aprender.

O exemplo de Montaigne tem certa semelhança com o do terrível rebento dos De Rebecque; o pai confiou o menino ao professor de latim da casa, o qual só falava na língua de Cícero, e assim já aos seis anos o Miguelzinho estava familiarizado com as letras clássicas. Curioso é o caso de Alfieri, que aprendeu o grego principalmente por teimosia, aos 48 anos de idade; como os caracteres gregos lhe perturbavam a vista e lhe pareciam de pronúncia muito difícil, levou meses e meses a ler, em voz alta, páginas e mais páginas de textos de que pouco entendia, e a decorar ao mesmo tempo as regras gramaticais do grego. Mas o exemplo mais extraordinário é sem dúvida o do cardeal Mezzofanti, nascido no século XVIII, e que chegou a falar correntemente nada menos de 56 idiomas: esse monstro deve ter empregado as cem maneiras e mais algumas de quebra. Dele dizia Byron (a citação é de Paulo Rónai) que "devia ter vivido no tempo da torre de Babel como intérprete universal". Parece que o papa atual sabe também muitas línguas, inclusive o português, mas ignoramos quais teriam sido os seus métodos de estudo. Longe está porém de Mezzofanti, e suas habilidades poliglóticas não lhe permitem aspirar senão a ser o intérprete da contemporânea Babel ocidental e cristã.

Seria impossível citar todos os nomes de personalidades eminentes que aos seus títulos próprios juntavam ainda o de poliglotas. O professor Paulo Rónai enumera alguns mais característicos ou mais interessantes. Mas eu me permito aqui lembrar outros dois de primeira grandeza: Karl Marx e Friedrich Engels. Este último, dizem os seus biógrafos, conhecia cerca de vinte idiomas e dialetos, entre antigos e modernos. Quanto a Marx, sempre extremamente rigoroso em matéria de documentação, sabe-se que, para a elaboração de *O capital*, passou em revista toda a bibliografia necessária ao seu estudo, existente no seu tempo, lendo tudo na língua original de cada autor. O russo, por exemplo, ele o aprendeu, para esse fim, aos cinquenta anos de idade. E sabe-se ainda que ele escrevia em inglês e francês tão bem quanto em alemão, sendo que seu primeiro livro publicado, *Miséria da filosofia*, foi mesmo escrito em francês.

Grande sabedor de línguas, entre nós, grande orador e escritor em qualquer delas, ninguém ignora quem foi — Rui Barbosa. Mas podemos também mencionar o caso de Machado de Assis, que na mocidade aprendera por suas próprias mãos o inglês e os principais idiomas irmãos do nosso, e que, já maduro, tomou professor de alemão e ao que parece tentou igualmente o grego, sozinho, já no declínio para a velhice.

O professor Paulo Rónai faz, num capítulo, a "defesa e ilustração do trocadilho". Aqui o erudito, como sempre sem aparato ostensivo e com saudável bom humor, nos fornece exemplos de eméritos trocadilhistas em todas as literaturas, desde Platão até Proust. Em muitos outros capítulos são abordados temas e autores diversos, nos quais repontam, a cada passo, observações e reflexões feitas por um espírito que não se contenta com saber bem a matéria versada e ainda se aventura livremente, como bom ensaísta, pela fascinante seara das conjecturas e possibilidades.

Na segunda parte do livro, sob a rubrica de "monólogos de um professor de línguas", mestre Rónai — "professor por vocação e destino" — nos transmite algumas das suas experiências profissionais, o que o leva a tratar de certos problemas candentes, relacionados com a situação do ensino ginasial entre nós e suas conexões de ordem cultural mais geral. Nessas páginas há coisas que ultrapassam os limites do interesse profissional ou literário e avançam por domínios que afetam mais de perto o interesse de sociólogos, políticos e legisladores.

Não é novidade para ninguém o afirmar-se que a situação do nosso ensino — sobretudo o ensino ginasial — oferece aspectos verdadeiramente calamitosos. O professor Paulo Rónai revela alguns desses aspectos. Por exemplo, quando nos fala da presente geração de estudantes secundários — "uma geração sem palavras". Sem palavras porque de uma pobreza vocabular — eu ia dizer franciscana, mas convém substituir o lugar-comum por expressão mais dura e mais exata: pobreza vocabular vergonhosa. Esclareçamos logo as coisas: vergonhosa não para os alunos, que são suas vítimas imediatas, mas para o sistema (se se pode chamar a isso de sistema) de ensino em vigor e, pior ainda, para o sistema (aqui é mesmo um sistema, aliás de origem estranha às nossas tradições nacionais) de deseducação geral da juventude, insidioso e monstruoso fenômeno que vem se agravando de ano para ano, mercê da incúria e da subserviência de governos para os quais os problemas de ensino e educação são sempre colocados em segundo, terceiro e quarto planos de cogitação.

Em apoio de suas observações sobre a pobreza vocabular dos ginasianos de hoje, lembra o autor uma série de fatos, cada qual mais significativo. E chega à conclusão de que "a pobreza do vocabulário é uma consequência sobretudo da falta de leitura". Os jovens não dispõem mais de tempo para ler. Suas horas livres são inteiramente tomadas por outras preocupações: principalmente o futebol, o rádio, a televisão, o cinema e as terríveis historietas em quadrinhos, diabólica invenção de "cultura americana". Não é só questão de por esses meios se desprestigiar a palavra escrita; o pior é que tudo isso leva a um inevitável embotamento mental. Sem contar os demais inconvenientes de ordem psicológica e moral. Pobreza de palavras, pobreza de ideias, pobreza de sentimentos.

Pensa o professor Paulo Rónai que é tudo resultado de uma crise geral da civilização. Aqui já não posso concordar totalmente com o seu parecer. Não se trata, creio eu, da crise geral da civilização em geral. Porque há civilização e civilização, como há cultura e cultura. No caso em apreço caberia a pergunta: que civilização está em crise? Responder a esta pergunta seria alongar demasiado este comentário — e assim eu me limitarei a dizer, *grosso modo*, que a civilização em crise é a civilização do mundo capitalista. A crise geral do capitalismo, que é um fenômeno histórico dos nossos dias, é que produz a crise geral da civilização ligada ao sistema social, político e econômico do capitalismo. Em todo caso, deixo de pé a pergunta, como sugestão para especulações a quem se interessar pelo problema.

De resto, o livro do professor Paulo Rónai, de ponta a ponta uma delícia de se ler, oferece ao leitor atento frequentes sugestões para o debate de graves problemas de ordem diversa. O que é um comprovante certo da riqueza do seu texto e do espírito que presidiu à sua elaboração.

(1957)

PANFLETÁRIOS DO SEGUNDO REINADO

R. Magalhães Júnior não para — é um livro atrás do outro. Mal a crítica aparece em campo a opinar sobre o seu último volume, e já um novo *vient de paraître* surge nas livrarias a desafiar a gula dos leitores e a surpreender os analistas e comentadores do movimento literário. Para repetir o dito célebre de Machado de Assis, lembraríamos que a Magalhães Jr. se ajustaria, bibliograficamente falando, o apelido de "saco de espantos".

Entre os quatro ou cinco ou seis volumes que nos deu este ano, destaca-se, por seu múltiplo interesse, o intitulado *Três panfletários do Segundo Reinado*. Nele reuniu R. Magalhães Júnior três famosos panfletos, que fizeram época em nossa literatura política de meados do século passado: *O libelo do povo*, de Sales Torres Homem, *Ação; reação; transação*, de Justiniano José da Rocha, e *A conferência dos divinos*, de Ferreira Viana. Além da importância intrínseca de cada um deles como documento político, histórico e literário, os três panfletos se haviam convertido em outras tantas raridades bibliográficas; enfeixados neste volume, tornam-se agora acessíveis aos estudiosos e curiosos.

Lamentável, entretanto, é que nesta reedição não apenas se repitam muitos dos erros de revisão das edições anteriores, coisa fácil de se verificar, como ainda se acrescentem outros. Isto se nota sobretudo em relação a *O libelo do povo*, reproduzido da edição dita portuguesa de 1870, quando há um texto mais recente e algo mais correto na *Revista do Brasil*, n. 19 da 3ª fase, 1940. Se bem não se trate propriamente de edição crítica, que exigiria rigorosa depuração dos textos, é óbvio que estes mereciam aqui mais atento cuidado de cópia e revisão. Supomos que semelhante reparo, que fazemos de passagem, pode ser útil a prováveis reimpressões do livro.

Como introdução a cada panfleto, escreveu R. Magalhães Júnior um largo escorço biográfico do respectivo autor, situando a sua obra na história política e literária da época. *O libelo do povo*, de Torres Homem, e *Ação; reação; transação*, de Justiniano J. da Rocha foram publicados a pouca distância um do outro — aquele em 1849, sob o pseudônimo de Timandro, e este em 1855, anônimo. Ambos fazem incidir o principal da sua crítica ou da sua análise sobre os mesmos fatos históricos e os mesmos episódios e personagens da vida política nacional; mas que diferença entre um e outro! Diferença de tom, de estilo e ainda mais de inspiração e de objetivos. Diferença ditada, é claro, pelo temperamento e pela formação, mas sobretudo pela posição política de cada autor.

Sales Torres Homem era um liberal, um democrata, discípulo de Evaristo, que o contava entre os mais jovens colaboradores da *Aurora Fluminense* e da Sociedade Defensora da Liberdade e da Independência. Seguira para a França logo depois da abdicação de Pedro I, e sua estada de alguns anos em Paris o levara a impregnar-se ainda mais das ideias do romantismo político e literário. Regressando, em 1837, ano da morte do seu amigo e protetor, jogou-se por inteiro na luta política, logo se revelando jornalista de pulso, como viria a revelar-se vigoroso orador parlamentar desde sua eleição para deputado, em 1842.

Quando redigiu *O libelo do povo*, em 1849, estremecia ainda a Europa sob os efeitos das revoluções populares de 1848, e no Brasil a reação dinástica tripudiava sobre os vencidos da chamada "Revolução Praieira". Timandro põe a situação brasileira em confronto com os acontecimentos europeus, traçando um quadro veemente desses acontecimentos para melhor caracterizar o sentido antiliberal, retrógrado e funesto do regresso ao Poder (gabinete conservador de 29 de setembro de 1848) dos "representantes de um passado de amarguradas lembranças, os protagonistas de um drama cheio de terror e de lágrimas". Com isto, dizia, via-se a nação "outra vez transviada do caminho, onde no fim de tantas procelas havia entrado com todo o ardor da esperança de um futuro melhor".

Na realidade, o processo reacionário vinha de muito antes e ao seu desenvolvimento não eram estranhos muitos dos chefes liberais, uns por incompreensão ou tibieza, outros por simples acomodação de interesses. E é sabido que a passagem dissimulada ou ostensiva de liberais para as hostes conservadoras tornou-se coisa a bem dizer vulgar, degradando-se a luta pelo poder em competição de grupos e de ambições egoísticas. Timandro — Torres Homem viria a ser precisamente um desses trânsfugas: acabou ministro, favorito do imperador, que o fez visconde de Inhomirim.

Mas é evidente que nada disso poderia invalidar as críticas e denúncias formuladas com tamanha veemência no panfleto, nem tampouco faz desmerecer o seu valor próprio como depoimento dos mais importantes na história do Segundo Reinado. *O libelo do povo* permanece de pé; se o seu autor veio a se agachar aos pés do trono, pior para a sua biografia.

Quanto a Justiniano José da Rocha, esse não variou nem renegou, foi conservador a vida inteira, sua pena sempre a serviço do partido conservador. Grande jornalista, grande trabalhador, é como figura humana bem mais simpático do que Torres Homem. Carrega sobre os ombros plena responsabilidade pelas ideias que defendeu e pelas posições que sustentou. Foi coerente consigo mesmo, e é forçoso reconhecer que não o moviam motivos subalternos de mando ou de dinheiro. Viveu e morreu pobre. Deputado por algum tempo, não era contudo o parlamento a arena adequada às suas aptidões. Foi também professor de mérito, mas sem dúvida no jornalismo é que estava a sua vocação e no jornalismo é que se realizaria plenamente.

Seu panfleto, sem ímpetos à Timandro, é uma peça de feição doutrinária, macia, vasada em molde didático, mais arma de persuasão que de castigo. Todo o seu objetivo consiste em justificar histórica e moralmente a política de conciliação ou transação, instaurada por Paraná, com o gabinete de 6 de setembro de 1853. É obra de boa qualidade literária, e pensamos que sinceramente concebida e escrita. A causa é que era objetivamente má e indefensável, e ninguém, por mais hábil que fosse, poderia embelezar-lhe o conteúdo e as consequências.

Diz um historiador que os homens de então "estavam cansados de insultar-se e abraçaram-se pelo móvel do interesse". Em verdade, a "conciliação" exprimia um movimento não apenas de contemporização, como supunham talvez alguns, mas sim de completa capitulação dos liberais. Houve quem a chamasse de "paz podre", e José de Alencar, sem papas na língua, qualificou-a de suja "prostituição política".

Justiniano empregou a palavra "transação" no seu sentido mais nobre; mas a coisa era de fato ignóbil, e semelhante "transação" se operou, na espécie, como triste sinônimo de "tramoia" e de "negócio escuso".

De tipo em tudo por tudo diverso dos panfletos de Timandro e de Justiniano, é *A conferência dos divinos*, de Ferreira Viana. Publicado em 1867, também anonimamente, produziu tremenda repercussão, mas queremos crer que deve a sua ruidosa celebridade menos à importância histórica do seu texto do que ao que representa como sátira impiedosa ao imperador. Escrito em forma alegórica, eloquente, dramática, quando o lemos hoje não lhe podemos encontrar na substância aquilo que agitou os contemporâneos — algo de indefinível que só a presença viva das vítimas podia explicar. Vale mais como documento psicológico do autor e do seu tempo. Como documento propriamente político não pode sofrer cotejo com *O libelo do povo* e *Ação; reação; transação*.

Jornalista e advogado de fama, Ferreira Viana era acima de tudo um grande orador parlamentar, um perfeito ator na tribuna, que ele empolgava por sua cultura clássica, sua força lógica e principalmente por seu espírito irreverente, mordaz, corrosivo, imprevisível. Conservador, católico praticante, intimamente ligado à Igreja, parece, no entanto, que levava o demônio no corpo. O gênio da sátira circulava no seu sangue, e o gosto do *bon mot* dominava irresistivelmente a sua inteligência e a sua língua.

R. Magalhães Júnior reconhece que maiores libelos que *A conferência dos divinos* foram os discursos pronunciados por Ferreira Viana como deputado conservador. Dir-se-ia um deputado do diabo, que ajudava poderosamente a obra republicana de demolição da monarquia escravocrata. Quando saiu a lume *A conferência dos divinos*, os republicanos foram os que mais aplaudiram o panfleto, inclusive reeditando-o e divulgando-o largamente. Com ele, sem dúvida alguma, prestou Ferreira Viana incontestável serviço à causa da democracia e da república. Não diretos *malgré lui*, pois de certo sentiria, no mais íntimo do seu ser, que estava mesmo prestando um bom serviço ao país, fossem quais fossem as consequências de ordem política da sua crítica.

Mas aqui terminaremos com uma observação acerca da estrutura do livro de R. Magalhães Júnior.

Ao chegarmos à sua última página, ficou-nos a impressão de um certo desequilíbrio — produzido justamente pela inserção no volume do panfleto de Ferreira Viana. Os panfletos de Timandro e Justiniano, diferentes como sejam, têm, no entanto, evidente parentesco histórico, derivado do fato de pertencerem à mesma época e refletirem os mesmos problemas e as mesmas inquietações, embora vendo as coisas de ângulos diversos e visando a objetivos opostos. *A conferência dos divinos* não afina com eles, nem mesmo no tamanho, muito menor que o dos outros.

A nosso ver, o volume ganharia em unidade se em vez do panfleto de Ferreira Viana reproduzisse, por exemplo, o de Firmino Silva — *A dissolução do Gabinete de 5 de Maio*. Publicado em 1847, excelente como fatura literária, oferece enorme interesse como documento que retrata admiravelmente os lances do jogo parlamentar, a miúda estratégia dos grupos políticos em luta encarniçada pelo poder, que dentro em pouco se firmaria nas duras mãos dos latifundiários, grandes fazendeiros e senhores de escravos.

Já o historiador do *Brasil-Colônia* e *Brasil-Império*, Austricliano de Carvalho, deixou estabelecido o nexo histórico existente entre os três panfletos, ao traçar a perspectividade da época: "A nação será aviltada pelo estrangeiro e entrar-se-á à *época sem fisionomia* de Timandro, *sem vida* de Justiniano da Rocha, aquela em que o poder é tudo e a sociedade, cansada de lutar, experimenta essa prostração inevitável, consequência necessária de esforços enérgicos e incessantes, segundo Firmino Silva".

(1956)

O PADRE CARAPUCEIRO

O nome do padre Miguel do Sacramento Lopes Gama, o famoso padre Carapuceiro, parece emergir agora do esquecimento em que andava. A não ser nas histórias literárias, em algum ou outro breve ensaio, ou em referências fugidias, raramente era ele mencionado, e o que em geral se sabia a seu respeito resumia-se a bem pouco: o padre Lopes Gama fora um terrível panfletário do segundo quartel do século passado, redator de uma folha famosa — *O Carapuceiro*. Ele foi, no entanto, um educador e publicista de altos méritos, cuja obra está reclamando estudo aprofundado, que a coloque no devido lugar em nossa história política e literária. Isto começa a ser feito, segundo se pode deduzir de duas recentes publicações: o livro de Amaro Quintas, *O padre Lopes Gama político*, editado no Recife, e o de Luís Delgado, *Lopes Gama*, antologia da coleção Nossos Clássicos da editora Agir.

O padre Lopes Gama é uma figura extremamente interessante. Nasceu no Recife, em 1791. Estudou no Mosteiro de São Bento de Olinda. Ingressou na Ordem Beneditina em 1807. Em 1817 é nomeado lente de retórica do Seminário de Olinda, início de uma longa carreira de professor e educador, em que atingiria altos postos. Foi deputado provincial em 1835 e deputado geral em 1840. Mas seu nome ganhou celebridade principalmente como jornalista político.

Lopes Gama viveu todo o agitado período político das lutas pela Independência, das insurreições de 1817 e 1824 em Pernambuco, do Primeiro Reinado, da Regência e primeiros anos do Segundo Reinado.

Homem de boa formação clássica, espírito liberal, patriota vigilante, temperamento combativo — tudo o empurrava ao exercício de intensa e movimentada atividade pública, que se desenvolveria simultaneamente na cátedra, na administração, no parlamento e sobretudo no jornalismo.

De 1822 até morrer, em 1852, fundou e redigiu numerosos jornais, colaborando em alguns outros. Jornais cujos títulos denunciam à primeira vista a feição acentuadamente política do seu teor: *O Conciliador Nacional*, *Diário da Junta do Governo*, *O Constitucional*, *O Popular*, *O Carapuceiro*, *O Despertador*, *O Pernambucano*, *O Sete de Setembro*.

Seculariza-se em 1834, deixando a Ordem Beneditina. De sua bibliografia em livro constam os seguintes títulos: *A coluneida* (1832), poema satírico contra a Sociedade Colunas do Trono e do Altar; *A farpeleida* (1841); *Código criminal da semirrepública do Passamão na Oceania* (1841), sátira em prosa; *Lições de eloquência nacional* (1846, com reedições em 1851 e 1864); *Observações críticas sobre o romance do sr. Eugênio Sue, o judeu errante* (1850); *Seleta clássica* (1864). Além de várias traduções.

Na apresentação com que prefaciou a antologia da coleção Nossos Clássicos, Luís Delgado resume a biografia de Lopes Gama, situando-a no tempo e pondo em relevo suas qualidades de indormido combatente da causa pública, sua obra de educador, escritor e publicista. Os trechos escolhidos que formam a parte principal do volume permitem-nos um razoável conhecimento direto dos escritos de alguém que foi, no dizer de João Ribeiro, "um dos escritores mais corretos do seu tempo".

*

O livro de Amaro Quintas, *O padre Lopes Gama político*, está construído com os materiais que o autor colheu diretamente — e pacientemente — na vasta produção jornalística do famoso polemista. É um trabalho de pesquisa em primeira mão e de excelente exposição histórica da atividade política do extraordinário publicista que foi Lopes Gama. Através de suas páginas podemos acompanhar, passo a passo, a trajetória de um homem de imprensa que utilizava o jornal não apenas como veículo de agitação mas também como instrumento de doutrinação política e de crítica social. E tudo realizado com bom humor, o inalterável bom humor que era um elemento componente da sua combatividade.

O bom humor, o espírito jovial, a verve inesgotável, que eram características inatas de Lopes Gama, conferiam-lhe absoluta superioridade em relação aos seus encarniçados adversários. Enquanto estes últimos, perdendo a compostura, descambavam facilmente na truculência verbal, na verrina caluniosa, no insulto e na injúria, o padre Carapuceiro manejava com mão certeira a arma do riso, da galhofa e da ironia, levando de vencida os mais desabusados contendores. Ninguém podia com ele.

Mas a par da feição polêmica, as suas folhas exprimiam um pensamento político definido, liberal, democrático, avançando às vezes até posições extremadas. Ainda hoje algumas de suas opiniões nos surpreendem, conforme salienta Amaro Quintas.

O padre Lopes Gama não escapava, naturalmente, ao jogo de contradições e incoerências, que decorria, por um lado, das condições políticas e sociais do meio, e, por outro lado, da sua própria formação intelectual; mas, dentro desse quadro geral, não há dúvida que ele avançou muito, sobretudo tendo-se em vista a sua condição de sacerdote, e mesmo quando o cotejamos com outros padres revolucionários da época.

A documentação de que se serve Amaro Quintas a esse respeito é extremamente significativa, como se poderá avaliar pelas amostras que se seguem.

Em artigo datado de 1845 — repare-se bem nesta data: 1845 — Lopes Gama perfilhava a concepção da formação histórica das classes sociais e das lutas de classe, escrevendo:

> Em todos os países, e em todas as épocas, essas classes privilegiadas, ciosas das vantagens que possuíam, desveladas por estendê-las todas as vezes que julgaram oportuno o ensejo, já por egoísmo, já por orgulho, e cobiça sempre procuraram manter-se em um poder discricionário, e por isso sempre

se constituíram em guerra permanente com os povos por elas deserdados e oprimidos.

Isso era dito a propósito das lutas populares e liberais dos "praieiros" pernambucanos contra a oligarquia conservadora e reacionária que dominava a província. Escorando-se em exemplos da história universal, Lopes Gama prosseguia: "Todas as páginas da História oferecem-nos exemplos desta verdade. Tal foi em Roma a luta dos plebeus e dos patrícios; tal na Revolução Francesa a dos comuns nascentes contra o feudalismo; e ainda hoje, pode-se dizer, que é a grande questão de todo o mundo civilizado".

É à luz dessa concepção que o publicista caracteriza a situação pernambucana de então:

> Posterguemos nomes que não fazem ao caso; atentemos para as coisas, e conheceremos que os regressistas, os reorganizadores, os ordeiros de agora são ou querem ser os patrícios de Roma, ou os senhores feudais da Meia Idade. Como estes, aqueles propugnam, não pelas invariáveis leis da vida social, senão por formas variáveis de organização enferrujadas do tempo, destruídas na razão e consciência pública... E será justo que alguns membros da comunidade absorvam à custa dos demais as vantagens reais, atribuam-se direitos, que denegam aos restantes dos cidadãos assim atirados para a condição de um cativeiro real, e concentrem em suas mãos ambiciosas o monopólio do poder e da riqueza? O povo excluído de fato de todo o direito político, privado de toda a influência legal em a decisão dos negócios comuns, e dos que mais imediatamente o interessam, deverá ficar nesse estado de abatimento e de torpor, e carregar com todos os ônus da sociedade sem outra compensação mais, do que a miséria, a nueza, e a fome?

Noutro artigo do mesmo ano de 1845, e dessa vez com o título mui significativo de "Melhoramento da sorte das classes industriosas", o articulista, depois de se referir a alguns utopistas do passado, acrescenta textualmente que "em nossos dias três homens distintos têm tentado o melhoramento das classes laboriosas, mediante a reforma da sociedade em geral: St. Simon, Fourier e Owen".

Esta passagem nos mostra que a propaganda do fourierista Vauthier, o engenheiro francês contratado então pelo governo de Pernambuco para a execução de obras públicas no Recife, conquistava adeptos até no clero. Que semelhante adesão do padre Lopes Gama não era coisa apenas de superfície, é o que podemos deduzir das seguintes palavras: "Com a escola socialista, eu reconheço que um vício radical deteriora todas as associações humanas...". Reconhecia ainda o articulista que a humanidade marchava para o socialismo, embora sua concepção do socialismo, bebida principalmente em Fourier, estivesse ainda eivada de vagas intuições; mas compreendia perfeitamente que se tratava de um avanço democrático e progressista inelutável, e "que o regresso é repugnante ao gênero humano de sua natureza progressivo".

Por essas breves amostras já se vê que não era à toa que os pasquineiros a serviço da reação conservadora — interessada em conservar o regime da escravidão — se assanhavam furiosamente contra o padre Carapuceiro. Por semelhantes razões, o nome de Lopes Gama tem sido relegado ao esquecimento. Em boa hora empreendeu o historiador Amaro Quintas o trabalho de o reviver, pondo em relevo a sua notável figura de combatente da democracia e do progresso.

(1959)

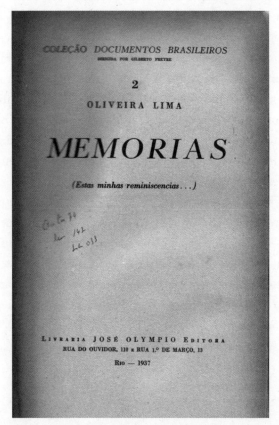

Página de rosto do livro *Memórias*, de Oliveira Lima.

MEMÓRIAS, ETC.

Vou folheando e relendo certas páginas das *Memórias* de Oliveira Lima...

Quando o livro apareceu, há uns quatro anos, muitos foram os comentários agressivos publicados contra ele, denunciando-o como um poço de maledicências, falsidades e rancores do memorialista. Acusava-se Oliveira Lima de pretender denegrir a glória ou a reputação de alguns eminentes cavalheiros, que foram seus contemporâneos, seus colegas na diplomacia e nas letras, seus superiores ou rivais na hierarquia administrativa, dos quais guardara má lembrança — tudo isso, acentuavam os críticos, por despeito, por inveja e por ódio. Desse bate-boca literário e jornalístico ficou-me a impressão, que ainda perdura, de que usavam contra o acusado os mesmos e até piores excessos do que aqueles que lhe eram tão ferozmente atribuídos.

Sem dúvida, as *Memórias* de Oliveira Lima estão cheias de irreverências e mesmo de perfídias; mas, a par de irreverências e perfídias, que são por assim dizer os elementos negativos na composição anedótica dos personagens em apreço, elas contêm numerosos elementos positivos a favor deles. E eu acredito que as suas irreverências e perfídias não só não diminuem o valor próprio do volume, como até o reforçam. Além de tudo, deixemos de hipocrisias, é isso mesmo que o torna mais saboroso e de certa maneira mais útil. Mais útil pelo menos para estabelecer os contrastes de claro-escuro necessários à boa perspectiva.

O que caracteriza o gênero "memórias", diferenciando-o dos outros gêneros literários, é sobretudo o ânimo ingênuo ou então desabusado e cru do memorialista na apresentação das coisas e dos homens. Um livro de memórias ou é um depoimento sem reticências, em que o memorialista bota para fora tudo o que pensa e sente a respeito dos indivíduos que conheceu e dos acontecimentos que presenciou ou de que participou, ou não vale nada como tal. Será então um livro de história, de sociologia, de psicologia, ou de outra coisa qualquer inclassificável; um livro de memórias deve ser um manancial subsidiário para a história, para a sociologia, para a psicologia, etc. etc., mas sem ser propriamente nada disso em particular.

Não poucas restrições se fizeram também ao estilo e à técnica literária das *Memórias* de Oliveira Lima. Sem a menor razão também aqui, ao meu ver. Acho mesmo que elas estão redigidas num estilo bem próprio para reminiscências — descansado, bonachão, cheio de intimidades, meio desordenado, indo e vindo ao sabor das recordações. Um livro de memórias não é afinal de contas um livro de elogios acadêmicos, obrigatória e antipaticamente vestido de casaca e peito engomado.

A noite úmida convida a releituras preguiçosas e fragmentárias... Deixo o Oliveira Lima em paz e pego o volumezinho patético em que L. F. Céline conta a vida e a obra de Semmelweis, fazendo-a preceder de um delirante e incompreensível *Mea Culpa*. Céline nos previne e nos incita, no prefácio, contra a impressão de aridez e aspereza das primeiras páginas: a "terrível história" de Semmelweis, diz ele, recompensará o leitor intrépido. Recompensa, efetivamente.

Semmelweis, pioneiro da assepsia nas operações obstétricas, sofreu o diabo, o pior que se pode imaginar, na sua luta contra a rotina e os preconceitos do tempo. Foi desprezado, maltratado, vilipendiado, martirizado. Morreu num asilo de loucos. Depois, de acordo com a velha tradição, ergueram-lhe estátuas.

As páginas de Céline, que eu vou folheando e relendo aqui e ali, são realmente admiráveis. Dão-nos de Semmelweis uma imagem poderosa de tragédia. Mas agora, ao recolocar na estante o pequeno volume, a minha, emoção toma novos rumos, a fazer conjecturas sobre o destino das estátuas de Semmelweis: estarão elas convertidas em instrumentos de guerra e morticínio?

(1941)

MEMÓRIAS DA CIDADE

I

Daqui a nove anos — precisamente a 1º de março de 1965 (e não a 20 de janeiro de 1967, como erroneamente se tem divulgado) — completará a cidade de São Sebastião do Rio de Janeiro quatro séculos de sua fundação. Desde já, portanto, se deve cuidar da preparação dos elementos necessários à comemoração do quarto centenário da cidade. Entre tais elementos há de figurar, muito naturalmente, a publicação de documentos, monografias, crônicas, memórias, tudo enfim que possa interessar à sua história. O recente livro *Memórias da cidade do Rio de Janeiro*, de Vivaldo Coaracy — cronista forrado de boa erudição —, constitui sem dúvida valiosa contribuição nesse sentido.

Vivaldo Coaracy é um carioca amoroso da terra natal, e o seu livro, exato e seguro nas informações, é obra de um escritor agradável, fluente, vivo, a que não falta o toque de uma ternura muito compreensível, que o leitor acaba também por partilhar. Sobretudo quando o leitor, embora não sendo carioca de berço, e este é o nosso caso, não é menos amoroso da cidade em que vive.

Além de outras qualidades intrínsecas, estas *Memórias* possuem o dom de suscitar numerosas e variadas sugestões, que ora se oferecem à curiosidade de estudiosos e pesquisadores da história quadrissecular da cidade, ora se desdobram em outras tantas memórias pessoalmente vividas pelo leitor em tais ou quais recantos evocados pelo cronista.

Refere-se o cronista, quase sempre incidentalmente, como é da própria índole do seu livro, a fatos e episódios da história da cidade relacionados com as lutas políticas e os movimentos populares que os habitantes do Rio de Janeiro sustentaram, em épocas diversas, contra a prepotência de governos ou por melhores condições de vida. Eis um tema dos mais sugestivos, a desafiar a perspicácia e a clarividência de honestos historiadores. Uma verdadeira história política e social do povo carioca — nenhum livro poderia comemorar mais adequadamente as glórias da mui leal cidade fundada por Estácio de Sá. Fundada, como se sabe, sob o fogo de cruentas batalhas, em que por fim pereceu o próprio Estácio, seu primeiro governador.

Desde o levante popular encabeçado por Jerônimo Barbalho, em 1660, às lutas pela Independência, às rusgas do período regencial, às lutas pela Abolição e pela República; desde a mobilização de massa que forçou a abdicação de Pedro I, em 1831, à Revolta do Vintém, em 1880; e já depois da República, desde a resistência de Floriano à revolta da Armada, em 1893, até à revolta de João Cândido, em 1910, e à gloriosa insurreição de 1935; desde o movimento popular contra a guerra, em 1915, até aos grandes comícios e demonstrações de massa promovidos pelo Partido Comunista, em 1945/1946 — quantos acontecimentos importantes, quantos episódios magníficos a atestarem o ânimo combativo da gente carioca, sempre empenhada na defesa das liberdades democráticas e da independência nacional, intemerata vanguarda do povo brasileiro em suas lutas pelo progresso do país.

No Rio teve o seu trágico desfecho a Inconfidência Mineira, com a execução de Tiradentes. Em geral os historiadores e cronistas — e o autor destas *Memórias* não escapa à regra — se preocupam mais em esclarecer a questão, ainda hoje controversa, do local exato em que se verificou o enforcamento do mártir. Isto afinal é secundário; o que mais importa é estudar as vinculações da Inconfidência com as lutas políticas do povo carioca pela Independência, e também proceder a investigações precisas acerca da repercussão e das consequências que o processo terrorista exerceu sobre o desenvolvimento de tais lutas. Numa verdadeira história da cidade — elaborada cientificamente — todas essas coisas terão que ser examinadas a fundo, o que evidentemente não se pode esperar de historiadores presos a interesses ou a preconceitos das classes dominantes.

Em ligação muito estreita com as lutas pela Independência se apresenta, por exemplo, a atividade dos intelectuais progressistas da época, que procuravam divulgar "ideias subversivas" — as "nefastas ideias francesas", como então se dizia. Ao contar a história da antiga rua do Cano, depois crismada em rua Sete de Setembro, Vivaldo Coaracy lembra que nessa rua funcionou uma Academia literária e científica, alguns anos depois da execução de Tiradentes. A Academia foi varejada e fechada pelas autoridades e seus membros metidos na cadeia por longos meses, figurando entre eles o poeta Silva Alvarenga e o jovem doutor Mariano José Pereira da Fonseca, que havia recentemente chegado da França e que viria a ser mais tarde o marquês de Maricá. O episódio serve para mostrar que a brutal repressão exercida contra os inconfidentes não conseguira intimidar bastante nem fazer calar de todo os portadores de tais "ideias subversivas". E estas seguiam o seu caminho, inelutavelmente. É assim a história.

*

Com amorosa erudição, poder-se-ia dizer, Vivaldo Coaracy nos conta a história dos principais logradouros e monumentos do centro urbano: praças, ruas, becos, jardins, velhas igrejas e obras profanas, antigas e novas construções, evocando o que desapareceu na voragem do progresso, descrevendo o que permaneceu de pé, e de tudo o que vai narrando se depreende o que tem sido o secular esforço do povo carioca para erguer aqui uma grande e bela cidade, obra humana digna da estupenda moldura com que a natureza tão prodigamente dotou estas paragens.

E é neste passeio com o cronista, através da cidade e do tempo, que vamos por nossa vez reavivando a memória de certos acontecimentos de um passado mais recente, já dos nossos dias e que assinalam, no entanto, uns mais, outros menos, alguns dos momentos culminantes da vida carioca nestas últimas décadas. Repetimos: momentos culminantes, se bem que na maioria dos casos despercebidos pelos observadores e historiadores oficiais.

Por exemplo, no Largo do Capim, que desapareceu com a abertura da avenida Presidente Vargas, funcionaram durante algum tempo, num sobrado do lado da rua dos Andradas, a Federação Operária e o Centro de Estudos Sociais. Pois foi naquele modesto sobrado que em 1915 se organizou um comitê popular de luta contra a guerra, o qual desfraldou com indormida bravura a bandeira da paz e do internacionalismo proletário, denunciando o caráter imperialista da guerra de 1914/1918, promovendo uma série de vigorosas demonstrações de massa, que tiveram na ocasião considerável repercussão.

Desse mesmo comitê popular partiu a iniciativa de um congresso pela paz, reunido em outubro de 1915, com a participação de delegados argentinos, espanhóis, portugueses, além dos brasileiros. O referido congresso realizou as suas sessões na sede da Federação Operária, que se mudara para a Praça Tiradentes, quase paredes meias com o antigo prédio em que pousava o Ministério da Justiça.

Refere-se o autor destas *Memórias* ao Teatro Provisório, que existiu, durante a primeira metade do século passado, na Praça da República esquina da rua da Constituição (praça e rua com outros nomes, então). Aproximadamente no mesmo lugar, num pequeno sobrado ainda hoje de pé, em face do Arquivo Nacional, esteve localizada a primeira sede legal do Partido Comunista do Brasil, nos poucos meses que medearam entre a sua fundação e o estado de sítio decretado em consequência do 5 de Julho de 1922. E ainda no mesmo sobrado instalou-se, anos mais tarde, a sede legal do Bloco Operário e Camponês.

O Largo da Carioca, que tem passado por tamanhas transformações, fez-nos lembrar outro pequeno sobrado, há pouco demolido, na esquina das avenidas 13 de Maio e Almirante Barroso. Ali funcionaram a Confederação Operária Brasileira, em fase de reorganização, a redação do seu órgão de imprensa, *A Voz do Trabalhador*, e a comissão organizadora do II Congresso Operário Brasileiro, tudo isso em 1913.

Aos cronistas e historiadores de hoje essas coisas parecerão talvez insignificantes. Mas não tenham dúvidas — daqui a mais quatrocentos anos, elas serão apontadas entre as mais importantes da época.

Todavia, podemos deixar estabelecido desde já, sem necessidade de esperar mais quatrocentos anos, que o Largo da Carioca foi a arena dos mais grandiosos espetáculos políticos que a cidade já testemunhou em quatro séculos de sua existência até ao presente. Estamos lembrando os comícios da campanha pela Constituinte, em 1945, quando multidões imensas vibravam, na grande praça, ao ouvir a palavra do líder comunista Luiz Carlos Prestes.

*

A leitura destas *Memórias da Cidade do Rio de Janeiro* levou-nos a aventar a ideia de se escrever uma história das lutas políticas e sociais do povo carioca durante os quatro séculos de existência da cidade. Enumeramos acima algumas sugestões; mas o tema é vasto e comporta novos desenvolvimentos.

Fundamental, numa história dessa natureza, será, a nosso ver, a narração da luta multiforme e permanente dos escravos contra o estado servil e o cruel tratamento a que eram submetidos. Vivaldo Coaracy nos informa que os africanos escravizados aparecem no Rio de Janeiro ainda antes da cidade contar vinte anos de fundada. Em 1583, com efeito, o governador Salvador Correia de Sá fazia uma "avença" com um traficante de nome João Gutiérrez Valério — "pela qual este se obrigava a pagar uma taxa sobre cada escravo que trouxesse da África". Com este ato oficializou-se o tráfico de escravos, bom negócio para os negreiros, para os proprietários e para a Coroa.

Mas onde há escravo há revolta. Nas condições existentes então, a forma mais rudimentar e pronta dessa revolta era a fuga para o mato — o que deu origem aos *quilombos*. "Já em 1625" — conta-nos V. Coaracy — "eram tão numerosos os quilombos que passaram a ser considerados perigo público exigindo providências das autoridades..." Revela aqui o cronista a primeira manifestação, em terras cariocas, do "perigo quilombola", digno antecedente histórico de outros "perigos" ainda hoje malsinados pelos descendentes dos traficantes e senhores de escravos, por exemplo — o nosso muito conhecido "perigo comunista".

Dos primeiros quilombos nas matas que cercavam a cidade nascente até ao 13 de Maio de 1888 — que longo, áspero e glorioso caminho de lutas pela abolição definitiva da escravidão! O que é certo é que o "perigo quilombola" só desapareceu de todo com o 13 de Maio. Para o "perigo comunista" haverá também um 13 de Maio, bem mais próximo do que o imaginam os netos, bisnetos, trinetos, tetranetos e demais remanescentes de antigos escravocratas e capitães do mato.

*

A página tantas do seu livro, V. Coaracy refere-se ao Forte da Conceição, no morro do mesmo nome, onde funcionava desde meados do século XVIII a Casa de Armas, depósito e oficina de equipamentos militares. E anota o seguinte fato: "Na Casa de Armas ocorreu o que foi, provavelmente, a primeira greve registrada no Rio de Janeiro. Em 1791 deixaram os operários das oficinas de trabalhar por falta de pagamento, conforme comunicou ao governo da metrópole o conde de Resende".

Eis uma informação da maior importância, provável ponto de partida para o histórico das greves operárias deflagradas na cidade em mais de século e meio. Nesse histórico, além de outros movimentos menos conhecidos, há de se pôr em relevo a famosa greve dos gráficos da imprensa carioca, em meados do século passado, a qual durou cerca de dois meses, publicando os grevistas um jornal diário, o único que podia sair, para não deixar o público sem notícias.

No capítulo das greves, são ainda de lembrar-se as de ferroviários da Central do Brasil, logo no início da República, e também, já no começo deste século, a de carroceiros e cocheiros (ainda não havia automóveis nem caminhões), que muito deu que falar. Os jornais do tempo enchiam colunas com o seu noticiário. Depois, a onda de greves do período de 1918/1920, que tamanha influência exerceram no movimento operário brasileiro, inclusive na formação do Partido Comunista. Nova onda, cheia de novos ímpetos, nos anos de 1932 a 1935.

O movimento cresceu e avançou, nestes últimos tempos, desenvolvendo-se, em consequência, a organização política e sindical do proletariado, e novas e novas greves, que abrangem camadas cada vez mais vastas da classe operária, vão assinalando as etapas sucessivas das lutas dos trabalhadores por melhores condições de vida — e muitas vezes essas greves se entrosam com as lutas populares pelas liberdades democráticas. Isto a bem dizer já é história que estamos vivendo nos dias que correm; mas é também história a ser escrita.

*

Ainda nos dias que correm temos vivido intensamente uma série de grandes e memoráveis lutas de massa: a batalha do petróleo, o movimento da paz, as campanhas de ajuda financeira à imprensa popular, as campanhas eleitorais para a Câmara Municipal, para o Parlamento Nacional e para o Executivo Federal, os festivais da juventude, os congressos femininos, a Liga da Emancipação Nacional, os movimentos contra a carestia da vida, o movimento pela anistia que agora repete o que foi feito em 1945, etc.

São lutas democráticas e patrióticas de caráter nacional, e algumas mesmo de caráter ou de repercussão internacional, mas em todas elas o povo carioca (e quando falamos em povo carioca estendemos o gentílico aos habitantes em geral da cidade, sejam ou não nascidos aqui) tem sempre tomado posição de vanguarda, nelas empenhando a sua bravura e o seu entusiasmo jamais desmentidos.

II

De *Um livro de memórias* — tal o título dado por Luís Edmundo a cinco volumes, cinco alentados volumes, contendo recordações de sua vida desde a primeira infância. Pelo jeito, algum ou alguns volumes de possíveis memórias mais ou menos secretas ainda virão a lume um dia, para regalo de gente amiga de indiscrições e escabrosidades. Será? Mera suposição. Quanto aos presentes volumes, o que podemos desde logo afirmar é que são de leitura fácil e agradável, que nos prende a atenção como um divertimento. São páginas cheias de mil coisas — aspectos, paisagens, seres, casos, estúrdias, em que o memorialista aparece ora como ator, ora como espectador.

No fundo ou no centro da cena aparecem as belezas e feiuras da cidade carioca mui amada: o Rio das duas últimas décadas do século passado, cheirando a ranço colonial, com muita sujeira, com febre amarela, com solenes sujeitos de sobrecasaca preta, colarinho duro e cartola, debaixo de quarenta graus à sombra; o Rio pitoresco se mexendo e borbulhando entre mar e montanha, cenografia demasiada para o casario feio e forte a que se referiam Spix e Martius no começo da centúria; o Rio de Pedro II, da República, do Encilhamento, de Floriano, da Revolta da Esquadra, de Prudente e dos jacobinos; o Rio de boêmios mais ou menos literários, gente estroina e ruidosa que operava nos cafés, confeitarias e jornais da rua do Ouvidor e adjacências; o Rio de Pereira Passos e Osvaldo Cruz, renovando-se, higienizando-se, "civilizando-se", com a avenida Central, a avenida Beira-Mar, o "binóculo" de Figueiredo Pimentel, as crônicas e as cabotinagens de João do Rio, as melindrosas e os almofadinhas de J. Carlos; o Rio múltiplo, carnavalesco e sentimental, terra de muitas alegrias e muitas tristezas, terra também de trabalho suado, cidade comercial e industrial, centro político e cultural do país.

O velho poeta e jornalista Luís Edmundo, também homem de negócios, possui memória fresca e alerta, e cada capítulo destes volumes é uma reportagem movimentada, não raro tocada de fundos traços caricaturais. Há aqui muita anedota que parece verdade e muita verdade que parece anedota. Mas a par disso muita informação interessante, muito apontamento útil para a nossa história política, literária e artística. E este não é o menor dos méritos destas *Memórias*.

*

O que acima de tudo caracteriza as *Memórias* de Luís Edmundo, suas recordações da infância, da mocidade e do homem maduro, narradas ao longo de cinco volumes, é o ambiente carioca, o espírito carioca, o sentimento carioca que estão presentes sob suas várias feições, em cada página do livro. Mesmo quando o memorialista se reporta a coisas vistas e vividas noutras terras longínquas, falando-nos de outras paisagens e outras gentes, mesmo aí o "carioquismo" de Luís Edmundo palpita e se intromete em tudo, desliza pelas entrelinhas e põe a sua marca de origem nos episódios sucedidos em Paris, Berlim, Lisboa ou Buenos Aires.

Isto aparece mais claramente, por exemplo, em casos estapafúrdios como o do "Bal Rodolf" de Paris, no qual se envolveram dois jovens médicos brasileiros que ali aperfeiçoavam os seus estudos e que mais tarde se tornariam sumidades da medicina e da vida pública em nosso país, os doutores Maurício de Medeiros e Bruno Lobo, tudo por artes e malasartes do demônio teuto-carioca chamado Hélios Seelinger, amigo de ambos e do memorialista. O caso aconteceu em Paris e podia acontecer em qualquer cidade do mundo, mas o diabo que o engendrou e lhe deu o tom, se bem que pintado de sangue germânico, era um diabo nascido e criado no Rio de Janeiro.

Outro caso típico é o da incrível mistificação encenada por Luís Edmundo no seu encontro com o fabulista Trilussa, em Roma. Luís Edmundo, tradutor, admirador do poeta italiano, procurou-o para conhecê-lo pessoalmente e obter dele uma entrevista para o jornal brasileiro em que trabalhava, mas apresentando-se com o nome (aliás verdadeiro) de Luís Costa, "companheiro de redação e amigo íntimo" de Luís Edmundo. E Trilussa a pedir notícias do seu tradutor brasileiro...

Os dois últimos volumes da obra são dedicados a viagens ao estrangeiro. Leitura sempre fácil e agradável, há neles muita coisa interessante. Mas é também nesses volumes onde se encontram as suas páginas menos elogiáveis, sobretudo quando o memorialista se põe a fazer considerações de ordem geral ou a tirar conclusões do que observou em tais ou quais países. O observador cai frequentemente em equívocos e superficialidades opinativas.

Estando em Paris, nos primeiros anos do século, naquela época chamada pelos boas-vidas de *belle époque*, Luís Edmundo afirma que a vida na França de então era só delícias e farras, paraíso terrestre, seio de Abraão, onde não havia ainda a "luta de classes". O memorialista só via os aspectos turísticos e boêmios de Paris, fazendo generalizações descabidas, como se Paris não fosse a grande cidade proletária de tantas e tantas lutas heroicas, que tamanha repercussão produziram no mundo. Para não ir mais longe na história, basta lembrar a Comuna de Paris — o primeiro governo operário surgido no mundo, expressão precisamente da mais alta forma de luta de classes. Luís Edmundo fala em "luta de classes" como se isso fosse criação arbitrária de ideólogos e revolucionários aparecidos depois da guerra de 1914/1918. Não compreende que a luta de classes é um fenômeno histórico que existe no mundo desde o momento em que a sociedade se dividiu em classes diferenciadas — homens livres e escravos, patrícios e plebeus, barões e servos, mestres-artesãos e companheiros, opressores e oprimidos — com interesses opostos, antagônicos, em permanente conflito, e que só na sociedade comunista desaparecerão por completo as classes sociais e, portanto, os antagonismos e as lutas entre elas.

*

Com a publicação do livro *O Rio de Janeiro no tempo dos vice-reis*, cuja primeira edição rapidamente se esgotou, tamanho o seu êxito de crítica e de público, estava aberto diante de Luís Edmundo um rico filão — e o autor, antes conhecido como poeta e jornalista, dedicou-se a explorá-lo, senão em profundidade, pelo menos em extensão. Elaborou e escreveu novos livros sobre a cidade do Rio de Janeiro, sua vida social, seus costumes, suas belezas e fealdades, suas grandezas e misérias em quatro séculos de história.

Toda a sua obra está sendo agora reimpressa em edição uniforme sob o selo da casa Conquista. A de mais recente publicação é *O Rio de Janeiro do meu tempo*, em cinco volumes, misto de reportagem e memorial, onde encontramos uma imagem movimentada da cidade nos primeiros anos deste século. É livro de escrita fácil, correntia, em que a mistura reportagem-memorial domina tudo, do começo ao fim.

Do ponto de vista literário e histórico, parece-me evidente, é obra inferior a *O Rio de Janeiro no tempo dos vice-reis* e *A corte de D. João VI no Rio de Janeiro*. Esta inferioridade se acentua sobretudo pelo muito de caricatura que há em suas páginas — coisa por muitos motivos desnecessária, além de nem sempre atingir os efeitos de hilaridade almejados. Por exemplo, as falas de portugueses ou de tipos da malandragem, ridicularizadas em sotaques e modismos com deformações injustificáveis. E falta ao livro um capítulo que se consagrasse às lutas populares, rusgas políticas, agitações de rua, greves operárias, etc., que marcam e caracterizam certos rasgos combativos da população carioca.

Afora esses e outros senões de ordem geral, e sem querer catar pulgas em elefante, podemos ainda apontar certos pequenos equívocos e impropriedades, aliás facilmente corrigíveis. É o caso do nome de Pedro Rabelo, citado (p. 629) como "vate" da *Alma alheia*. Pedro Rabelo era também poeta, deixando um livro de versos com o bonito título de *Ópera lírica*; mas *Alma alheia* é uma coletânea de contos, de modo que falar em "vate" de *Alma alheia* não é coisa muito adequada. É o caso igualmente do livro de Campos Sales, *Da propaganda à presidência*, que está citado como sendo *Da propaganda à presidência da República* (p. 1028). Com referência aos grupos literários que frequentavam a livraria Garnier nos primeiros anos do século, lê-se que João Ribeiro por esse tempo não ingressara ainda na Academia, quando se sabe que sua eleição se verificou em agosto de 1898.

Sejam, porém, quais forem as restrições ou rugas que possamos levantar, o fato é que o livro em seu conjunto representa uma boa contribuição para o conhecimento mais íntimo do que era a velha e desconjuntada metrópole antes da administração Pereira Passos e nos primeiros anos que se seguiram. São 39 capítulos, através dos quais o memorialista repórter passa em revista mil e um aspectos da vida urbana e suburbana, suas praças, ruas, ruelas, becos, morros, cais, coisas pitorescas ou curiosas, suas feições de velha cidade que está crescendo e quer modernizar-se, enfeitar-se, e a isto se atira num borbulhamento excitante, estuante e extenuante debaixo do brabo sol tropical, o casario e a gente espremidos entre a mata e o mar.

De particular interesse, talvez por possuírem maior autenticidade, são os capítulos dedicados à vida literária e artística, aos teatros, aos cafés e confeitarias, aos divertimentos populares etc. Quanto à imprensa do tempo, o autor nos mostra apenas uma das faces da vida jornalística, deixando de lado a outra face, aquela que Lima Barreto soube retratar, com mão ferina e vingadora, nas *Recordações do escrivão Isaías Caminha*.

III

Em simpático volume, *Um rei da valsa*, conta-nos Onestaldo de Pennafort as aventuras e desventuras de Mário Penaforte, famoso compositor de valsas, que desfrutou de enorme popularidade, durante o primeiro quartel deste século, ao lado de Nazaré, de Eduardo Souto, de Sinhô. A fama de Mário Penaforte chegou mesmo a transpor as fronteiras nacionais, projetando-se pelo mundo através de Paris, onde ganhou o primeiro prêmio num concurso de valsa, em 1914. A guerra batia às portas de Paris, e Paris valsava furiosamente. O brasileiro Mário Penaforte, boêmio à boa moda da chamada *belle époque*, foi o "rei" dessas valsas que Paris dançava sobre o abismo.

A glória de Santos Dumont já andava meio esquecida, e não tardaria que o grande pássaro metálico, que seu gênio inventivo criara para a paz, se convertesse em tremenda arma de guerra. Mas a Europa de novo se curvava "ante o Brasil", agora representado pelo valsista Mário Penaforte. Paris, a França, a Europa inteira valsavam ao lânguido compasso das valsas do brasileiro, até que o tiro funesto de Serajevo — gigantescamente mais funesto que os dardos de Troia — deu o sinal da dança macabra de ferro e fogo da Primeira Guerra Mundial.

Mário Penaforte, de regresso ao Brasil, continuou a compor as suas valsas, longe do mortífero compasso dos canhões. Mas também a nossa *belle époque* teria um fim.

A parte mais interessante do livro de Onestaldo de Pennafort é justamente aquela de recordação de certos aspectos da vida carioca nas duas primeiras décadas do século. O velho Rio de Machado de Assis desaparecia sob os escombros do terremoto chamado Pereira Passos, e a cidade renovada tomava uns ares de refinadas elegâncias, meio ingênuas meio cabotinas, pura invenção do cronista mundano Figueiredo Pimentel e do estupendo caricaturista J. Carlos. João do Rio, mágico, rebrilhante, fixou nos seus livros a "vida vertiginosa" da renovada urbe carioca. As páginas de recordação de Onestaldo de Pennafort ressoam agora como o eco daqueles dias trepidantes.

Para muita gente, o século XIX prolongou-se até meados de 1914, datando daí o começo deste conturbado século de guerras e revoluções. Mas a "sociedade" — isso que se chamava então de *tout Rio* e hoje se chama de *café society* — não se dava conta de nada e continuava a acreditar em Figueiredo Pimentel, como hoje acredita no analfabeto Ibrahim. Entretanto, a cidade de Figueiredo Pimentel e João do Rio bem pouco sobreviveria à velha cidade de Machado de Assis. Os "almofadinhas" e as "melindrosas" de J. Carlos permaneciam nas revistas mundanas; os boêmios da literatura e das confeitarias continuavam a cultivar trocadilhos e carraspanas; mas, ao lado da cidade fútil e descuidosa, uma outra cidade crescia, cidade de trabalho e de pensamento grave, fazendo ouvir a sua voz em consonância com as vozes revolucionárias do novo século — era o Rio da Zona Norte, que não fazia o *footing* na Avenida, não ia ao *five-o--clock-tea* da Alvear e da Lallet, não morava em Botafogo nem veraneava em Petrópolis, não sabia quem era a Réjane nem o Brulé, só conhecia o Municipal por fora e só gostava mesmo era das piadas do Alfredo Silva nos teatros da Praça Tiradentes. Este outro Rio teve também o seu cronista — o mulato Lima Barreto, que bebia cachaça nos botecos suburbanos e ria nas bochechas do Figueiredo Pimentel. O "maximalista" Lima Barreto, que compreendeu o que significava o 7 de Novembro de 1917, foi a grande voz literária da cidade que lutou contra a guerra em 1915, que desencadeou a grande greve de novembro de 1918, que desfilou no 1º de Maio de 1919. Lima Barreto, colaborador dos jornais operários *A Voz do Trabalhador* e *Voz do Povo*, foi o escritor desse outro Rio que estremeceria ao troar dos canhões do primeiro 5 de Julho, no mesmo ano em que a classe operária iniciava a construção do PCB.

Estas coisas quedei-me também eu a recordar, depois de lida a última página do livro de Onestaldo de Pennafort.

(1956/1959)

NO TERMO DE CUIABÁ

Usando sem abuso do direito de botar no papel a frase feita e feita justamente para responder a imposições inelutáveis, como no caso presente — eu diria, para começo de conversa, que o voluminho *No termo de Cuiabá*, de M. Cavalcanti Proença, é um grande pequeno livro. Minguado de tomo, ele avulta pela qualidade literária, e não menos pela excelência da substância elaborada por mão de mestre — outra frase feita que é impossível evitar.

No termo de Cuiabá, publicado pelo Instituto Nacional do Livro em sua Biblioteca de Divulgação Cultural, constitui-se de curtos ensaios, ligados entre si pela matéria versada, e servidos numa prosa límpida, saborosa e nutritiva. Sem erudições aparentes, sem aparato nem presunção, o autor nos vai dizendo o muito que sabe do que viu, do que sentiu, do que experimentou, passo a passo, em anos de andança e peregrinação pelo termo de Cuiabá. E tudo com uma deliciosa comunicabilidade coloquial, em que nos transmite o conhecimento direto, exato e enxuto da realidade vivida.

História, geografia, etnografia, biografia, zoologia, botânica, costumes matutos, condições de trabalho do vaqueiro, do pescador e do lavrador — quanta coisa a aprender nestas páginas, feitas para ler e reler e tresler. São páginas de boa seiva brasileira, que devemos abordar com humildade de amigo, certos de nelas encontrar elementos de realidades verdadeiras, que a nossa presunção desconhece e os nossos preconceitos desfiguram. Não há aqui exageros de falso sertanismo, nem bobas exaltações românticas; nem há tampouco pessimismo, descrença, desânimo. Nenhuma sombra de mistificação, nenhum laivo de suspeita intencionalidade. Mas tudo claro, descomplicado, tal qual. A coisa como a coisa é — e ela é de fato bem melhor do que poderíamos imaginar ou mesmo desejar.

Para resumir tudo numa palavra, acrescentarei que este livro de M. Cavalcanti Proença não pode faltar na estante de quem pretende buscar, nos livros, não só documentação e depoimento, mas também indicação adequada, útil roteiro para desbravamentos em profundidade das coisas brasileiras.

O último capítulo do volume, "Dona Ruiva", é uma página de reminiscências, em que o autor, cheio de comovida e comovente ternura, recorda a figura de sua avó, D. Maria Genoveva Deschamps Cavalcanti, criatura admirável, a meio descendente de franceses, mas sertaneja brasileira de boa raça e melhor comportamento.

*

Relendo a nota sobre o livro de M. Cavalcanti Proença, *No termo de Cuiabá*, verifico de pronto que faltou no meu comentário alguma coisa, alguma referência, alguma ideia capaz de melhor transmitir a excelente impressão que me deixou o voluminho. E já que estava às voltas com frases feitas para defini-lo, talvez fosse mais apropriado dizer que ele é como os frascos de bom perfume — pequeno só no tamanho. Com a diferença, bem entendido, que não se trata de nenhum perfume requintado, sutil, perturbador. O perfume aqui é simplesmente cheiro brabo de mato, de bois e cavalos, de peixes e caças, de índios e vaqueiros, de pescadores e soldados. Mas é um cheiro muito brasileiro, muito característico da vida sertaneja.

Entre outras coisas, eu devia ter acentuado que *No termo de Cuiabá*, como aliás se depreende do próprio título, cuida apenas de material limitado à região cuiabana, e que isto não só não diminui como ainda lhe empresta maior força de autenticidade. Limitado é aqui sinônimo de concentrado, vitaminado, o contrário precisamente da dispersão desmedida e aguada. Convém mesmo acrescentar que é disso precisamente que mais necessitamos para melhor conhecer as coisas reais existentes em cada canto do imenso Brasil: pequenos livros que nos descrevam e nos mostrem de maneira viva os aspectos diferenciados, os pormenores verdadeiros, uma visão realista, sem embelezamentos retóricos, de cada pedaço do território nacional. Monografias, análises, dados concretos, experiências vividas. Generalidades, cartapácios pesados, imensos volumes carregados de frios algarismos ou pejados de palpites com altas pretensões sociológicas — disso tudo estamos fartos.

O que M. Cavalcanti Proença nos conta, por exemplo, sobre caçadas e pescarias, miudezas narradas em forma literária de primeira ordem, sem conversa fiada nem brilhaturas para tapear, é uma delícia de se ler e ao mesmo tempo nos instrui com a segurança e a veracidade de quem sabe o que escreve. O autor nos fornece, inclusive, um modelo admirável de como escrever com correção e bom gosto.

O livro é rico de fatos, casos, episódios, observações, que nos transmitem certos rasgos da psicologia do nosso matuto, que em geral desconhecemos na cidade. Vale a pena citar um trecho nesse sentido:

> Perguntaram certa vez a um caipira por que plantava milho que não compensa o trabalho — pois o caruncho dá conta dele em pouco tempo — e arroz que deixa lucros mínimos. Por que não criava bois, produção rendosa e de mercado certo? E ele se espantou desse ponto de vista, definindo, na réplica, a mentalidade coletiva do agricultor cuiabano: — Mas que é que o povo vai comer?

Eis um dado para confirmar as observações feitas por Clóvis Caldeira, em artigo recente, acerca do generalizado preconceito que atribui aos camponeses, em qualquer parte e em qualquer tempo, uma irredutível mentalidade individualista. Aviso aos estudiosos que se dedicam a pesquisas sobre a questão agrária no Brasil.

Há igualmente neste livro preciosas informações de caráter folclórico, sendo mesmo um de seus capítulos consagrado ao "cavalo no folclore". É interessantíssima a descrição da festa de São Jorge em Cuiabá, e ainda mais a das touradas, que se realizavam depois das festas ditas do Divino.

O tema jacaré nos proporciona algumas das páginas mais extraordinárias do livro. Parece que o jacaré é um bicho imortal. Não há pau, nem bala, nem faca que o mate. O autor relata o caso de um jacaré morto a pauladas mais de uma vez, revivendo horas depois. Por fim abriram a barriga do monstro, e lhe retiraram todas as vísceras. Só ficou a casca. "Pois, daí a algum tempo, o jacaré se mexeu, piscou os olhos e se foi, vazio, oco, absurdamente vivo, caminhando na direção do rio."

Mistérios da natura.

Mas, leiam o livro — muito há nele que saborear e aprender.

(1958)

MUTIRÃO

Muito e muito instrutivo é o livro de Clóvis Caldeira, *Mutirão*, em que se estudam as diversas formas de ajuda mútua e espírito cooperativo no meio rural. É livro que interessa particularmente à nossa história econômica e social, e a par disso cheio de informações e indicações concretas, extremamente úteis a legisladores e administradores, sobretudo no tocante ao problema da propriedade da terra e ao que isto implica em matéria de reforma exigida pela presente conjuntura histórica da sociedade brasileira. Por igual abundantes, em suas páginas, são os elementos de natureza folclórica, estreitamente ligados à prática e à variedade das formas que o mutirão assume nas diversas regiões do Brasil.

Clóvis Caldeira foi inspirado no seu trabalho pelo livro célebre de Kropotkin, *A ajuda mútua*, tendo reunido para o seu estudo a melhor bibliografia sobre o assunto, principalmente de autores nacionais que realizaram pesquisas de campo e nesta base publicaram monografias e ensaios acerca de determinados aspectos locais ou especiais da instituição no país. Serviu-se ainda o autor de numerosas comunicações particulares, obtidas mediante consulta a órgãos e funcionários do IBGE, e além disso procedeu ele próprio a pesquisas pessoais diretas. Acrescente-se a essas fontes o que pôde ser colhido em obras literárias propriamente ditas, romances, poemas etc. — prova do apuro e amplitude da documentação utilizada pelo autor.

De todo esse material, devidamente elaborado, resultou o presente volume, redigido com exemplar sobriedade e segurança, num bem-sucedido esforço de sistematização científica.

A primeira parte do volume é dedicada ao exame das origens do "mutirão", dirimindo-se as dúvidas e conjecturas ainda existentes sobre a questão — se o velho costume nos vem dos índios ou dos africanos. Baseado na análise das principais características da prática solidarista entre as nossas populações rurais, suas condições de desenvolvimento e suas diferenciações no tempo e no espaço, e comparando-as com as tradições europeias, indígenas e africanas, conclui o A., de maneira convincente, pela concorrência dos três elementos originários, que entraram, separadamente, sucessiva ou simultaneamente, na formação das modalidades brasileiras de aplicação ao nosso meio dos processos de ajuda mútua na lavoura, na criação de gado, na pescaria, em certos serviços de utilidade pública — estradas, pontes, igrejas, escolas — e até na construção de moradias em pequenas cidades e mesmo nos subúrbios das grandes cidades.

Na segunda parte do livro, passa-se em revista a prática atual do mutirão, suas peculiaridades e variantes em cada estado ou região do país, suas fases e tendências etc., tudo apoiado em minuciosa exemplificação. A própria palavra "mutirão" se acha associada, diz-nos o A. — "a uma espantosa variedade de vocábulos afins, derivados de um último comum, muitos deles simples variações dialetais ou corruptelas". O último capítulo do livro trata das formas de ajuda mútua e de trabalho associado, que se verificam entre os colonos estrangeiros e seus descendentes, principalmente alemães e japoneses.

O que desde logo se constata, no estudo da questão, é que a prática solidarista é incompatível com a estrutura da grande propriedade, mesmo quando esta apresenta baixo nível técnico. Isto é uma regra geral, e só excepcionalmente um grande proprietário convoca os vizinhos pobres para alguma tarefa de cunho cooperativo — "mas é dificílimo", esclarece o A., "que retribua nos moldes costumeiros". Por sua própria natureza, a ajuda mútua é hábito imposto por necessidades e interesses mútuos, praticado, portanto, entre gente pobre ou quando muito remediada — pequenos proprietários, parceiros, arrendatários, lavradores médios, assalariados.

Uma das coisas mais significativas, que podem ser observadas no mutirão, mais ou menos em toda a parte, é o espírito de emulação na execução da tarefa comum, conferindo "prestígio" àqueles que mais rapidamente e melhor realizam a sua parte de trabalho. Considera-se também uma questão de honra participar do mutirão, ficando malvisto aquele que acaso se furte a cooperar com os demais na ajuda em favor de um vizinho. Vê-se que o solidarismo no trabalho desenvolve nos indivíduos certos conceitos morais, que são na realidade a expressão de puros e belos sentimentos, tão acentuados no povo, inclusive no povo camponês, apesar de certas aparências em contrário.

Merece destaque, por muitas razões, a forma especial de mutirão, que se realiza no município de Governador Valadares, Minas, por ocasião de algum casamento na roça, conforme relato fornecido por informante da Agência local do IBGE. Os nubentes da zona rural devem locomover-se de grande distância até à presença do juiz de paz, na cidade, gastando na ida e na volta um dia inteiro bem estirado. O mutirão é planejado com antecedência, mas a obra se realiza precisamente durante a ausência dos noivos. Eis como o A. descreve o fato: "Os vizinhos que permaneceram, reunidos, propõem-se a construir a casa, o barracão ou coisa que o valha. Naturalmente todo o material necessário já está preparado, e, com o número, quase sempre considerável, de pessoas reunidas, torna-se possível a execução da tarefa até a chegada do casal. E, pela noite adentro, é sempre a festa, até o dia novo chegar".

A festa, aliás, é de regra no encerramento do mutirão, qualquer que seja a sua natureza. Festa com a competente comezaina, cachaça, quentão, bailarico, e às vezes brigas mais ou menos feias no fim de tudo, dando-se mesmo o caso de mortes, de maneira a transformar-se a festa em velório.

Clóvis Caldeira chama a atenção para a esplêndida experiência de trabalho coletivo aplicado na execução de serviços públicos, realizada no município mineiro de Senador Firmino, durante a Segunda Guerra Mundial. A iniciativa do mutirão público partiu do próprio prefeito municipal Cícero Tôrres Galindó, que o descreve em carta ao pesquisador Hélio Galvão, da qual cita C. Caldeira o trecho seguinte:

> Criando o sistema de *mutirões*, temos, com a ajuda permanente, eficaz, espontânea e sem restrições do povo, feito uma administração eficiente e proveitosíssima: boas rodovias em todas as direções, pontes e mais pontes, prédios escolares, ruas na cidade e nas vilas, supressão de atoleiros por toda a parte, abertura de brejos, retificação de córregos, toda sorte de serviços, enfim, em benefício da saúde, bem-estar e fácil trânsito e comunicação do povo e para o povo, tudo se fazendo, tudo se construindo, tudo se realizando, graças aos *mutirões*.

Hélio Galvão completa a descrição com alguns dados concretos: de 7 de setembro de 1940 a 5 de agosto de 1944, realizaram-se 56 mutirões, sendo que no de certo dia de maio de 1941 compareceram 964 trabalhadores, que construíram, só nesse dia, 3.545 metros de estrada "em péssima topografia, na subida e descida do alto do Piracema". A principal rodovia do município, obra orçada em quinhentos contos (naquela época), foi toda ela construída pelos trabalhadores reunidos em mutirão — sem despesa alguma.

Eis uma lição extremamente proveitosa aos administradores deste país: quando se confia no povo e honradamente se sabe convocá-lo para obras de interesse coletivo, o povo não falha jamais e pode realizar verdadeiros milagres de energia, de senso prático, de dedicação sem limites ao trabalho e ao bem da comunidade.

Há outro caso registrado no livro de Clóvis Caldeira que deve ser lembrado e exaltado como um exemplo magnífico do espírito criador do povo, da sua capacidade de realização e seus sentimentos de solidariedade comunitária.

O fato está devidamente documentado nos *Apontamentos para a reforma agrária do Nordeste*, trabalho escrito por Filemon Torres, Guilherme Teles Gouveia e Hildebrando Espínola, estudiosos da matéria, e apresentado pela delegação do Ceará à II Conferência Rural Brasileira, reunida em São Paulo, em dezembro de 1954.

No lugar Caldeirão, município do Crato, instalaram-se alguns homens, tendo à frente o chamado beato José Lourenço, com o propósito de ali organizar uma fazenda em moldes coletivistas. Era um sítio havido por intratável e estéril, mas, ao chamamento de José Lourenço, acorreram camponeses sem-terra do interior nordestino. Dentro em pouco a fazenda se levantava e progredia acima de qualquer previsão, graças ao sistema de trabalho adotado, participando os trabalhadores, equitativamente, dos seus rendimentos. Mas convém citar o que a seguir se diz nos *Apontamentos* dos pesquisadores cearenses, segundo a transcrição feita no livro de C. Caldeira:

> No recesso dos sertões do Nordeste, José Lourenço conseguiu uma invejável produção de alimentos e algodão. Centenas e centenas de homens reuniram-se ali fascinados pela compensação econômica da participação nos lucros. A exploração possuía sistema de água próprio: barragens, cisternas, poços, tudo, aliás, feito pelos rústicos com o intuito de pouparem quaisquer reservas do líquido. O solo, tratado e estimulado pelo adubo orgânico, rebentou em bela produção que compreendia horticultura, pomicultura, floricultura. Rebanhos, pocilgas, aviários, todas essas coisas compondo um dos melhores quadros de organização rural em terra abandonada por sáfara e repudiada para a agricultura. Uma surpresa, porém, no aldeamento do Caldeirão: os machados, as enxadas, as foices, os ancinhos, martelos, instrumentos elementares, já se vê, eram fabricados na granja. E o pano que aquela gente vestia era obtido nos teares manuais, também fabricados no Caldeirão, onde se tingia e preparava o vestuário.

Caldeirão constituiu, sem dúvida, admirável experiência cooperativista no meio rural brasileiro. Foi um exemplo digno de aplausos e de imitação, e que merecia dos poderes públicos o máximo de incentivo e apoio. José Lourenço e seus companheiros demonstraram na prática uma extraordinária capacidade de trabalho e de organização, coisa que não é rara em nossa gente do interior, desde que orientada pelo bom caminho. Os homens de Caldeirão pertenciam a essa estirpe de fortes sertanejos, tão justamente louvada por Euclides da Cunha.

Pois querem saber o que aconteceu à vitoriosa experiência de José Lourenço? O governo de então suspeitou que aquilo cheirava a novo Canudos, ou então, quem sabe? — a infiltrações comunistas no sertão. Os autores dos referidos *Apontamentos* contam como acabou tudo: "A polícia destruiu o núcleo a ferro e fogo. As habitações foram incendiadas pela fúria selvagem dos chamados mantenedores da ordem. Aviões cedidos ao interventor de então metralharam o reduto".

Dizem ainda esses autores que a fazenda coletiva caiu, mas a experiência ficou. É verdade, e por também acreditar nesta verdade é que o sociólogo de *Mutirão* reuniu no seu livro essa e outras numerosas experiências, cujo estudo "já permitem antecipar-se a conclusão fundamental de que existe, na sociedade rural brasileira, uma rica reserva de hábitos, sentimentos e disposições que, convenientemente orientados, podem desempenhar papel relevante na melhoria da condição de importantes grupos humanos, no concernente a problemas de educação, saúde, bem-estar e tantos outros".

De pleno acordo.

(1956)

BRASIL SÉCULO XX

Contam-se pelos dedos os livros brasileiros, dedicados ao estudo dos problemas brasileiros, cuja elaboração se tenha feito à luz do marxismo. Somos de uma pobreza mais do que franciscana neste particular. Daí que a publicação de um livro desse tipo tome desde logo as proporções de verdadeiro acontecimento, como é o caso agora do volume de Rui Facó, *Brasil século XX*, dado a lume pela Editorial Vitória em bonita apresentação gráfica.

O livro de Rui Facó destaca-se, na abundante safra bibliográfica das últimas semanas, precisamente por constituir uma obra de escritor marxista, um escritor que amadureceu o seu espírito realizando assíduas pesquisas nos domínios da história política, econômica e social do Brasil. É o seu primeiro livro, mas livro maduro, de rico e substancioso conteúdo e de escrita sóbria, accessível a qualquer leitor. Digamos ainda que *Brasil século XX* é obra baseada em copiosa documentação, não a documentação pura e simples, a documentação em grosso, mas aquela que resulta de uma adequada seleção crítica.

O livro divide-se em cinco partes, na primeira das quais traça o autor excelente esboço histórico da formação da nacionalidade, assinalando os fatores básicos que condicionaram o surgimento do nosso povo. Na segunda parte delineia-se o "encontro do passado com o presente", e aí são apontadas certas particularidades que caracterizam a nossa evolução como povo, particularidades que, entretanto, não fogem, como pretendem os historiadores e sociólogos das classes dominantes, à lei universal da luta de classes como fundamento da história de todos os povos antes de atingirem o estágio socialista.

A terceira parte estuda o período em que se inicia em nossa história a ruptura dialética com o passado. É o período cujos primórdios datam de um primeiro surto industrial que se verificou no país, ainda em meados do século XIX, desenvolvendo-se a pouco e pouco, avançando e recuando, até tomar impulso mais decidido a partir de 1918/1920 e sobretudo a partir de 1930. É o período de lenta ascensão da burguesia e da ascensão paralela do proletariado, o período de aguçamento das lutas de classe — latifundiários no poder, burgueses que disputam o poder, proletários que se batem contra a exploração e a opressão. É o período igualmente de crescente penetração do capital imperialista.

Na quarta parte apresenta-se um quadro vivo das forças de classe em choque no Brasil atual, com os seus partidos, as suas manobras políticas, os seus instrumentos de ação política, econômica e ideológica, e por fim — o movimento nacionalista, que possui um nítido caráter revolucionário nas nossas condições de país subdesenvolvido e peado em seus anseios de progresso pela dominação imperialista. Na parte final, a afirmação do presente se desdobra em clara perspectiva dos caminhos do futuro. As lutas pela independência econômica e consequente consolidação da independência política, pela reforma agrária, pela industrialização progressista, pela democracia, pela elevação do nível de vida material e cultural das massas — eis os grandes caminhos que palmilhamos atualmente, com as vistas voltadas para o futuro. O futuro iluminado pelo socialismo.

Em apêndice, organizou Rui Facó uma utilíssima cronologia política e econômica do Brasil, que se completa por alguns dados relativos à instabilidade do poder central e às constituições brasileiras; e ainda alguns quadros estatísticos que servem para ilustrar certas passagens do texto.

Pela simples descrição que estou fazendo do livro, creio que se pode fazer uma ideia aproximada da sua orientação e sua importância. Acrescentarei apenas que o *Brasil século XX* me parece um livro já agora indispensável a leitores brasileiros e estrangeiros, que desejam adquirir um conhecimento panorâmico exato, traçado com a melhor orientação científica, do Brasil e das lutas do povo brasileiro no século presente.

Como não há neste mundo nenhum livro perfeito, é óbvio que podemos apontar no livro de Rui Facó alguns *senões em passagens menos felizes ou algumas opiniões discutíveis, que em nada, entretanto, prejudicam a excelência da obra.*

Veja-se o capítulo dedicado à vida cultural, já no fim do volume. Nele faz o autor uma síntese da matéria em perfeita consonância com o caráter geral da obra e em perfeito equilíbrio com os demais capítulos. Suponho, entretanto, que seria útil acrescentar-lhe pelo menos mais uma página, a fim de fixar uns dois ou três aspectos não considerados no livro e que certamente viriam enriquecer e precisar a sua exposição relativa aos momentos mais significativos da evolução da nossa literatura.

Por exemplo, não compreendo bem por que Lima Barreto aparece entre Aluísio Azevedo e Machado de Assis. E a meu ver é muito discutível a caracterização de Lima Barreto como "herdeiro direto" de Aluísio. Creio antes que ele é mais herdeiro de Machado, continuador da linha carioca que vinha de Manuel Antônio de Almeida e teve precisamente no autor de *Dom Casmurro* o seu ponto mais alto. É claro — continuador noutro plano e noutras condições. Nem será muito difícil encontrar nos romances e contos de Lima Barreto certas identidades com os romances e contos de Machado de Assis, mesmo contra a opinião do próprio autor de *Policarpo Quaresma.*

E por que a omissão de Raul Pompeia, que foi por excelência um escritor participante — na campanha abolicionista, na propaganda republicana, nos tempos de Floriano etc.? Não se justifica tampouco a omissão de Monteiro Lobato, figura de primeiro plano em todo o período literário compreendido entre as duas guerras mundiais. Outra omissão injustificável é a do movimento modernista desencadeado em 22. Com todas as suas contradições internas e suas posteriores derivações para a esquerda e para a direita, foi sem dúvida um movimento fecundo de rebeldia contra o rotineiro, em busca de novos caminhos mais consentâneos com as novas condições decorrentes da Primeira Guerra Mundial e da revolução socialista em marcha. O romance nordestino, que Facó valoriza devidamente, nasceu do movimento de 22 como um desdobramento natural, nem se explicaria de outro modo.

(1960)

A MISÉRIA É NOSSA

Tem o título acima, título de denúncia e clamor, o último panfleto de Gondin da Fonseca, em cujas páginas ardentes são debatidos alguns dos principais aspectos da grande campanha nacionalista em que se empenham crescentes camadas do nosso povo. Em sua introdução comenta o autor os resultados do pleito presidencial de 3 de outubro, apontando como causa imediata da vitória de Jânio a tremenda máquina publicitária — coisa jamais vista entre nós — posta a serviço do candidato das forças entreguistas.

    A publicidade política, criação tipicamente ianque, é toda ela organizada em termos de publicidade comercial, tendo em vista a "promoção" em larga escala do seu produto — no caso um. candidato e seu programa. Semelhante publicidade, sustentada por poderosas forças econômicas que se ocultam por detrás de partidos e personalidades, realiza uma tarefa, "cientificamente" planejada, de deformação da consciência democrática do eleitorado. Foi isto o que se viu aqui na eleição de 3 de outubro: a grande massa eleitoral ludibriada em grosso pelos demagogos e charlatães, tudo com base numa publicidade de tipo comercial, explorando a fundo os justos descontentamentos das massas populares, e impingindo como também nacionalista um candidato de origem e inspiração sabidamente entreguistas. Resultado: venceu o "produto" sustentado por aquelas forças que dispunham de mais dinheiro para dominar os mais eficazes veículos de publicidade — imprensa, rádio, televisão.

    Gondin da Fonseca entra em cheio, depois, no cipoal das manhas e artimanhas do entreguismo, denunciando as manobras que visam à liquidação da Petrobras, e mostrando pão, pão, queijo, queijo o que significa para o Brasil o domínio dos trustes imperialistas sobre setores tão importantes da economia nacional como sejam a energia elétrica, a indústria automobilística, a cultura e o comércio do algodão, a indústria farmacêutica etc.

O panfletário não esbraveja nem agita as mãos vazias: pelo contrário, suas mãos estão cheias de dados, cifras, fatos, provas, documentos. Seus ódios são ódios patrióticos, ódios contra a monstruosa máquina imperialista montada em nossa terra com a conivência de entreguistas e mercenários que traem a própria Pátria. São ódios ditados pelos amores ao Brasil e ao povo brasileiro espoliado e oprimido: É a este povo, tão desprezado e maltratado, que se dirige Gondin da Fonseca, despertando a atenção do leitor para a verdadeira situação em que se debate o Brasil, vítima dos trustes estrangeiros e seus agentes "nacionais".

> Pense no Brasil, que é a sua Terra. Você não tem outra. E ela precisa de você. Observe que atualmente a riqueza é deles (dos entreguistas e dos gringos colonizadores) e que o Brasil dia a dia se exaure: roubam-lhe o manganês, o ferro, o níquel, os minerais atômicos. Só a miséria é nossa!

A miséria é nossa: isto não é figura de retórica, é a pura e dura realidade de um Brasil subdesenvolvido, subgovernado e submetido ao imperialismo todo-poderoso. É a miséria que se exprime, por exemplo, pela estarrecedora estatística da mortalidade infantil, que em alguns estados alcança índices superiores a quatrocentos por mil. O penúltimo capítulo do panfleto de Gondin da Fonseca é dedicado precisamente a esse aspecto da nossa miséria.

Onde Gondin da Fonseca não tem razão é quando, já na última página do panfleto, escreve que o povo brasileiro — "pelo seu temperamento, pela sua tradição familiar, pelo seu modo de encarar a vida" — é infenso a "violentas lutas de classe". Gondin não pode negar que a sociedade brasileira é constituída de classes diferentes e antagônicas. Se assim é, se existem classes cujos interesses se contradizem e se chocam, a luta entre elas é uma consequência natural inevitável. Violentas ou não, ora mais violentas, ora menos violentas, em qualquer caso a luta de classes existe precisamente porque existem classes antagônicas. Trata-se de um fenômeno histórico objetivo, cuja existência não depende da vontade, nem boa nem má vontade de ninguém.

O movimento nacionalista brasileiro é uma aliança de classes — proletariado, campesinato, burguesia, pequena burguesia, lavradores ricos e pobres e até certos setores de latifundiários — e esta aliança é imposta pela necessidade tática de enfrentar e combater o inimigo comum, que é o imperialismo, especialmente o imperialismo norte-americano e seus agentes internos, que chamamos de entreguistas. Mas nada disso leva à supressão dos antagonismos de classe, nem, portanto, ao desaparecimento da luta de classes.

Diz ainda Gondin da Fonseca que "não existe comunismo entre nós". Tal como está expressa, a frase presta-se a dúbias e confusas interpretações. O que é lamentável num autor que escreve principalmente para o povo.

Tirantes esses pequenos deslizes, é claro que o panfleto *A miséria é nossa* possui excelentes qualidades, alinhando-se galhardamente entre o que de melhor tem produzido a nossa literatura nacionalista de combate.

(1960)

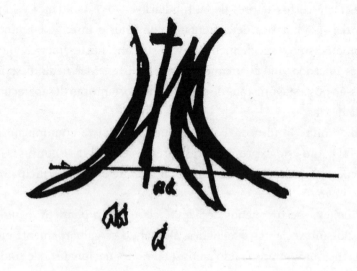

Croqui da Catedral de Brasília, por Oscar Niemayer.

GRANDE EXPERIÊNCIA

O livro de Oscar Niemeyer *Minha experiência em Brasília*, uma bonita edição da Vitória, pode ser desde já apontado como um dos mais importantes lançamentos editoriais do ano. É um volume pequeno, e seu autor não é um escritor profissional; mas que riqueza de experiência humana, de emoções e pensamentos se reflete nessas páginas medidas, sóbrias, em cujas entrelinhas sentimos palpitar um frêmito de alta tensão! Talento é isto mesmo: um grande arquiteto resolve um dia escrever um livro — e o livro surge, naturalmente, como uma grande obra de talento também literário.

Não haja dúvida: este nosso brasileiro Oscar Niemeyer pertence à mesma estirpe que deu ao mundo os gigantes da Renascença. Ele está vivo entre nós: falta-nos perspectiva para avaliarmos com exatidão a sua grandeza; mas Brasília está plantada em pleno sertão brasileiro, misto de sonho poético e de aventura heroica, e neste livro podemos descobrir certas "intimidades" que nos levam a já compreender e sentir Brasília com os olhos postos no futuro — e em Brasília a garra do seu grande construtor. Todavia, só os séculos vindouros poderão medir a verdadeira estatura deste "operário da construção", como diria Vinicius de Moraes.

Há nas páginas deste livro o registro de algumas recordações pessoais, em que se misturam alegrias e tristezas, nascidas nos longos dias de trabalho e convívio com gente de variada espécie, e nas horas insones pesando na solidão do deserto, de tudo isso resultando experiências que vincaram a sensibilidade do artista e enrijaram a sua têmpera revolucionária — e aqui emprego deliberadamente a palavra "revolucionária" na plenitude do seu sentido artístico, humano e político.

Para Oscar Niemeyer, arquitetura não é só engenharia ou fria matemática de estruturação — ela é sobretudo um ato de criação, fonte de emoção e poesia. Daí por que, ao projetar os palácios de Brasília, não pensava unicamente em levantar construções grandiosas e funcionais: seus olhos fixavam-se nas condições do sertão brasileiro, mas sua imaginação avançava para o futuro, e ao mesmo tempo voltava-se para o passado, ao embalo dialético da história. Nesse passado, Niemeyer buscava — por um lado, as fecundas referências da tradição nacional, e, por outro lado, a inspiração secular que lhe ficara da contemplação da Praça de São Marcos e da Catedral de Chartres, cuja beleza plástica "atua e domina como uma mensagem permanente de graça e poesia".

São palavras suas: "Minha preocupação principal era encontrar — sem limitações funcionalistas — uma forma clara e bela de estrutura que definisse e caracterizasse os edifícios principais — os palácios propriamente ditos — dentro do critério de simplicidade e nobreza, indispensável". Aqui se define o criador da obra de arte, o esteta de alta categoria; mas isso não é tudo, a arte só é grande arte quando animada por um sopro revolucionário de renovação ou de adequação ao novo já presente e ao novo que germina. Nesse sentido, e completando o pensamento expresso nas palavras acima, Niemeyer acrescenta: "Mas preocupava-me, fundamentalmente, que esses prédios constituíssem qualquer coisa de novo e diferente que fugisse à rotina em que a arquitetura atual vai melancolicamente estagnando-se, de modo a proporcionar aos futuros visitantes da nova capital uma sensação de surpresa e emoção que a engrandecesse e caracterizasse".

Essa pesquisa do "novo e diferente" — não apenas do novo e diferente formal — revela a profunda compreensão, de que se acha imbuído o arquiteto, daquilo que significa o conteúdo novo e diferente da nova e diferente capital de um país novo e diferente que está surgindo das entranhas do velho e rotineiro país semifeudal e semicolonial. Sua arquitetura é uma expressão artística do fenômeno histórico e sociológico do momento revolucionário que o Brasil está vivendo, empenhado na luta por um futuro de liberdade e bem-estar para o seu povo. É uma arte revolucionária que se entrosa magnificamente no processo geral da revolução brasileira em marcha.

Mas Oscar Niemeyer não é só o grande arquiteto consciente de sua missão de artista como tal. Ele é também o cidadão atento, preocupado também com os problemas políticos e sociais do nosso tempo; e que apoia sem reservas os movimentos progressistas que se desenvolvem no país e no mundo. Nenhuma surpresa, portanto, em ver no seu livro algumas passagens incidindo sobre certos aspectos da nossa atualidade política e social. Por exemplo, quando o autor, amigo pessoal do presidente Kubitschek, que lhe confiou a carga principal de responsabilidade na construção de Brasília, manifesta claramente sua desaprovação à política externa do governo, subserviente aos interesses americanos, temerosa de reatar relações diplomáticas com a União Soviética e a China Popular, e vergonhosamente solidária com os governos de Portugal, Espanha, Paraguai e Formosa.

Outro ponto que Niemeyer fere com mão certeira é o das terras em redor de Brasília. Seu livro denuncia o descaso do governo nesse particular, acrescentando as seguintes palavras, que devem ser destacadas:

> Ocorre-me, então, que [...] providências deveriam ser tomadas, protegendo as terras que a ladeiam, de forma a impedir que os latifundiários aí se estabeleçam, para retê-las abandonadas por longos anos, à espera de valorização, ou que o interesse de lucro as transforme em loteamento e cidades-jardins, como em alguns pontos já se verifica. Incomoda-me, principalmente, ver que medidas que se impunham são proteladas ou esquecidas, como a desapropriação dessas terras e a adoção de uma reforma agrária inteligente, com a previsão de núcleos de apoio agrícola. E as imagino já trabalhadas, cobertas de densa vegetação e o colono livre da exploração em que se debate — mais alegre e confiante — sentindo a terra generosa e a vida mais justa para todos.

Em Oscar Niemeyer, o artista e o cidadão são duas faces do mesmo homem íntegro, o talento e o caráter se completando e se engrandecendo mutuamente.

(1961)

UM PANFLETÁRIO NO SENADO

I

Num só volume com o título *Uma política sem preconceitos*, reuniu o senador Lourival Fontes dois oportunos panfletos — e emprego aqui esta palavra no seu melhor sentido, segundo o nobre modelo de P. L. Courier — já lidos pelo autor perante seus pares no Senado: *Compasso do mundo* e *Terra de perdição*, nos quais analisa, respectivamente, os aspectos mais candentes da nossa política externa e os não menos candentes da situação nordestina no conjunto da situação brasileira.

Discordamos do panfletário em muito coisa; por exemplo, em sua maneira de apreciar os desenvolvimentos da política soviética. Direi mesmo que neste ponto suas opiniões me parecem eivadas também de preconceitos, que o levam, naturalmente, a certas interpretações menos corretas da realidade. Mas as discordâncias teóricas ou de pontos de vista — sem dúvida muito importantes quando discutimos questões de princípio — não devem nunca impedir a busca de soluções práticas para questões práticas: o importante é estabelecer os pontos de convergência e o terreno comum de entendimento. Isto justamente é o que se passa no concernente à política externa brasileira no momento atual: estamos de acordo, no fundamental, com a posição sustentada pelo autor na primeira parte do seu livro. E se estamos de acordo, e se se trata de uma questão eminentemente prática, a exigir solução urgente, o que nos compete a todos, sem escondermos mas também sem nos apegarmos ao que teoricamente nos separa, é firmar com inteligência e decisão a posição comum e por esta lutarmos ombro a ombro, aliados na realização de *uma política sem preconceitos*.

Em matéria de política externa, o que desde logo nos aproxima é a compreensão de que necessitamos, antes de mais nada, de libertar-nos de pressões de qualquer natureza, vindas de fora e até agora imperantes sob a capa de razões históricas, geográficas, estratégicas e não sei mais o quê. Necessitamos, em suma, de realizar uma diplomacia de Estado soberano, independente, uma diplomacia que acima de tudo tenha em vista os interesses nacionais e os anseios pacíficos do nosso povo. Uma diplomacia de igual para igual em relação a todos os países do mundo, e não mais uma diplomacia de triste satélite do Departamento de Estado.

Lourival Fontes compreende perfeitamente que a diplomacia que nos convém — como aos demais países do tipo do nosso — é a dos programas de ajuda técnica e econômica, e não de armas, bombas e bases. Partindo desta justa colocação do problema, o ilustre panfletário — hoje senador mas que já exerceu no passado importantes funções diplomáticas — faz um confronto de dados concretos entre a política de ajuda praticada pelos Estados Unidos de um lado e pela União Soviética de outro lado. A política norte-americana se caracteriza pelo fato de que mais de dois terços da "ajuda" que presta aos países subdesenvolvidos "se destinam a programas militares e não a progresso social e econômico". A União Soviética, pelo contrário, se prontifica a ajudá-los a se desenvolverem por suas próprias mãos e com o aproveitamento dos seus próprios recursos, "sem condições militares, sem pressões econômicas e sem vínculos políticos". O contraste não admite sofismas nem tergiversações, mostrando-nos o que há de absurdo e indefensável numa diplomacia, como a nossa, que pretende desconhecer as vantagens tangíveis de relações diplomáticas, econômicas e culturais com a União Soviética, e também com a República Popular Chinesa e outros países do campo socialista. E quando se sabe que a orientação dominante no Itamarati resulta menos da ignorância dos fatos do que da subserviência mais vergonhosa aos ditames do Departamento de Estado, aí então é que podemos avaliar em toda a sua gravidade e premência o problema da nossa política externa. Já não são apenas os nossos interesses materiais, é a própria honra nacional que exige uma drástica revisão nos rumos, nos métodos e nos homens do Itamarati.

O trabalho do senador Lourival Fontes representa uma notável contribuição no sentido de instruir e mobilizar a opinião pública para este fim.

A segunda parte do livro aborda uma série de questões econômicas e políticas de ordem interna. Juntos os dois panfletos num só volume, isto parece significar que é difícil senão impossível, nas condições atuais do mundo, separar a política interna da política externa. O que é verdade.

Nesse segundo panfleto, a questão central que preocupa o autor é a que resulta das desigualdades existentes entre os estados do Sul e os do Nordeste. Desigualdades não apenas naturais, mas sobretudo de desenvolvimento econômico e de tratamento por parte dos poderes federais.

O assunto já não apresenta grandes segredos para os estudiosos dos problemas brasileiros, mas o senador Lourival Fontes soube condensar em algumas dezenas de páginas um mundo de fatos e argumentos, com os quais pretende não só justificar suas proposições, denúncias e advertências como também comover a nação, convocando-a a reparar velhas incúrias e injustiças. Suas palavras adquirem por vezes um tom patético, que lhes imprime particular vigor e lhes empresta maior capacidade de persuasão, inclusive pelo sentimento. Nem é possível a nenhum brasileiro de qualquer latitude permanecer indiferente diante dessa terrível realidade nacional que é um Nordeste relegado à condição de pária no seio da pátria comum.

De pleno acordo com o panfletário quando exclama que o Nordeste "continua a ser um problema quando nos convoca como uma força de experiência".

O problema é antigo, com efeito, e pode ser resumido por alguns algarismos contundentes citados no panfleto: 37 mil propriedades, representando menos de 6% do total, ocupam 61% da superfície do chamado Polígono. Para cerca de 4 milhões de trabalhadores no campo há apenas 742 mil propriedades, o que quer dizer que mais de 3 milhões trabalham em terra alheia. A mortalidade infantil se exprime pelo índice de trezentos por mil. O analfabetismo, pela percentagem de 70%.

Tudo conhecido e reconhecido. Quer dizer: já não há mais necessidade de "interpretar" o Nordeste, o que é preciso é transformá-lo, é apagar para sempre do mapa brasileiro a nódoa vergonhosa de uma "terra de perdição" dentro das lindes nacionais.

(1957)

II

Depois do *Discurso aos surdos*, em 1955, e de *Uma política sem preconceitos*, em 1957, o senador Lourival Fontes publica um novo panfleto, *Política, petróleo e população*, em que reuniu três dos seus últimos discursos no Senado. A linha geral de sua orientação é a mesma, nem variaram os impulsos generosos e construtivos que inspiram o representante sergipano. Isso é fácil de se ver; mas, além dessa, há ainda uma outra nota que me parece constante em todos esses trabalhos — é a do contraste entre o destemor e a audácia das críticas, por um lado, e as limitações e os preconceitos que, por outro lado, embaraçam e tolhem a formulação de soluções adequadas e viáveis. Este é o seu lado débil. E débil, convém acrescentar, não só do ponto de vista prático como principalmente do ponto de vista teórico. Nem há outra explicação para o esforço que visa a encontrar e adotar uma "terceira posição" de suposta "equidistância" ou de possível "equilíbrio".

Como se vê pelo título, o volume de agora se compõe de três partes autônomas, consagrando-as, respectivamente, aos "partidos políticos", à "guerra do petróleo" e à "explosão populacional".

A crítica aos partidos políticos, sua natureza e seu funcionamento, especialmente entre nós, é feita com inteligência e vigor, mas nem sempre desce ao fundo ou à essência do problema, que é, acima de tudo e antes de mais nada, um problema de classe. Compreendemos muito melhor o que se passa com os partidos políticos brasileiros quando os examinamos sob um critério de classe.

Olhando para fora do nosso país, agora mesmo, estamos vendo o que ocorre na França, onde os partidos da burguesia se concentram, forjam uma lei eleitoral sob medida, para o fim de, com a ajuda dos partidos da "terceira posição", o "socialista" em primeiro lugar, barrar o acesso ao poder da classe operária, mesmo que seja pela utilização da via parlamentar. Em resultado de tais manobras, o partido reacionário de De Gaulle surge com 180 deputados eleitos por 3 milhões e 600 mil votos e os comunistas, partido majoritário apoiado por mais de 3 milhões e 800 mil votos, reduz-se apenas a dez deputados. Aritmética de classe, evidentemente.

Na questão do petróleo, que é, sem dúvida, o mais tenebroso negócio do mundo capitalista e imperialista, não é menos vigorosa a crítica formulada pelo autor; mas a margem de confusão patenteia-se aí a cada passo. Por exemplo, quando se refere ao "truste" soviético do petróleo, que "inclui a Romênia e a Polônia". Ora, semelhante afirmativa não corresponde à verdade. O "truste" soviético, ou seja, o monopólio estatal do petróleo soviético é exclusivamente soviético, organização, empresa, negócio, trabalho do Estado Soviético. Os trustes ou monopólios estatais do petróleo romeno ou polonês pertencem respectivamente à Romênia e à Polônia, estados socialistas independentes e soberanos. Esta é que é a realidade verdadeira, e o resto é confusão resultante da propaganda inimiga.

Outra afirmativa destituída de fundamento real é aquela que aponta a situação política da Bolívia como sendo tal que "as chaves do poder" foram outorgadas ao "comunismo". Comunismo, poder comunista, na Bolívia? Admira que o senador Lourival Fontes, homem geralmente bem informado, subscreva tamanha e tão grosseira inverdade.

Na terceira parte do livro, estão condensados muitos dados estatísticos e econômicos de extremo interesse acerca do problema populacional do mundo. O autor mostra-se quase alarmado com o crescente ritmo de aumento da população mundial. O problema é grave, mas não me parece alarmante nem muito menos desesperador.

No próprio livro há um dado estatístico que explica muita coisa — relativo à densidade atual da população no mundo e nos continentes mais habitados. Reparem: densidade por quilômetro quadrado, no mundo inteiro, 19 habitantes; na Ásia 54; na Europa 83. Ora, se na Ásia, continente de maior população, a densidade é ainda tão baixa em relação à Europa, e visto que o nível de vida do europeu em geral é muito mais alto que o nível de vida do asiático em geral, a questão começa a se esclarecer quando pensamos nas possibilidades de uma Ásia independente, próspera, industrializada, para poder folgadamente atender às necessidades econômicas e culturais de suas populações.

A este respeito, o exemplo da China, com os seus 600 milhões, é claro e creio que definitivo. Até 1949, a China se contava entre os países mais atrasados, de mais baixo nível de vida; em menos de dez anos, com o governo popular, tudo mudou ali. O progresso chinês é hoje, sabidamente, uma coisa real, que impressiona profundamente a gregos e troianos. A sua população cresce em ritmo acelerado; mas o seu desenvolvimento econômico e cultural cresce em ritmo ainda mais acelerado. E assim podemos compreender como e por que é possível, em termos realistas e humanos, enfrentar o grave problema populacional do mundo. Há ainda espaço na Terra para muitos bilhões de habitantes, e praticamente não há limites à produção de alimentos e outros bens de consumo, desde que os meios e os métodos de produção sejam racionalmente utilizados em benefício das coletividades e não apenas para satisfazer os objetivos egoísticos de minorias privilegiadas.

Destacamos alguns dos aspectos negativos dos brilhantes estudos enfeixados neste volume pelo senador Lourival Fontes. Poderíamos apontar ainda outros. Mas reconhecemos, sem nenhum favor, que se trata de estudos realmente importantes, baseados em rica documentação e vazados em forma excelente, coisa não comum em trabalhos de tal natureza. E o que há neles de positivo sobrepassa de muito o negativo.

(1958)

FURACÃO SOBRE CUBA

Vale a pena ler o livro de Sartre, editado em tradução brasileira — *Furacão sobre Cuba*. É o depoimento de um filósofo e sociólogo que não se contenta com o que vê à superfície, e que acima de tudo é um escritor poderoso, dotado de antenas de extrema sensibilidade. Não importa grande coisa, no concernente a este livro, que discordemos de certas posições teóricas do filósofo e do sociólogo e também de algumas de suas afirmativas de ordem política; o que realmente importa é que em suas páginas encontramos uma exposição magistral dos fatos e uma lúcida interpretação da própria essência da revolução cubana.

Para esta edição brasileira escreveu Sartre um prefácio dirigido especialmente ao leitor brasileiro. Aí o autor como que resume o seu pensamento central sobre a revolução cubana, sua significação continental e mundial. Mostra-nos, por um lado, que "a questão cubana diz respeito a toda América Latina, já que assinala o início da descolonização geral deste continente". Essa compreensão do sentido essencial da revolução cubana, luta de libertação nacional, guerra de morte ao domínio imperialista norte-americano, é que o leva a dizer-nos, a nós brasileiros, que "apesar de todas as características que distinguem um país do outro, acabei compreendendo que falar aos brasileiros sobre a ilha rebelde era falar deles próprios". Quer dizer: o grande problema político da atualidade brasileira — como igualmente de toda a América Latina — é o da luta pela libertação nacional, o da guerra de morte ao domínio do imperialismo norte-americano. As características da nossa situação atual, diferentes das características da situação cubana antes da revolução, estão a indicar-nos que outros são os métodos que podemos aplicar na luta contra o inimigo comum dos povos latino-americanos; mas o objetivo fundamental desta luta é o mesmo para nós e para toda a América Latina — a descolonização geral do centro e sul do Continente.

Referindo-se à denúncia do acordo militar com os Estados Unidos, feita pelo governo revolucionário, fato aliás posterior à redação do seu livro e assinalado especialmente no prefácio à edição brasileira, Sartre escreve o seguinte: "Cuba, ao romper seu acordo militar com os Estados Unidos, acaba de declarar a paz ao mundo". Eis uma fina observação, excelentemente formulada, em que se exprime um pensamento político da maior importância: a luta pela paz é sinônimo de luta contra o imperialismo, e a revolução cubana, com o cortar os vínculos que prendiam o país aos dispositivos de guerra do Pentágono, praticou um ato de soberania que é ao mesmo tempo um ato de paz.

Relativamente às "acusações" levantadas pela reação sobre a coloração "comunista" do governo de Fidel Castro, Sartre informa, baseado na observação direta da verdade, que tais acusações não passam de "argumentos imbecis da propaganda imperialista". Mas Sartre, que é o oposto do imbecil, não se contenta com a simples constatação de uma situação de fato: ele vai além e põe no papel o seu próprio pensamento sobre a questão, escrevendo, tranquilamente, que não veria nada de mal se a revolução cubana fosse comunista — sobretudo porque isso "não é da conta de ninguém". Por outras palavras: isto é assunto do povo cubano, problema interno, que só ao povo cubano cabe resolver, soberanamente.

Esta edição brasileira de *Furacão sobre Cuba* está acrescida (e piorada) com um apêndice, constituído de duas pífias reportagens dos cronistas Rubem Braga e Fernando Sabino. Não é bem um "apêndice", mas uma excrescência, nem outra coisa se poderia esperar de dois escribas que são notórios portadores de um espírito essencialmente anti-Sartre.

*

Rubem Braga e Fernando Sabino, editores do livro de Sartre *Furacão sobre Cuba*, são cronistas encharcados de espírito essencialmente anti-Sartre, e daí o violento contraste que sentimos, depois de ler o livro, ao ler suas reportagens ou crônicas, coladas no fim do volume sob a forma de apêndice. Sartre busca sobretudo compreender para transmitir ao leitor o fruto da sua compreensão; Braga e Sabino não compreendem nada, não querem compreender, e é seu propósito evidente levar o leitor a também não compreender aquilo sobre que escrevem. Sartre é um analista que desce ao âmago da revolução cubana; Braga e Sabino são dois cronistas que ficam borboleteando na superfície das coisas, tomados de horror e de incapacidade diante do que pode haver de essencial por baixo da superfície sobre a qual borboleteiam.

Sabino confessa: "Infelizmente, não tenho tempo senão de julgar pelas aparências". Presunção. Se tivesse tempo seria a mesma coisa, pois seus julgamentos — diríamos melhor: seus palpites — resultam sempre de uma observação superficial das aparências. Aliás, é esse propriamente o ofício dos dois cronistas: brincar de finos e brilhantes, como asas de borboleta, no comentário superficial das aparências, com isso divertindo o seu pequeno público "bem" e bem pagante e ajudando a mistificar o grande público.

Ao botarem o pé em Cuba, meses atrás, em companhia do candidato Jânio Quadros, que fazia ali uma visita de demagogia "revolucionária", o que acima de tudo preocupava os dois cronistas brasileiros era o fantasma comunista. Queriam a todo custo ver, identificar, apalpar o tenebroso fantasma exportado de Moscou. O contrário, justamente o contrário da mentalidade sartriana e dos propósitos de Sartre. O resultado é que suas crônicas ou reportagens só podiam servir, como serviram, para reforçar os "argumentos imbecis da propaganda imperialista", a que se refere Sartre. Isto se depreende das linhas e das entrelinhas do que escreveram. Citemos algumas passagens típicas.

De Rubem Braga: "Naturalmente os comunistas procuram exacerbar o antiamericanismo...". Para este cronista da boa vida, não foi o regime ianque de Batista que exacerbou o antiamericanismo dos cubanos — são os comunistas que o fazem, agora, depois da derrubada do bom americanista Fulgencio Batista, naturalmente!

Ainda de RB, aludindo à fricção diplomática existente entre o governo revolucionário de Cuba e o Departamento de Estado: "...é impossível esconder que uma parte dessa fricção diplomática Cuba-Estados Unidos é de culpa dos dirigentes cubanos", com suas "bravatas desnecessárias". Os comentaristas da UPI e da AP não dariam melhor formulação a semelhante contrafação da realidade. Se RB estivesse de serviço na atual Assembleia da ONU, certamente telegrafaria para o Brasil dizendo que o discurso de Fidel Castro na ONU foi também uma "bravata desnecessária".

Outra preciosidade de RB: "Honestidade foi e é uma grande bandeira de Fidel, por mais que nossos políticos 'dialéticos' e 'realistas' descreiam da eficiência dessa palavra de ordem". Repare-se em primeiro lugar na desdenhosa suficiência com que o velho e gasto cronista se refere aos "dialéticos" e "realistas" — na cauda de um livro de Jean-Paul Sartre! Braga anti-Sartre aí se revela de corpo e alma, manipulador de bobas ironias, escriba de e para imbecis. E agora pergunto a RB: onde, quando, como e em que texto, em que livro, em que jornal, em que discurso, em que declaração, em que ato, em que atitude de algum dos comunistas brasileiros ("nossos políticos dialéticos e realistas") pode ser apontado um gesto ou uma palavra de descrença na eficiência da "honestidade" como palavra de ordem política? A pergunta fica sem resposta — e sem prova, visto que toda imputação caluniosa, por isso mesmo que é caluniosa, não possui base provada nem provável. E são assim esses moralistas da vassoura: mesmo quando falam na palavra "honestidade" estão praticando alguma desonestidade.

O medo do fantasma comunista ressuma de toda a reportagem de Fernando Sabino. Inclusive quando, à imitação do parceiro RB, toma uns ares desdenhosos em relação ao "materialismo dialético" ou "dialética do materialismo histórico", como ele escreve em sua meia língua de anticomunista assustado. Sartre, se leu a dupla excrescência colada no final do seu volume, há de ter lembrado aos seus botões, em bom latinório: "ne sutor ultra crepidam".

Sabino relata que, ao descer do avião, em Havana, a comitiva do vassourista Jânio foi cercada por um grupo de "jovens alegres e gárrulas [...] carregando braçadas de flores e vestidas de saia preta, blusa vermelha e distintivo no braço..." — e que isto lhe provocou a primeira reação de suspeita: "a de que o país sucumbira mesmo sob o domínio de uma ditadura de inspiração comunista", o que seria "decorrente de um processo revolucionário deteriorado". A esta altura, Sartre terá repetido em bom francês a histórica exclamação de Cambronne. Não é para menos.

A obsessão anticomunista levou Sabino a perguntar a Che Guevara "se a atitude de Cuba frente aos Estados Unidos e a tendência socializante da política revolucionária não podiam servir [...] de cabeça de ponte da URSS para uma infiltração comunista — que ameaçasse a integridade da América". Guevara, paciente, bem-humorado, sorriu e deu uma resposta sensata e límpida ao repórter brasileiro. Mas não é difícil descobrir, nas entrelinhas da resposta, o que estaria pensando o jovem chefe revolucionário acerca da inteligência do cronista Sabino.

Falta-nos espaço para novas citações. Mas as amostras que aí ficam são suficientes para caracterizar a qualidade do apêndice que estamos comentando. O livro de Sartre é excelente e merece atenta leitura. As páginas do apêndice Braga-Sabino podem ser arrancadas sem nenhum prejuízo para o volume — pelo contrário.

(1960)

Capa do jornal *A Voz do Trabalhador* (1913). Astrojildo foi um dos articuladores do 2º Congresso Operário Brasileiro, destacado na capa. Na foto de cima, em pé, Edgard Leuenroth, o principal quadro anarquista da época. Arquivo Público do Estado de São Paulo (APESP).

O MOVIMENTO SINDICAL NO BRASIL[1]

Grande e variado interesse possui este livro de Jover Telles sobre *O movimento sindical no Brasil*. Suas páginas apresentam considerável soma de dados e indicações acerca das lutas operárias em nosso país, principalmente durante os anos de 1946 a 1962, que assinalam um período de ascensão do movimento. São dados e indicações quase sempre colhidos diretamente no fogo da luta ou deduzidos da experiência vivida; seu estudo será de grande proveito, não apenas para os ativistas sindicais ou os militantes políticos, mas também para quantos se preocupam com a nossa história social.

À maneira de introdução, o capítulo inicial do volume constitui um esboço histórico do movimento operário brasileiro desde suas primeiras manifestações, em meados do século passado; são os antecedentes dos dias de hoje — marcos de uma já longa caminhada, uma história de lutas crescentes, travadas em condições difíceis, duras, a que não faltaram lances heroicos, que são um patrimônio de honra do proletariado brasileiro. Essa evocação histórica justifica-se por si mesma: ela nos mostra que as lutas de classe resultam da própria estrutura social existente e se desenvolvem passo a passo com o próprio desenvolvimento da sociedade, refletindo os seus avanços e recuos, e ao mesmo tempo influindo sobre o seu curso.

Incluído no capítulo quarto do volume, encontra-se o discurso que o autor teve oportunidade de pronunciar, quando era deputado à Assembleia

---

[1] Prefácio ao livro de Jover Telles, *O movimento sindical no Brasil* (Rio de Janeiro, Vitória, 1962).

Legislativa do Rio Grande do Sul, em 1947, discurso no qual descreve sua condição de operário das minas de São Jerônimo, onde trabalhou desde os onze anos de idade, fez seu terrível aprendizado de vítima da exploração capitalista e forjou sua têmpera de combatente proletário.

Mas a nota autobiográfica do discurso tem por objetivo unicamente impregnar de indiscutível autenticidade as denúncias que então levantou, perante a opinião pública, acerca do brutal sistema de exploração e opressão dos trabalhadores, vigente em São Jerônimo sob as vistas complacentes e interesseiras de sucessivos governos.

A matéria principal do livro é consagrada ao movimento sindical brasileiro a partir do Congresso Sindical Nacional de 1946, abarcando um período de grandes agitações políticas e sociais, das quais participaram as massas trabalhadoras, num crescendo constante. É um período extremamente rico de ensinamentos, durante o qual se ampliam e se intensificam as lutas de classe, e destas, precisamente, nos traça o autor um panorama vivo, em quadros sucessivos, o que nos permite acompanhar a marcha e a ascensão do movimento. Os dados estatísticos relativos às greves são a esse respeito muito significativos, mostrando como e por que se agravam de mais em mais as lutas da classe operária: são greves provocadas sobretudo pelo desenfreado aumento da carestia, motivadas portanto por condições de vida objetivamente insuportáveis; mas são greves que também demonstram o grau crescente de combatividade e organização dos trabalhadores.

E neste ponto precisamente é que as páginas desse livro nos transmitem a sua lição mais importante: a de que a força e a capacidade de luta da classe operária se afirmam e crescem à medida que o princípio da unidade sindical se fortalece como princípio básico de toda a sua organização e orientação. A unidade é o a-bê-cê da tática proletária, é o fundamento da ação de massas, é a chave da vitória, é a consolidação das conquistas alcançadas. Nem é por outro motivo que o patronato e a reação, aqui e em toda a parte, se empenham a fundo na tarefa de impedir, dificultar ou quebrar a unidade de combate da classe operária, lançando mão, para tanto, dos métodos mais diversos, como sejam a mentira do "sindicato livre", a palavra "democracia", a calúnia anticomunista, o sentimento religioso, o incentivo à traição, e principalmente a corrupção em larga escala, direta ou indireta. Para isto, só para isto, para dividir e debilitar a classe operária, é que existem a Confederação Internacional de Sindicatos Livres (CIOSL) e a Organização Regional Interamericana de Trabalhadores (Orit), agindo evidentemente por conta do imperialismo norte-americano, com sucursais e agentes a seu serviço em todos os países capitalistas.

Par a par com os dados relativos às greves, há ainda nesse livro copiosa soma de dados econômicos e financeiros sobre o desenvolvimento industrial do país, em suas conexões com o processo inflacionário, os lucros e superlucros das empresas, a carestia etc., acentuando o autor o papel nefasto que representa em tudo isso o capital estrangeiro imperialista, com a sua máquina insaciável de espoliação das nossas riquezas e do nosso trabalho. É nesse conjunto de dados econômicos e financeiros que se encontra a motivação objetiva do movimento grevista em ascensão no país.

Por outro lado, basta a enumeração de tais dados para deixar claro que as lutas sustentadas pela classe operária contra a carestia e por sucessivos aumentos de salários não têm caráter meramente econômico. São lutas que logo adquirem caráter político, e que no contexto da situação brasileira atual não raro se desenvolvem com um sentido agressivamente político. O que é fácil de se compreender, visto que a carestia, causa imediata das lutas por aumento de salários, é produzida por um complexo de fatores ao mesmo tempo econômicos e políticos, ou melhor — em que os fatores econômicos e políticos se entrelaçam e influenciam uns sobre os outros, formando um todo econômico-político indivisível.

Justamente por isso é que os sindicatos operários, ao lutarem por suas reivindicações econômicas, são levados a formular simultaneamente uma série de reivindicações de caráter político. Em suas assembleias profissionais, locais, regionais e nacionais, como em seus documentos reivindicatórios e programáticos, os itens econômicos e políticos aparecem lado a lado, em formulações que se entrosam e se completam. E como é no fogo da luta que as massas fazem o seu aprendizado político, aí temos por que se eleva dia a dia o seu nível político, a sua compreensão, não só dos problemas particulares e imediatos, como também dos problemas de ordem geral, que interessam a toda a nação. A greve geral de 5 de julho último constitui uma significativa demonstração desse fato. Foi a primeira grande greve política de âmbito nacional já deflagrada no Brasil, assinalando a presença na arena política do país de uma força independente, cujo poder de decisão tem de ser levado em conta — a classe operária organizada e consciente dos seus objetivos. Ora, seu êxito se deve não apenas à capacidade organizativa e combativa dos sindicatos operários, mas sobretudo ao grau de amadurecimento político já atingido pelos trabalhadores brasileiros. Consideremos, porém, que tanto a capacidade organizativa e combativa como o amadurecimento político não são fenômenos que surjam da noite para o dia, por efeito de algum milagroso toque de mágica; resultam, pelo contrário, de anos e anos de luta e experiência, de permanente esforço pela ampliação e revigoramento das organizações sindicais, sua unidade e sua capacidade de ação. Nas páginas desse livro encontra-se uma brilhante comprovação de tudo isso, inclusive fazendo-nos sentir, a cada passo, o que tem sido o papel de vanguarda desempenhado pelos comunistas no movimento operário.

A propósito da greve geral de 5 de julho, cabe aqui um comentário a certas opiniões que sobre ela emitiram conhecidos porta-vozes dos círculos reacionários. Segundo tais opiniões, cheias de ódio e também de medo, não compete aos sindicatos operários "imiscuir-se" nas questões políticas que agitam o país. O que equivale a afirmar-se que a política é um privilégio das classes dominantes, matéria privativa das cúpulas partidárias e dos grupos econômicos, da chamada grande imprensa e da alta hierarquia eclesiástica, dos espertos cavalheiros da indústria anticomunista e dos vigaristas do terrorismo ideológico. Para essa gente, os sindicatos, os operários, os trabalhadores, os camponeses nada têm a ver com a política. Os estudantes também não. A função do sindicato é colaborar com os patrões, a do operário e do empregado é trabalhar, a do camponês é cavar a terra do latifundiário. A do estudante é cavar o canudo de doutor para vir a servir à ordem reinante, ocidental e cristã, supervisionada pelo bom homem da Casa Branca. Tal o pensamento corrente nos círculos reacionários.

As massas populares, os trabalhadores das cidades e dos campos, é que não podem concordar com a continuação de semelhante privilégio político. A massa estudantil, sempre generosa e desinteressada, sente-se cada dia mais identificada com as lutas operárias e camponesas, tomando igualmente posição decidida contra as camarilhas que manipulam a seu bel-prazer a máquina política dominante. E a classe operária, que forma a camada mais esclarecida e organizada das massas, coloca-se consequentemente à frente delas na batalha democrática pela liquidação do odioso privilégio, já definitivamente condenado pela história. Explica-se, portanto, a sua intervenção direta e ativa no processo político, visando à solução dos problemas nacionais, como um acontecimento natural, necessário e já agora irreversível. Tanto mais que se trata de uma intervenção de profundo alcance democrático, de interesse geral do povo brasileiro.

Examinem-se de perto os documentos, manifestos e declarações, transcritos neste livro, principalmente aqueles que as organizações sindicais dirigiram à nação a partir de janeiro último até a greve de 5 de julho: são documentos da mais alta significação, nos quais sentimos palpitar uma autêntica mensagem política, transmitindo ao povo o pensamento maduro e. o programa prático que a classe operária propõe para a solução imediata dos mais candentes problemas brasileiros da hora presente. E a verdade é que esse pensamento e esse programa permanecem de pé, sua validade confirmando-se plenamente em meio ao agravamento e à sucessão das crises que afligem o país. Só não compreende isso quem vê as coisas pela superfície, ou então quem deliberadamente não quer ver nada, com a cabeça de avestruz enterrada na areia do desespero.

*

Não é meu propósito aqui analisar ou comentar os diversos aspectos do livro de Jover Telles. Isso escaparia aos limites de simples prefácio, que pretende apenas chamar a atenção do público para a importância deste volume, trabalho honesto e meritório de um operário comunista cem por cento integrado, desde muito jovem, nas lutas do proletariado e do povo. Se meus comentários incidiram de preferência sobre dois ou três pontos, é que esses, por sua atualidade e seu alcance, me parecem realmente os mais relevantes no conjunto da obra.

(1962)

Testemunhos sobre a nova China

LO QUE SABEMOS HABLAMOS...

Eis um livro de grande interesse, há pouco publicado em Buenos Aires sob o título — *Lo que sabemos hablamos...* Trata-se de um livro de viagem, fidedigno testemunho de dois escritores argentinos sobre a China dos nossos dias. Seus autores — María Rosa Oliver e Norberto A. Frontini — percorreram boa parte da República Popular Chinesa, há dois anos, em companhia de outros visitantes, entre eles o pintor Juan C. Castagnino, também argentino, que enriquece o volume com alguns belos desenhos. María Rosa, Frontini e Castagnino são todos três bem conhecidos no Brasil, em cujos meios intelectuais contam numerosos amigos.

Lo que sabemos hablamos... é um livro feito com muita inteligência, com absoluta honradez e, também, com uma irresistível simpatia pelos seres e as coisas que os viajantes viram, ouviram e sentiram. É uma reportagem viva sobre o povo chinês e sua participação na extraordinária obra de construção do socialismo no imenso país asiático, prodigioso movimento de massas que abrange 600 milhões de homens e mulheres.

Numa introdução de quarenta páginas, os autores desse livro fazem um rápido e utilíssimo escorço da história chinesa desde que lá arribaram os primeiros europeus (navegantes portugueses, em 1514), mas principalmente a partir de 1842, quando o cruzador britânico *Nemesis* ancorou, sub-repticiamente, na embocadura do rio Yang-tsé, em obediência a planos traçados em Liverpool para a guerra do ópio e posterior dominação da China pelos imperialistas.

Este último século da história chinesa constitui um contínuo desfilar de incríveis desgraças, misérias e sofrimentos — inclusive o hediondo negócio do ópio — que a civilização ocidental e cristã carreou para aquele país; e com isso, paralelamente, constitui também um desfilar de lutas sem tréguas do povo contra os opressores externos, aos quais se submeteram e associaram os antigos opressores internos, senhores feudais, burguesia "compradora"' e casta burocrática. Tais lutas foram por fim coroadas de êxito, em 1949, com a histórica vitória dos exércitos populares organizados e dirigidos pelo Partido Comunista da China, campeão da libertação nacional e social do povo chinês.

Logo em seu primeiro contato com a terra e a gente do imenso país, cuja cultura remonta a milênios, os autores desse livro se viram entre dois fogos: sua atenção era simultaneamente fascinada pelas coisas da China milenar e pelas coisas da China atual; mas pouco a pouco, segundo confessam, as duas Chinas se fundiam numa só e lhes aparecia como é na realidade — uma Nova China, herdeira da velha cultura, que ama e assimila o que há de autêntico e fecundo nesta cultura.

*

Os problemas de ordem geral relacionados com a reforma agrária, e a industrialização do país, a estupenda luta de massas contra o flagelo das inundações, a organização da família sobre novas bases de convivência e a consequente emancipação da mulher, a saúde pública e o saneamento das cidades e aldeias, o magnífico desenvolvimento das instituições e obras de caráter cultural — todos esses aspectos da nova vida chinesa são abordados nesse livro com objetividade e compreensão, numa série de quadros cheios de vida e calor humano. Alguns desses quadros, que resultam de informações comprovadas por uma aguda apreciação da realidade vista e sentida diretamente, adquirem grande poder de convicção e de emoção, transmitindo ao leitor o sentimento de admiração e mesmo entusiasmo que domina os viajantes, ao verem com os seus próprios olhos o espetáculo maravilhoso de todo um povo empenhado de corpo e alma na gigantesca tarefa de reorganizar a própria vida, desde os seus fundamentos econômicos até à abóbada das realizações culturais.

Por exemplo, o capítulo consagrado à campanha das Quatro Limpezas e dos Cinco Extermínios. O que tem sido essa campanha, num país como a China, ultrapassa tudo quanto a nossa imaginação poderia arquitetar de extraordinário em matéria de serviço público, realizado em benefício imediato de todo o povo, e realizado precisamente com a participação ativa de todo o povo.

O Movimento da Saúde Pública iniciou-se durante a primavera de 1952, precedido por um plano de explicação, em escala nacional, mediante conferências, assembleias, cartazes, gráficos, folhetos, exposições, filmes, projeções luminosas, historietas em série para analfabetos. Em Pequim, que é hoje uma das cidades mais limpas do mundo, apenas 40% da população dispunha de água corrente antes da Libertação; em 1953, essa proporção subia a 90%. Depois da Libertação, 240 mil quilômetros de desaguadouros diversos foram construídos ou reconstruídos. Já em 1952, Pequim estava completamente livre de moscas.

Comparem-se as estatísticas sanitárias da China pré-revolucionária com as da China de hoje. Em 1948, existiam em toda a China (9 milhões de quilômetros quadrados com cerca de 600 milhões de habitantes) apenas 4.824 estabelecimentos hospitalares, 30 mil leitos, 13.477 médicos e 953 farmacêuticos, e os medicamentos eram na sua quase totalidade importados do exterior. Em 1952, havia já 83 mil hospitais, nos quais trabalhavam 370 mil pessoas, e todos os distritos rurais estavam providos de unidades sanitárias e postos de saúde. Era ainda muito pouco para as necessidades de tamanho país, mas já representava um grande avanço em tão pouco tempo.

Eis alguns dos resultados obtidos até 1953: diminuição da varíola em 90% (hoje desaparecida totalmente); nenhum caso de cólera em três anos; a mortinatalidade, que chegava em certas regiões a trezentos por mil, baixou para 45/54 por mil; a vacina BCG foi aplicada, só em Xangai, a 1 milhão de pessoas; os acidentes e enfermidades profissionais, que chegavam a 6,4% em 1949, desceram a 1,6% em 1951; a bubônica diminuiu, na Manchúria, de cem a um por mil. Para fazer face às necessidades da saúde pública, organizaram-se cursos acelerados de medicina e farmácia, os quais eram frequentados por um número de estudantes superior ao de médicos formados durante os 65 anos que antecederam a 1953.

Milhares de brigadas, empenhadas na campanha das Quatro Limpezas e dos Cinco Extermínios, percorrem cidades e aldeias ensinando e ajudando as populações a cuidarem da limpeza como elemento básico de saúde. E este objetivo — uma das mais admiráveis conquistas da Revolução Popular — realizado em ritmo acelerado, vencendo-se um a um, avassaladoramente, os tremendos obstáculos acumulados durante séculos de atraso, miséria e ignorância.

*

Lê-se, em certa passagem do livro, que "enquanto a China se industrializa, desobstrui e doma os rios, aplica novos métodos na produção agrária, saneia o seu território, alfabetiza e educa o seu povo, missões arqueológicas descobrem novos tesouros artísticos". Nessa frase se resume, a bem dizer, todo o sentido da prodigiosa tarefa de construção do socialismo que o povo chinês realiza sob a direção do seu provado Partido Comunista.

Ao mesmo tempo que leva a cabo uma série de trabalhos de grande envergadura, visando a converter a velha China agrária e feudal numa grande potência industrial moderna, o governo de Mao Tsé-tung atende com especial desvelo aos problemas de natureza cultural, a começar pelo plano de rápida liquidação do analfabetismo. As escavações arqueológicas se enquadram no mesmo propósito de enriquecer e salvaguardar o patrimônio cultural do país, hoje patrimônio de todo o povo e não mais objeto de gozo de castas privilegiadas, e por isso mesmo a salvo do saque permanente praticado por mãos estrangeiras a serviço de museus e colecionadores da Europa e da América.

O desenvolvimento do ensino primário, secundário e superior, e de todas as demais manifestações de aprimoramento cultural do povo — o teatro, o cinema, as artes plásticas, o artesanato artístico e popular, o folclore etc. — constitui uma das preocupações centrais do novo governo. Sabe-se que a cultura chinesa é das mais antigas do mundo, com suas raízes mergulhadas em milênios de tradição; a República Popular, que realiza uma revolução profunda também nos domínios da cultura, toma dessa velha tradição aquilo que permanece vivo, aquilo que atravessou os séculos sob o signo da autenticidade, e emprega os seus melhores esforços no sentido não só de conservar e preservar um tesouro fabuloso, que hoje pertence e serve ao povo, como ainda de o enriquecer com as novas e infinitas possibilidades criadoras da era nova inaugurada pela Revolução.

O livro de María Rosa e Frontini nos transmite uma visão aproximada do que é na realidade esta era de verdadeiro e impetuoso florescimento da cultura chinesa. Seus autores visitaram, com particular interesse, a Universidade de Pequim, um lar-escola, museus, teatros, cinemas, e mantiveram contatos pessoais com professores, homens de letras, cientistas, artistas, sacerdotes de vários cultos, estrangeiros radicados na China, e de tudo quanto apreciaram nos oferecem um depoimento honesto e preciso.

Com relação ao ensino universitário, que antes de 1949 era reduzidíssimo e não tinha nenhum caráter popular, basta dizer que já em 1953 existiam 13 universidades, distribuídas pelos principais centros do país, com 20 institutos politécnicos, 20 institutos especiais de tecnologia, 29 escolas agrícolas e de silvicultura, 7 institutos de finanças e economia política, 4 institutos de ciências políticas, além dos cursos de medicina, farmácia etc., não se contando nessa enumeração as instituições afetas às minorias nacionais. Em fins de 1952, haviam ingressado nos institutos superiores e universitários 219 mil estudantes (70% mais que em 1946), a terça parte dos quais de origem operária. No mesmo ano, as escolas secundárias contavam 3.078.000 estudantes inscritos (60% mais que em 1946) e as escolas primárias 49 milhões de alunos (50% mais que em 1946). Ademais dos estabelecimentos de ensino regulares, há grande número de escolas de inverno e noturnas, ou que funcionam fora das horas de trabalho. Quando a neve torna impossível o trabalho agrícola, 42 milhões de camponeses frequentam as escolas de inverno. Vinte e oito milhões de operários frequentam as escolas noturnas dos centros industriais. Para o rápido desenvolvimento da alfabetização está adotado um método especial, simplificado e prático.

*

Quando visitaram Xangai, os viajantes argentinos se informaram sobre o movimento cultural entre as massas operárias da grande cidade. Havia então, nos sindicatos, nos bairros operários, nas fábricas e seus arredores, nada menos de 832 clubes de cultura e recreação. O maior e mais central desses clubes é o que se denomina Palácio Operário da Cultura. Suas instalações ocupam edifício de sete andares, antigo hotel, que o Conselho Sindical de Xangai adquiriu, reformou e inaugurou em 1950. Eis alguns informes mais detalhados e interessantes sobre a grande instituição cultural dos operários:

Sua biblioteca possui 780 mil volumes de ciências sociais, ciências naturais, arte, filosofia, geografia, história, técnica aplicada, literatura, poesia etc. A frequência diária de leitores vai a 3 mil pessoas, sem contar a média também diária de 2 mil volumes emprestados em domicílio. A concorrência diária às diversas instalações do Palácio passa de 16 mil pessoas, operários e suas famílias e estudantes. Há ali cursos de literatura e arte; um conservatório para o estudo da arte dramática, bailado, canto e música; salas especiais para o ensino de artes plásticas; seminários e debates sobre problemas econômicos e sociais e sobre a atualidade internacional, 140 professores e especialistas dirigem esses cursos e estudos.

Há ainda um teatro e um auditório no Palácio, em que funcionam grupos dramáticos, sessões de cinema, concertos, cantos corais, bailados.

Numerosas salas são consagradas às diversas modalidades de jogos esportivos, desde o xadrez ao pingue-pongue. Em outras, há exposições de arte ou documentais, inclusive uma impressionante exposição sobre a história das lutas sustentadas durante dezenas de anos pelos operários de Xangai, figurando aí milhares de retratos daqueles que tombaram na luta e deram o seu sangue para que os seus descendentes e continuadores pudessem ter um dia o seu próprio Palácio da Cultura.

Lo que sabemos hablamos... é em suma um livro que nos ajuda a melhor compreender a China de hoje, oferecendo-nos uma imagem não deformada de um grande povo em ação, das suas lutas heroicas, da sua viva inteligência, da sua cordial simpatia, e sobretudo da sua poderosa e paciente determinação de levar por diante as gigantescas tarefas revolucionárias de construção do socialismo, de acordo com os planos traçados pelo Governo Popular, a cuja frente se encontra o Partido Comunista da China.

(1955)

No cartaz, dois trabalhadores chineses seguram suas ferramentas em uma mão e exemplares do *Livro Vermelho* em outra. Lê-se: "saudai os anos 70 com novas vitórias da Revolução e da Produção".

A CHINA DE HOJE

O livro do desembargador Osny Duarte Pereira — *A China de hoje* — compõe-se de dois volumes, com prefácio de Osvaldo Aranha, e neles se reúnem e desenvolvem as notas da viagem à República Popular Chinesa, realizada em companhia de outros magistrados e juristas. No primeiro volume da obra conta-nos o autor o que pôde observar em sua visita às principais cidades industriais e a certas regiões agrícolas, descrevendo os aspectos exteriores que lhe surgiam diante dos olhos e ao mesmo tempo examinando de perto os problemas e dados mais importantes que lhe interessavam conhecer para melhor compreender o significado e o alcance da extraordinária experiência em curso. No segundo volume são estudadas as novas instituições que formam a base e o arcabouço da República Popular Chinesa — a constituição do poder, a administração pública, o florescimento da instrução e da cultura, a reforma agrária, o planejamento industrial, a liberdade de religião, as diretrizes da política exterior etc. Neste segundo volume o que predomina, sem excluir a curiosidade do viajante, é o espírito científico do estudioso dos problemas sociais.

Um volume completa o outro, e ambos nos oferecem um depoimento de alta valia sobre o que é na realidade a China de hoje, exemplo fecundo de energia e clarividência de todo um povo. Em notas sucessivas buscarei salientar o que, num e noutro volume, me parece mais expressivo da vida nova inaugurada na China milenar pela revolução comunista vitoriosa em 1949.

*

A visita às principais cidades chinesas proporcionou ao dr. Osny Duarte Pereira a oportunidade de apreciar no próprio lugar a vida econômica, política, administrativa e cultural dos grandes centros urbanos da República Popular Chinesa, comparando o que via pessoalmente, nos dias de hoje, com os dados relativos à época anterior a 1949, ano da vitória da revolução dirigida pelo Partido Comunista. É claro que os dados relativos à velha história de muitos séculos são sempre do maior interesse, inclusive porque facilitam a compreensão de muita coisa atual; mas a comparação entre a China às vésperas de 1949 e a China depois de 1949 é que nos transmite uma imagem real dos progressos que a revolução vai realizando. Neste sentido fez o autor de *A China de hoje* uma série de observações que não deixam dúvida quanto à natureza e ao vulto de tais progressos. Nem tudo caminha com o mesmo ritmo, evidentemente, e os comunistas chineses são os primeiros a apontar as insuficiências e deficiências da obra em que se empenham; mas o fato é que aquilo que já fizeram de novo ou já planejaram para os próximos anos representa verdadeiramente algo de extraordinário, com todas as características de construção sólida e duradoura.

Pequim, cuja área edificada duplicou depois de 1949, Chen-iang (ex--Mukden), Cantão, Nanquim, Xangai, cidades milenárias, cada qual com a sua fisionomia própria, os seus monumentos, as suas belezas, oferecem aos visitantes não apenas perspectivas históricas e paisagísticas mas sobretudo uma visão movimentada, febril e ao mesmo tempo metódica de uma realidade social em plena transformação revolucionária. São grandes centros de trabalho criador, em que novas e novas indústrias se levantam poderosamente, aparelhadas com a técnica mais moderna — graças à ajuda fraternal da União Soviética. A par disso, o florescimento da instrução e da cultura, em seus variados aspectos, é sempre um motivo de admiração e respeito.

Ao relatar-nos suas impressões de Nanquim, o autor desse livro transcreve, a propósito, certa passagem de outro livro, também de autor brasileiro, o cônsul Nelson Tabajara de Oliveira, sobre as ruas daquela cidade:

As ruas estreitas e imundas, abarrotadas de calçada a calçada, só podem ser transitadas à custa de empurrões com os cotovelos. Mendigos esperançados na inexperiência dos turistas correm afobados convocando colegas de profissão e todos juntos perseguem o estrangeiro pedindo esmolas. Policiais armados de chicotes afluem em proteção ao forasteiro, distribuindo golpes à direita e à esquerda. Populares se aglomeram para assistir ao combate de mendigos e policiais e o estrangeiro, embora protegido, mais se assusta com o espetáculo que ele inadvertidamente provocou.

Isto foi escrito em 1935, catorze anos antes da revolução de 1949. Eis o que nos diz agora Osny Duarte Pereira sobre as mesmas ruas da mesma cidade de Nanquim:

Pode imaginar-se a surpresa quando se atravessa, na manhã seguinte, uma cidade de amplas calçadas, irrepreensivelmente limpas, como são todas as que temos percorrido. Ninguém nos pediu esmola em toda a China, de norte a sul; e jamais presenciamos o espetáculo doloroso de cidades, com pessoas paradas em pontos estratégicos, de mão estendida para o público, às vezes exibindo deformidades ou chagas repulsivas. — Policiais, esses vimos nos cruzamentos dirigindo o trânsito, com dólmãs e capacetes imaculadamente brancos, como em toda a China. A atitude do povo, em relação ao estrangeiro, é a de sorrir, se fixados intensamente por alguma pessoa.

O contraste é típico e pode ser estendido a todas as cidades da República Popular Chinesa, e não somente no que se refere ao aspecto exterior das ruas. É o caso, decerto ainda mais significativo, da "cidade flutuante" de Cantão — formigueiro humano que durante séculos se multiplicou sobre milhares e milhares de barcos aglomerados no rio Pérola, formando uma população à parte, segregada e maldita, vivendo e trabalhando em condições extremamente precárias. Sob certos aspectos, em piores condições do que os moradores das mais miseráveis favelas cariocas. Um inferno em vida.

Ainda hoje existe a "cidade flutuante" à ilharga de Cantão, abrigando 60 mil pessoas, pois não foi possível resolver em definitivo tão grave problema em tão pouco tempo. Mas o que já se fez dá uma ideia do esforço que se realiza para resolvê-lo. Sete escolas primárias nas margens do rio atendem aos filhos dos barqueiros. Encanamentos de água potável foram levados até ao cais. Postos médicos e ambulatórios funcionam regularmente. A mortalidade infantil, que era elevadíssima, baixou para 0,4%. Os barqueiros organizaram-se em cooperativas de produção, com oficinas de reparação dos barcos e outros serviços. A produtividade do trabalho aumentou de 20%. Os barqueiros elegeram dois dos seus para vereadores à Câmara Municipal de Cantão e um para deputado à Assembleia Provincial. Espera-se que dentro de sete anos todos os barqueiros tenham moradia em terra firme — o que constitui a sua suprema aspiração.

A miséria e a humilhação desapareceram para sempre da "cidade flutuante". O governo revolucionário proibiu por lei o emprego da palavra "sankia", com a qual se designava, depreciativamente, o morador dos barcos. Os barqueiros são hoje considerados em pé de igualdade com os demais trabalhadores e cidadãos da comunidade.

*

São maravilhosas e incontáveis as riquezas artísticas acumuladas durante séculos pelo povo chinês. Todos os viajantes que percorreram a China em anos anteriores e que a percorrem nos dias de hoje são unânimes em expressar o seu deslumbramento à vista de tantas e tão variadas manifestações do gênio criador daquele povo. O livro do dr. Osny Duarte Pereira contém, neste particular, muitas informações preciosas, tocadas da mesma emoção que se apodera de todos quantos visitam o fabuloso país asiático. Mas o nosso autor não se limita a descrever o que viu com os próprios olhos: muito a propósito, e baseado nas denúncias de vários e autorizados autores estrangeiros, relembra como os tesouros artísticos da China foram saqueados, no passado, por verdadeiros bandos de exploradores europeus e americanos.

O que mais nos choca em tais denúncias é que a rapina se fez, muitas vezes, em nome da ciência, e de fato à sua frente apareciam, quase sempre, arqueólogos de profissão, especialistas em questões de arte antiga e arte oriental. Muito citado, por exemplo, é o caso das expedições chefiadas por Aurel Stein, que recolheu enorme quantidade de preciosidades para o Museu Britânico, esse orgulho da cultura inglesa.

O arqueólogo sueco Sven Hedin, os alemães Grünwedel e von Le Cocq deixaram nome como consumados "especialistas" na matéria, sendo que os dois últimos encheram 433 caixas com o peso de 41 toneladas de peças do mais alto valor artístico e histórico. O explorador francês P. Pelliot não ficou atrás, devastando literalmente as famosas grutas de Tuen-kuang. Como esses, outros numerosos casos podem ser citados de incríveis rapinagens ao serviço dos museus de arqueologia e de arte oriental com que se enfeitam as capitais do mundo ocidental.

Ainda no começo deste século, por ocasião da chamada Guerra dos Boxers, as tropas britânicas, francesas e alemãs, a pretexto de proteger o corpo diplomático e os conventos ameaçados, "invadiram Pequim e entregaram a cidade a um saque impiedoso inclusive dos monumentos históricos que estremeceu a opinião pública mundial". Sem dúvida, o saque desencadeado pela soldadesca assumiu "formas" específicas, bem diferentes das que eram utilizadas pelas expedições "científicas"; para os chineses, porém, o resultado final vinha a ser o mesmo.

O Dr. Duarte Pereira relata o que ouviu da parte dos saqueados:

> O pior ainda não era o roubo" — explicam-nos os chineses — "pois, de certo modo, a humanidade em outras partes se beneficia, contemplando a arte. O monstruoso era a destruição que realizavam de outros monumentos valiosíssimos (altares, túmulos, paredes de templos etc.), para destacar apenas o pedaço que pudessem conduzir nos camelos.

Tudo isso, entretanto, por mais revoltante que seja, representa afinal bem pouco se comparado com a sistemática rapina econômica, organizada por outro gênero de "especialistas" europeus e americanos, com a cumplicidade dos seus testas de ferro nativos, homens de negócios e homens de governo. O livro *A China de Hoje* nos fornece a esse respeito uma série de informações concretas, comprovadas, que não deixam a menor sombra de dúvida sobre a natureza e os objetivos da política imperialista na China.

A própria burguesia nacional chinesa acabou por perceber claramente o que significava para a China o papel de país "essencialmente agrícola" que lhe atribuíam os monopólios industriais da Europa e da América do Norte. E porque o percebeu a tempo, aliou-se à classe operária e às massas camponesas na luta revolucionária pela libertação nacional — e hoje colabora ativamente na construção econômica da Nova China, que progride impetuosamente no caminho do socialismo. No segundo volume do livro do dr. Duarte Pereira essa questão é exposta mais em detalhe, como veremos adiante.

*

O autor de *A China de hoje* não viaja apenas pelo prazer de viajar, de ver paisagens longínquas, de observar costumes exóticos, de conviver com gentes estranhas: o que acima de tudo lhe interessa — e nos interessa também a nós, leitores brasileiros dos seus livros de viagem — é estudar de perto os problemas alheios pensando nos nossos problemas, buscando indicações e exemplos que possam ser úteis a nós próprios. Desse espírito se acham impregnados os dois tomos do seu último livro, sendo que alguns capítulos foram elaborados com o propósito expresso de retirar lições aplicáveis a certos problemas brasileiros. É o caso especialmente do capítulo V do primeiro volume, onde se relata o que tem sido a batalha travada pela República Popular Chinesa contra a erosão e as inundações, calamidades seculares da velha China. Trata-se de uma gigantesca batalha, tocada de lances particularmente dramáticos, que nos fazem melhor compreender o que a revolução comunista significa para o povo chinês.

Desflorestamento, erosão, inundações — eis o caminho das calamidades. Para enfrentá-las, o governo da revolução mobilizou todos os recursos disponíveis, com o apoio efetivo de todo o povo, e a batalha se trava em duas frentes: a do reflorestamento em grande escala, medida de longo alcance, a ser aplicada durante anos, com o replantio sistemático das regiões devastadas; e a da barragem e desvio das inundações sobrevindas depois de 1949, medida de emergência que se transforma em medida permanente.

A capa florestal existente na China representa apenas 5% da área total utilizável, quando se sabe que o mínimo normalmente exigido é de 30%. Em resultado dessa enorme carência, o país está sujeito a inundações terríveis, que se seguem a períodos de seca de quase completo esgotamento da vida vegetal. Na enchente de 1931 — para citar um exemplo anterior à revolução — as águas do Yang-tsé-kiang subiram a quase 27 metros acima do nível do mar, rompendo diques, destruindo, afogando, matando. Trinta e duas mil pessoas morreram e 780 mil ficaram sem lar só na cidade inundada de Wucham, a qual, juntamente com a cidade fronteiriça de Hankow, reúne 1 milhão e 800 mil habitantes. Por esses dados se pode fazer uma ideia da pavorosa catástrofe. Mas a pior cheia dos últimos cem anos seria a de 1954, em que foram ultrapassados os níveis mais altos atingidos até então, beirando os trinta metros. Na previsão da enchente, o governo havia realizado importantes obras, que no entanto se revelaram insuficientes diante do volume das águas a crescer de hora em hora, mais e mais. Dado o alarma, mobilizou-se um exército de voluntários de todas as profissões, principalmente estudantes, englobando um total de 280 mil pessoas. Relata o dr. Duarte Pereira:

> Pedras, sacos de areia, concreto, máquinas, escavações na parte superior, para, abrindo braços no rio, desviar as águas e aliviar a pressão. Obras numa extensão de 135 quilômetros, materiais vindos em caminhões, estradas de ferro ou aviões, tudo se fez para impedir o transbordamento da corrente impetuosa e indômita. Em realidade, os que não trabalhavam para o dique mantinham-se diante das agências de notícias, dos rádios, na mais angustiosa expectativa que se apoderou de 600 milhões de chineses e contagiou toda a Ásia. Estavam em risco de vida alguns milhões, e bens materiais de valor incalculável, compreendendo inclusive novas importantíssimas usinas, sob a ameaça de desaparecerem na voragem do monstruoso rio.

Alguns heróis pereceram na luta, mas o rio foi por fim dominado. E foi essa talvez a prova mais aguda que o novo regime teve de enfrentar, convertendo-se a batalha contra a cheia numa verdadeira batalha política, em que se empenharam as melhores forças materiais e morais do socialismo. O malogro das medidas tomadas pelo governo popular levaria certamente a um desastre de consequências não difíceis de prever e que poderiam pôr em risco a estabilidade do próprio regime. Com a vitória final do heroico esforço realizado para conter os elementos da natureza, as forças do socialismo saíram notavelmente consolidadas da prova.

Ao descrever no seu livro o que se tem feito na China de hoje para enfrentar o secular problema do desflorestamento — erosão — inundações, o viajante brasileiro chama a nossa atenção para a imprevidência com que nos habituamos a encarar o que se passa entre nós. O desflorestamento, a erosão, o deserto "progridem" de ano para ano em nosso território, e de vez em quando alguma cheia um tanto mais bravia nos causa não pequenos prejuízos, inclusive perdas de vida. Mas não fazemos nada de sério para prevenir o agravamento contínuo da situação e cuidar, enquanto é tempo, de evitar para o futuro que nos atinjam catástrofes semelhantes às do Yang-tsé-kiang. Só pensamos nas secas quando elas castigam a população nordestina, e não ligamos ao fato de que elas já não se limitam mais ao Nordeste. Não queremos compreender que a natureza está nos alertando contra a incúria e que nos castigará duramente, dentro de algumas décadas, se não tratamos desde já de proteger as florestas que possuímos e de reflorestar o que é preciso urgentemente reflorestar.

Ao transmitir-nos as informações que obteve na China sobre problemas semelhantes, originados pelo desflorestamento, o dr. Duarte Pereira nos adverte patrioticamente do perigo que nos ameaça e aponta-nos o exemplo chinês como útil matéria de estudo e de aplicação ao nosso meio.

*

Limito-me apenas a resumir algumas informações — digamos, as de feição mais dramática — que o dr. Duarte Pereira nos comunica, em seu livro, sobre os problemas do reflorestamento e das enchentes, tais como são encarados e atacados pelo governo da República Popular Chinesa. Mas o autor dedica todo um capítulo ao assunto, transmitindo ao leitor brasileiro uma considerável massa de dados, cujo interesse cresce de importância quando verificamos a similitude de situação que existe, em certos aspectos daqueles problemas, entre a China e o Brasil. O autor buscou informar-se particularmente sobre o que se tem feito na província de Kwan-tung, em terras de clima igual ao de boa parte do território brasileiro.

Essa província tem uma superfície de 300 milhões de *mus* (cada *mu* equivale a 631 metros quadrados) e sua população alcança quase 35 milhões. Em 1952, havia na província 40 milhões e 590 mil *mus* de florestas e em 1955, com o replantio realizado, a capa florestal subia para 43 milhões e 920 mil *mus*, sendo que o plano prevê um total de 83 milhões e 920 mil *mus*. O trabalho é feito metodicamente e conta com o apoio ativo das próprias populações camponesas — sem o que seria a bem dizer inexequível. Os camponeses são levados a compreender, na prática, o que é o reflorestamento. Por exemplo, em certo distrito, entre montanhas roídas pela erosão consequente ao desflorestamento, a colheita de arroz atingia mal e mal 100/150 quilos por *mu* plantado. Recomposta a capa florestal, a produção dobrou. A experiência desse distrito vai-se estendendo a toda a província, cuja produção de arroz já é hoje quase autossuficiente, quando antes importava 500 mil toneladas vindas do estrangeiro.

Todo o trabalho de reflorestamento é levado a efeito por meios práticos e suasórios, de maneira tal que toda a população interessada participa dele sem entraves nem formalidades burocráticas. Mesmo a população das cidades presta sua ajuda fraternal aos camponeses, sobretudo durante a Semana do Reflorestamento, no início da estação chuvosa, segundo os planos traçados pelo Serviço Florestal. Distribuem-se prêmios anuais aos maiores plantadores, em dinheiro, medalhas e diplomas.

Estou aqui a fazer resumos de resumos, pois o autor de *A China de hoje* resume, por sua vez, as informações obtidas. Quem sabe seria melhor citar logo aquelas páginas do livro onde se enfileiram dados concretos; mas isso levaria demasiado longe as notas que estou dedicando ao substancioso relato do dr. Duarte Pereira. Demais disso, o meu intuito consiste propriamente em chamar a atenção para o livro, cuja leitura se torna indispensável a quem pretenda fazer uma ideia razoável da extraordinária obra de reconstrução em curso na China.

Como já disse anteriormente, o problema do reflorestamento se acha vinculado ao problema da barragem dos grandes rios, visando por um lado a prevenir as enchentes periódicas e por outro lado a construir centrais elétricas necessárias ao intensivo desenvolvimento industrial do país. O dr. Duarte Pereira reporta-se, com referência às obras levantadas no rio Huai, aos dados fidedignos contidos em livro de uma escritora europeia que as examinou de perto. Vamos, pois, ao resumo do resumo:

Nas obras do rio Huai trabalharam 800 mil operários e engenheiros, movimentando 350 milhões de metros cúbicos de terra. Duzentos mil quilômetros quadrados com 60 milhões de habitantes foram postos ao abrigo de inundações. "Treze represas restabeleceram a navegabilidade em 2 mil quilômetros de rios e canais, acumulando 20 bilhões de metros cúbicos de água e proporcionando várias centrais elétricas."

Já existem, em livros e em revistas especializadas, numerosos trabalhos em que se estudam os pormenores técnicos das colossais obras hidráulicas e elétricas planejadas pelo governo de Pequim e em curso de realização. O dr. Duarte Pereira fornece-nos algumas referências bibliográficas nesse sentido, coisa de imediato interesse para os nossos especialistas na matéria — e também de interesse geral para quem não é especialista mas se preocupa, patrioticamente, com os nossos problemas e aflições, que no caso possuem não poucas semelhanças com os problemas e aflições da China.

*

Entre as anotações que vou fazendo aqui ao livro do dr. Duarte Pereira, *A China de hoje*, consta uma relacionada com a rapinagem de riquezas artísticas da velha China, efetuada por "cientistas" europeus e americanos antes da revolução de 1949. Convém esclarecer que isto não era privilégio da China: outros países da Ásia e também da África, principalmente o Egito, foram e continuam a ser saqueados, enchendo-se os museus da Europa e da América e muitas coleções particulares com o fruto da "científica" rapinagem. Isso aconteceu e ainda acontece, igualmente, entre nós, nos países latino-americanos, vasculhados por antropólogos, expedicionários e exploradores que nos despojam "cientificamente" de tudo quanto em nosso passado indígena representa valor artístico, histórico, arqueológico e antropológico — destacando-se o imenso material proveniente de adiantadas culturas pré-colombianas, sobretudo no Peru, no México e na América Central.

O Egito, com sua cultura milenar, constituiu sempre uma das mais ricas fontes de abastecimento de museus públicos e privados do estrangeiro. Não há estudioso de arqueologia e arte antiga que não saiba disso por miúdo. Parece, porém, que o Egito atual, seguindo o bom exemplo da Nova China, deu o basta nessa exploração, reservando-se para os seus próprios museus e institutos científicos a faculdade de promover pesquisas e coletas em seus tesouros arqueológicos e artísticos. É o que podemos concluir da leitura do seguinte telegrama da UP, datado de 13/8/57 e publicado nos principais jornais:

> Cairo, 13 — (UP) — O arqueologista norte-americano Charles A. Muses foi declarado culpado hoje por um tribunal de tentar subtrair do Egito tesouros artísticos da Antiguidade e de realizar negociações ilegais com divisas.
> O cientista norte-americano foi condenado à pena de 13 meses de prisão — que ficou suspensa — e à multa de $58,530 dólares.
> O dr. Muses alegou inocência durante o julgamento e disse que ignorava totalmente a lei egípcia sobre os tesouros antigos. A promotoria havia pedido de 7 a 10 anos de prisão para o dr. Muses, além da multa.
> O dr. Muses possivelmente será agora processado na justiça criminal por porte ilegal de armas.

Para completar a figura do rapinante, nem o porte ilegal de armas faltou.

*

Um dos capítulos mais instrutivos e de certo modo mais cheio de novidades do livro *A China de hoje* é o que se refere ao processo da passagem da economia privada à economia socialista, nos domínios da indústria. No artigo 10 da Constituição Chinesa de 20 de setembro de 1954 se acham fixados os princípios segundo os quais o problema vai sendo resolvido na prática. Estabelece o referido artigo, inicialmente, que o Estado "protege o direito de propriedade dos capitalistas sobre os meios de produção e outros capitais". Mas essa proteção legal não é um conceito ou preceito estático, de aplicação genérica e mecânica. A política do Estado, isto é, a sua prática, a sua ação construtiva, no concernente à indústria e ao comércio capitalistas, orienta-se no sentido da utilização, limitação e transformação gradativa dos mesmos em economias de tipo socialista. O texto constitucional põe a coisa em termos simples, concretos e iniludíveis, quando estipula que "O Estado utiliza o papel positivo da indústria e o do comércio capitalistas, que favoreça o bem-estar nacional e a prosperidade do povo; limita seu papel negativo, que prejudique o bem-estar e a prosperidade do povo; estimula e orienta sua transformação em diferentes formas do capitalismo de Estado e substitui gradualmente a propriedade dos capitalistas pela propriedade de todo o povo". O artigo 14 da Constituição está igualmente redigido de modo a não permitir dúvidas nem tergiversações de qualquer natureza: "O Estado proíbe o uso da propriedade em prejuízo do interesse público".

Mas como, em tal situação, procedem os capitalistas chineses? O testemunho do autor desse livro, que teve ocasião de ouvir alguns deles, responde claramente a essa pergunta. Os antigos industriais e comerciantes chineses, que constituem o que se chama a burguesia nacional, chegaram, com poucas exceções, à compreensão que o melhor a fazer é mesmo obedecer à nova lei popular e cooperar lealmente com o Estado na reestruturação econômica do país, em transição gradativa para o socialismo. A forma como os chineses estão resolvendo esse problema nos revela, concretamente, o que significa na prática seguir um caminho próprio, conforme tais e tais peculiaridades nacionais, na luta revolucionária pela construção da sociedade socialista. Os comunistas chineses são guiados, nesse como em outros setores de ação política, econômica e social, pelos princípios marxista-leninistas, aplicados de maneira criadora à realidade histórica do seu país; mas são inspirados igualmente pela velha e nunca assaz louvada sabedoria chinesa. O comportamento dos capitalistas é também uma demonstração de sabedoria.

É claro que a cooperação do capitalismo privado só é possível, de um modo geral, nas indústrias pertencentes a capitalistas chineses antes da revolução; os estabelecimentos industriais que pertenciam a capitalistas estrangeiros e foram confiscados, e os de mais recente instalação, criados na vigência do novo regime, principalmente nas denominadas indústrias de base, esses se enquadram já na estruturação do tipo socialista, que exclui a participação do capital privado.

O dr. Duarte Pereira — e com ele os demais juristas e magistrados brasileiros, argentinos e chilenos que compunham o grupo de visitantes sul-americanos — ouviu as informações prestadas por economistas e técnicos chineses, compulsou documentos, anotou estatísticas, visitou fábricas, usinas, minas, exposições industriais — e de tudo nos fornece uma imagem fidedigna da realidade, para nós tão distante no espaço, e no entanto próxima da nossa compreensão graças à narrativa inteligente e honesta do seu livro.

Através das páginas de *A China de hoje* podemos calcular, pesar e medir o vulto dos progressos industriais já alcançados em tão poucos anos. Os dados colhidos e relatados pelo autor são abundantes, precisos, convincentes. Seria supérfluo repeti-los aqui, mas não é demais repetir a informação seguinte: que a produção industrial da Nova China, no período do primeiro plano quinquenal, 1952/1957, corresponde, quantitativamente, ao total produzido pela indústria chinesa durante os cem anos anteriores à revolução. Isso, quantitativamente, porque do ponto de vista qualitativo, isto é, no concernente à natureza específica da produção (a começar pelas indústrias de base), a proporção é ainda muito maior. E podemos ainda arregalar os olhos diante desta cifra: 187 bilhões de dólares, que é a quanto montam, traduzidas em moeda americana, as inversões feitas para a execução do plano quinquenal.

Muito haveria ainda a dizer acerca do livro do dr. Osny Duarte Pereira; creio, porém, que as notas que lhe tenho dedicado aqui, embora desordenadas e precárias, bastam para chamar a atenção do leitor brasileiro para as informações nele testemunhadas. Mas não me despedirei do assunto sem antes mencionar justamente o último capítulo da obra — onde se trata do problema das relações culturais, econômicas e diplomáticas da República Popular Chinesa com os demais países do mundo. O autor relata, aí, a entrevista concedida por Zhou En-lai aos juristas e magistrados sul-americanos, comunicando-nos conceitos e opiniões do maior interesse para os nossos países.

Neste particular parece que o Itamarati anda no mundo da lua. Mas parece apenas; na realidade ele anda a gravitar é no mundo do Departamento de Estado.

(1957)

CHINA SEM MURALHAS

O bom repórter não se distingue apenas pela capacidade de ver e ouvir, mas também pela capacidade de contar o que viu e ouviu — e esse é precisamente o caso de Jurema Yary Finamour, autora das reportagens recolhidas no livro *China sem muralhas*. Escrito com a vivacidade de um livro de aventuras, suas páginas nos relatam uma estupenda aventura bem do nosso tempo — a viagem ao mesmo país das venturas de um Marco Polo, de um Fernão Mendes Pinto e de centenas de outros peregrinos ocidentais que durante séculos palmilharam as suas planícies e montanhas, aquém e além das ciclópicas muralhas. A diferença é que a China de hoje não é mais a China de séculos atrás, nem é mais a China de ontem ou de anteontem, mas uma China que se renova a sábios golpes revolucionários, uma China realmente nova, em que as velhas muralhas permanecem apenas como o símbolo e a marca de uma era milenar definitivamente superada. O título escolhido muito a propósito por Jurema Yary Finamour equivale, pode-se também dizer, a um novo símbolo e a uma nova marca: a China de hoje é com efeito uma nova construção política, econômica e social que cresce e se desenvolve em ritmo impetuoso, sem muralhas materiais, culturais ou morais. E esta é a sua grandeza de hoje, mais imponente que a de qualquer época no passado.

Repórter e mulher — curiosidade em dobro. Assim apetrechada, Jurema Yary Finamour andou livremente por onde quis andar, esquadrinhou o que lhe apeteceu esquadrinhar, falou com meio mundo, personalidades importantes e pessoas do povo, algumas vezes em encontros previamente organizados e as mais das vezes em conversas de acaso nas ruas, nas fábricas, nas minas, nas cooperativas agrícolas, nas universidades, nos clubes, nos templos, nos trens, por toda a parte. Foram quarenta dias bem aproveitados, que acompanhamos de perto, com inexaurível interesse, ao longo das quatrocentas páginas do seu livro.

Uma nota constante ressalta nitidamente, nessas páginas, das coisas vistas e ouvidas por onde andou a repórter: os confrontos e contrastes entre o ontem e o hoje, entre o velho e o novo, entre o que era a vida do povo chinês antes da revolução e o que é depois. Ainda há muitos resíduos e sobrevivências do velho, que resistem mais ou menos tenazmente, nem podia deixar de ser assim; mas o novo, que se afirma vitorioso ou que reponta por sobre as ruínas do velho, domina poderosamente em todos os setores da pátria liberta. Tal o sentido profundo — e não apenas a feição superficial, que às vezes pode parecer simples substituição ou superposição — da obra revolucionária de edificação da sociedade socialista, a qual, de resto, ao mesmo tempo que rompe com o passado, resguarda com amor tudo quanto no legado secular possui significação ou valor de perenidade cultural.

Estou tentado a dizer que a autora desse livro não se limitou a "ver", de fora, como espectadora ou visitante apenas interessada no que via: suas reportagens deixam-nos a impressão de que ela "viveu" quarenta dias de peregrinação e aventura. A tal ponto que podemos repetir a experiência, dia a dia, isto é, página a página, levados por uma narrativa realmente vivida. O repórter se transmuda em cicerone.

O pitoresco e o (para nós) exótico são inevitáveis nesta narrativa de viagem. Aquilo é outro mundo, com mil e um aspectos diversos daqueles que estamos acostumados a ver e viver. Só a cozinha chinesa, arquivariada e arquirrequintada, é de nos deixar literalmente boquiabertos ou de queixo caído à vista de cada incrível "menu". Que dizer dos prodígios do artesanato na produção de bijuterias e bibelôs, de pequenas obras-primas antigas e modernas? E estes parques e palácios lendários, maravilhas construídas para o gozo e a ociosidade das antigas castas dominantes? É sempre odiosa a recordação, que eles evocam, de um longo passado de domínio e crueldade sobre a miséria de milhões; e se é impossível esquecer o que esse passado significava, podemos todavia entregar-nos a confortadoras reflexões históricas e sentimentais, ao saber que todas essas maravilhas são hoje propriedade do povo, dos milhões que trabalham e criam riquezas para o gozo igualitário da comunidade. E ao penetrar nos velhos templos, marcos monumentais do obscurantismo e da mistificação, não podemos furtar-nos a certas amenidades contemplativas, ao anotar os nomes tão bonitos com que são designados desde séculos — Templo da Paz Celestial, Templo da Terra, Templo das Nuvens Azuis, Templo da Consciência de Todos. Sentimos então que os Budas sorridentes nos fazem também sorrir — se bem que de outra espécie de sorriso.

Mas o que de fato mais nos interessa nas reportagens de Jurema Yary Finamour — sem desprezar, pelo contrário, as informações e os dados sobre as transformações revolucionárias e as grandes obras do novo regime — são as conversas mantidas com homens e mulheres das várias camadas da população, operários, camponeses, empregados, artistas, estudantes, professores, escritores etc. Por meio dessas conversas, registradas ao sabor dos encontros ocasionais, podemos penetrar na intimidade da vida quotidiana da gente chinesa, o que nos permite avaliar em detalhe o sentido progressista do novo regime, o que já se conseguiu realizar em benefício das grandes massas e o que se acha em vias de realização, seja no plano material seja no plano espiritual.

*

Seguimos, pois, a repórter-cicerone, passo a passo, página a página, e com igual curiosidade participamos da conversa e nos metemos no diálogo, indagamos, bisbilhotamos, provocamos mesmo o interlocutor: assim, ao natural, familiarmente, vamos conhecendo como vive este povo, como trabalha, como se alimenta, como se veste, como habita, como estuda, como se diverte, como se comporta na vida pública, como encara o novo regime, e quais as suas preocupações, as suas dúvidas, as suas alegrias, as suas esperanças, o que há de bom e o que há de ruim ou insuficiente ou ainda defeituoso nas engrenagens e no funcionamento do novo Estado. Que nem tudo é ótimo — não é, nem pode ser, e já sabemos que não pode ser.

Afinal de contas, uma revolução social de tamanha envergadura, num país das proporções da China, país de história milenar, não é mágica nem idílio. Trata-se, na realidade, de todo um processo, sempre muito difícil, que se desenvolve por meio de avanços e recuos, com altos e baixos, com êxitos e reveses. O que efetivamente importa verificar, em semelhante conjuntura, é o sentido positivo que esse processo revela, em seu conjunto e em suas particularidades. E isso foi feito por Jurema Yary Finamour com espírito agudo de repórter, com sensibilidade de mulher, com simpatia e compreensão.

Seu testemunho é o testemunho colhido da própria boca do povo: as condições de vida na China melhoraram enormemente depois da vitória popular de 1949 e tendem a melhorar cada vez mais, e a melhorar em ritmo acelerado.

*

Outra nota constante, que a autora observou repetidamente em suas conversas com centenas de chineses, é o tom de modéstia com que eles se referem à obra revolucionária. Gente do povo, personalidades do governo, homens e mulheres, velhos e jovens — a modéstia é neles um traço comum, um traço característico do seu comportamento em face dos visitantes estrangeiros.

Vale a pena citar, a esse propósito, as palavras ouvidas do primeiro-ministro Zhou En-lai, numa entrevista coletiva concedida aos visitantes latino-americanos. Disse o ministro, logo de início:

"Os indivíduos fazem apenas papel de parafuso no conjunto dos fatos de um país. A vitória alcançada pelo povo deve-se, principalmente, ao seu próprio despertar. A China era um país antigo e atrasado e apesar de seus seis ou sete anos de libertação fizemos ainda muito pouco, nosso progresso foi limitado."

Em seguida, Zhou En-lai pediu que os visitantes notassem o que lhes parecesse mais defeituoso para criticar e sugerir correções. E insistiu: "Se não viram o suficiente ou se não viram ainda os lados atrasados e sombrios da nossa vida, podem apresentar seus desejos sem descortesia. Para os intérpretes que lhes acompanham, poderão empregar a tática das surpresas. Eu mesmo emprego este método com muita frequência".

A entrevista de Zhou En-lai, respondendo com clareza a todas as perguntas que lhe fazem, é do começo ao fim uma prova de modéstia e comedimento. E também neste ponto o primeiro-ministro da República Popular Chinesa aparece como um lídimo representante das boas qualidades do povo chinês — sua sabedoria, sua paciência, sua tenacidade, sua confiança na construção da Nova China Socialista.

O chinês possui igualmente "um coração sábio e puro", escreve a autora. De sua bondade espontânea e cordial encontram-se nesse livro numerosos exemplos, pequenos nadas que comovem e fazem melhor compreender os seres e as coisas do imenso país asiático.

(1957)

VIAGENS AO PLANETA CHINA

A bibliografia brasileira sobre a Nova China vai aumentando, à medida que aumenta o número de visitantes brasileiros à grande república socialista da Ásia. A curiosidade dos viajantes pode exercitar-se ali em toda a sua plenitude — e sempre sobrará muita coisa para ver, ouvir e contar. O país possui uma área imensa e desigual, com a população mais numerosa do mundo, população também desigual por sua origem e formação, e carrega sobre si alguns milênios de civilização e cultura. Junte-se a tudo isso a extraordinária transformação social que ali se processa desde 1949, e aí teremos motivos inesgotáveis de aguçamento do interesse múltiplo interesse: histórico, sociológico, econômico, político e cultural — que a China desperta na atualidade.

Ainda agora a editora Civilização Brasileira acaba de expor à venda, com grande êxito, o livro de Maria Martins, *Ásia Maior, o planeta China*, com prefácio de Osvaldo Aranha. Trata-se de livro realmente importante, e dele nos ocuparemos adiante. Queremos antes referir-nos a outro volume, publicado há meses, *A China não tem pressa*, do jornalista Abram Jagle, da imprensa de São Paulo.

Simples descrição de viagem, cheio de dados precisos, de informações as mais variadas, o livro de Abram Jagle interessa principalmente por sua feição de reportagem objetiva, relato simples, fidedigno, o máximo de fatos e o mínimo de comentários. Em seus diversos capítulos, traça o repórter, de início, uma vista panorâmica da Nova China, abordando em seguida toda uma série de questões relacionadas com a transformação revolucionária da agricultura e da indústria. A reforma dos costumes, a língua, a imprensa, o teatro, a música, o cinema etc. fornecem-lhe matéria para novos capítulos.

Página por página, com abundância de algarismos, de minudências concretas, de reprodução de fotografias e desenhos, vai esse livro transmitindo ao leitor uma impressão real das atuais condições de existência do povo chinês, empenhado a fundo na construção da Nova China Socialista.

Abram Jagle serve-se de um autor brasileiro que escreveu sobre a China de fins do século passado — *A China e os chins*, do diplomata Henrique C. R. Lisboa, edição de 1888 — e procede a instrutivas comparações entre o que era a China de então e o que é a China de hoje. É claro que a China de hoje — conservando e ainda aprimorando o melhor da sua cultura e das suas tradições — aparece-nos como um país que deu um formidável salto revolucionário para a frente, rompendo de uma vez por todas com tudo aquilo que o oprimia e entravava o seu desenvolvimento material e espiritual. O velho regime de imperadores, mandarins e senhores da guerra, que atingira o último grau da decadência, sobretudo a partir da dominação imperialista, já havia sido abalado em seus alicerces desde a revolução republicana de 1911, mas sua liquidação definitiva data da vitória comunista de outubro de 1949, com a instauração da República Popular Chinesa. E nesses nove anos — que avanço para a frente realizou o povo chinês, sob a firme e sábia direção do Partido Comunista Chinês! A China de agora é já uma grande potência mundial socialista, cuja influência cresce dia a dia.

Abram Jagle fez parte da delegação brasileira que participou do Encontro Internacional de Jornalistas, que se realizou em Helsinque, em setembro de 1957. Da Finlândia, terminado o Encontro de Helsinque, seguiu para a União Soviética e daí para a China, e tanto na ida como na volta passou por outros países, registrando no seu livro as impressões colhidas em cada um. Mas demorou-se principalmente na China, o que explica por que os assuntos chineses enchem quase todo o volume. E são precisamente esses assuntos chineses os que oferecem mais vivo interesse.

O livro de Maria Martins — *Ásia Maior, o planeta China* — é realmente muito bom, em primeiro lugar por sua qualidade literária, o que vem a ser propriamente o que se chama de agradável surpresa para quem apenas sabia da autora que era uma escultora de nomeada. De onde se conclui, mais uma vez, que nessas coisas tudo se resume em ter ou não ter talento. O prefácio de Osvaldo Aranha é igualmente uma página literária de timbre excelente, mas aqui já não há surpresa, pois o escritor Osvaldo Aranha sempre coexistiu no orador e no político. Diremos ainda, por amor daquilo que nos parece a melhor verdade, que todas essas excelências não excluem a existência, em suas páginas, de alguns erros de apreciação, de alguns falsos conceitos, de algumas interpretações menos justas. É o que supomos; mas tudo isso é quase nada no conjunto de uma obra volumosa, na qual sobram inteligência, honestidade e coragem.

Depois de breve biografia de Mao Tsé-tung e de rápida descrição da viagem de Hong Kong a Cantão, Maria Martins traça o panorama histórico, social, cultural e econômico da velha China anterior a 1949, de modo a oferecer ao leitor um termo de contraste e confronto com a China dos nossos dias, coisa necessária à boa compreensão da imensa obra revolucionária iniciada ali a partir de 1949.

Conhecendo a história antiga e moderna da China até à data da libertação, pôde a ilustre visitante verificar pessoalmente, em muitos setores da vida chinesa atual, o extraordinário avanço realizado pela República Popular. Muitas vezes a sua admiração se divide e oscila entre a maravilha de certos momentos de outrora e o espetáculo que lhe transmite a obra de hoje.

Um exemplo desse tipo é o que vemos na descrição da visita feita ao famoso Templo do Céu, cercado de parques e de bosques. "Nem palavras, nem fotografias, conseguirão jamais descrever a perfeição tranquila desse templo incrivelmente belo" — eis o que nos diz Maria Martins, com sua sensibilidade de artista comovida no mais alto grau. Mas a mulher de hoje, a viajante, a observadora teve a sua atenção voltada para a multidão de gente "que atravessava os caminhos ensolarados do Templo do Céu, antes vedados ao povo, e reservados ao imperador e seus eunucos". O contraste não parava aí. Em pavilhões laterais instalara-se nada menos que uma exposição de indústria pesada. Gente de todas as idades, operários, soldados, camponeses, desfilava diante das máquinas, interessada e orgulhosa. Maria Martins comenta:

"Curioso contraste das duas Chinas ali reunidas. A velha, estática na beleza de sua civilização milenar, indiferente ao mundo que a rodeava; a nova, vibrante, entusiasta, trabalhando sem cessar, para atingir o destino glorioso que ambiciona."

Vejamos o que ela nos conta de outro tipo de contraste, e aqui, não entre a China antiga e a China de hoje, mas entre o país governado por Chiang Kai-shek, até 1949, e o país governado pelo Partido Comunista desde 1949. Os pequenos comerciantes eram vítimas de gangues organizadas sob a proteção de Chiang Kai-shek, e da desesperada inflação, que levou a China de então à catástrofe econômica e financeira. "O Governo Popular suprimiu a usura que terminara por desgraçar o povo na época de Chiang Kai-shek, suprimiu o gangsterismo, e estabilizou a moeda. O negociante, porém, perdeu a liberdade de especular e a possibilidade de fraudar." E assim mesmo, os comerciantes privados tendem a desaparecer, substituídos pelos armazéns do Estado.

Ainda outra espécie de contraste. Sabe-se que na velha China, como em geral nos velhos países orientais dominados pelos imperialistas, a prostituição e a mendicância eram apresentados ao mundo como chaga incurável, e eram mesmo um dos mais "pitorescos" motivos de atração turística da gente *blasée* da civilização ocidental. Hoje, constata a autora brasileira, não existe mais na China nem prostituição, nem mendicância, nem casas de ópio, nem miséria maltrapilha. São "chagas" do passado, que se foram com a "chaga" maior — a dominação imperialista.

Maria Martins dedica todo um capítulo do seu livro à "Eva da Nova China", isto é, à situação da mulher no regime instaurado pela revolução de 1949. Nesse particular, o contraste é realmente o mais significativo não só por sua profundidade e sua extensão, como também porque resume, a bem dizer, todos os outros contrastes. A escritora não oculta o seu entusiasmo, entusiasmo também de mulher: "A maior criação da revolução que transformou a China foi, sem dúvida, a mulher". O entusiasmo é plenamente justificado pelos fatos observados e verificados pela autora. Durante milênios, até 1949, a mulher chinesa era uma escrava, animal de pena ou de prazer, máquina de fazer filhos, gata sensual, objeto de gozo, metade inferior da humanidade, sombra de gente. Depois da revolução, escreve Maria Martins, "a sombra criou vida, transformou-se, ganhou personalidade e, hoje, é médica, estudante, funcionária, secretária, operária, militar, política, diplomata, tanto faz parte da marinha como do exército e é encontrada tanto nos comitês políticos como nos campos, nas fábricas, nos hospitais e nas universidades".

Os problemas da cultura em seus variados aspectos são tratados com especial atenção. O artesanato, a música, o teatro, a arquitetura, a escultura, a pintura, a literatura, fornecem matéria para outros tantos capítulos do livro. A mesma coisa com relação às grandes reformas iniciadas nos domínios da saúde pública, da agricultura e da indústria. Simultaneamente com os dados que vai registrando, a autora vai recheando as suas páginas com reflexões e comentários oportunos, demonstrando sempre boa vontade em compreender o que lhe mostram mas ao mesmo tempo guardando a sua independência de avaliação e julgamento.

Avaliação e julgamento que podem ser resumidos nas palavras seguintes: "A vida do povo chinês, condenado há séculos a privações e miséria, incontestavelmente melhorou; tornou-se mais fácil, mais digna, mais humana". E ainda: "Centenas de milhões de homens que dantes viviam maltrapilhos estão hoje calçados e vestidos decentemente; e as centenas de milhões de antigos esfomeados comem o suficiente para matar a fome".

*

Volto a afirmar: o livro de Maria Martins — *Ásia Maior, o planeta China* — é excelente e merece plenamente a acolhida que o público lhe tem dispensado. Em nota anterior já salientei alguns dos seus aspectos de maior interesse como depoimento honesto, inteligente e corajoso sobre a Nova China. Mas há no livro certas opiniões e certos pontos de vista a que me permito fazer alguns reparos críticos.

Deixo de lado aquilo que resulta de falsos pressupostos de ordem teórica ou de interpretações meramente subjetivas, limitando-me a apontar aquelas afirmativas menos justas e que aliás encontram desmentido em fatos concretos registrados no próprio texto do livro.

Por duas ou três vezes a autora refere-se a Democracia e Comunismo como coisas em contraste, como conceitos em oposição. Ora, a verdade é que os textos de Marx, Engels ou Lênin não autorizam semelhante antagonismo. Desde o *Manifesto Comunista* de 1848 até às teses de Lênin sobre *A ditadura do proletariado* e *A democracia burguesa*, elaboradas em 1919, essa questão tem sido exposta com muita clareza, quer do ponto de vista teórico, quer do ponto de vista da tática política. A oposição existente é entre democracia "burguesa" e democracia "socialista" — oposição mais de *conteúdo* social e não tanto de *forma* de governo. E o fato é que a experiência histórica da União Soviética, da China Popular e demais democracias populares da Europa e da Ásia comprovaram praticamente a tese marxista, segundo a qual o regime político socialista, mesmo em suas formas mais agudas de luta de classes, é na realidade muito mais democrático do que os mais avançados sistemas da democracia burguesa. O que se deve comparar, nesta matéria, não são tanto as aparências e formalidades, mas antes de tudo a substância real, o conteúdo verdadeiro de cada sistema.

Opinando sobre o que viu com os próprios olhos e pôde verificar e sentir por si própria, Maria Martins nos transmite, em mais de uma página do seu livro, algumas das conclusões a que chegou. Eis aqui:

> Desde 1954, entretanto, Pequim governa de fato, direta e absolutamente o país inteiro, e a despeito dos complicados e imensos problemas que surgem das diferentes minorias nacionais, a administração do governo da República Popular pode servir de exemplo a qualquer democracia do universo, pelo seu

claro espírito de justiça, pelo seu devotamento à causa pública e pela honestidade sem par de todos os seus membros. (p. 147)

Com a vitória da Revolução Popular, pela primeira vez, em sua história, a China acha-se reunida sob um governo central honesto e com autoridade em toda a extensão do território, dos confins da Sibéria às bordas da Indochina. (p. 322)

Impressiona, outrossim, o ótimo estado de saúde e o alto espírito dos indivíduos, ainda os mais pobres, como me foi dado observar em uma aldeia próxima de Xangai. — A massa unanimemente demonstra um grande apreço por tudo o que o governo procura fazer em seu benefício e exprime-se com uma independência e uma altivez que me surpreenderam. (p. 324)

Atesta Maria Martins, páginas adiante, que o Governo Popular liquidou as pragas físicas e sociais que martirizaram o povo chinês durante séculos. O estado de saúde geral, apenas nove anos desde a vitória da revolução, é perfeitamente satisfatório. Não existe mais a prostituição, nem a mendicidade, nem o ópio, nem os jogos de azar, nem ladrões grandes ou pequenos, a não ser excepcionalmente.

A reforma agrária mudou completamente a fisionomia do país. Centenas de milhões de camponeses estão hoje organizados em cooperativas. O reflorestamento da terra segue o seu curso acelerado. Os grandes rios são domados e convertidos em fontes de energia elétrica. A China possui agora mais árvores, mais algodão, mais trigo, mais arroz, mais quilowatts de eletricidade do que em qualquer época da sua história milenar. Sua indústria pesada desenvolve-se, e já produz máquinas, locomotivas, e tudo num ritmo crescente. A fome, que era a regra geral na vida das grandes massas, foi eliminada. O povo anda bem vestido, bem alimentado, contente. A ordem reina, não só na capital, mas em todo o território da República, até às mais longínquas províncias. Depois de registrar tudo isso, que nos revela quanto progrediu a China, em tão pouco tempo, sob o governo de Pequim, constata a autora que "pela primeira vez a história encontrou a nação unida e movida por um patriotismo ardente e vivaz".

E que é tudo isso, afinal de contas, senão o resultado da aplicação efetiva e eficaz de um legítimo sistema democrático? Em resumo, democracia quer dizer participação no governo de um povo consciente, sadio, bem alimentado, bem vestido, instruído, trabalhando com ardente fé patriótica pelo engrandecimento econômico e cultural de toda a nação. É o que Maria Martins viu na China e não pode ver em muitas das mais avançadas "democracias" burguesas do Ocidente.

*

No último capítulo do seu livro, Maria Martins, subitamente tomada de angústia, pergunta a si mesma e ao leitor: valerá a pena?

Ela foi à China animada de compreensível curiosidade e também de boa vontade, e lá andou por onde quis e como quis, viu e observou o que melhor lhe aprouve. Com inteligência e com simpatia humana, transmitiu-nos suas impressões e comunicou-nos suas opiniões quase sempre muito favoráveis à República Popular. Seu livro apresenta-nos uma imagem cordial, sem maiores preconceitos políticos e sociais, da Nova China liberta, o país enfim unido, o governo governando com o apoio caloroso das grandes massas de centenas de milhões, as cidades limpas da secular sujeira física, social e moral, e tudo revelando um extraordinário esforço coletivo de desenvolvimento econômico e cultural, o povo inteiro a trabalhar, com afinco patriótico, cheio de confiança e de esperança, contente de si e do Governo Popular.

Por que então, depois de sentir e palpar tudo isso, concluir com a pergunta angustiosa: valerá a pena? Isto é: valeu a pena ter realizado a obra de libertação iniciada em 1949? Toda a questão se resume na suposição, formulada abertamente pela autora, de que o novo regime "despersonaliza" o homem e faz "desaparecer" o indivíduo. Maria Martins declara-se "individualista" convicta, e ao que parece encontra no mundo capitalista — este nosso mundo ocidental e cristão a que pertence inclusive Chiang Kai-shek, que ela tão bem descreve no seu livro — senão tudo pelo menos boa parte daquilo que favorece e satisfaz o seu "individualismo".

Ora, francamente, eu quero crer que neste ponto o que há é uma grande dose de preconceito doutrinário e ainda uma dose muito maior de incompreensão do que existe de essencial na doutrina socialista, segundo as concepções de Marx. Não é este o lugar próprio para uma discussão a fundo da questão — aliás discutidíssima por milhares de autores de um lado e outro da polêmica, desde há mais de um século; mas eu diria apenas que o marxismo o que faz é justamente *libertar* o "indivíduo" de todas as cadeias e limitações que lhe são impostas pelas condições sociais reinantes na história até o advento do socialismo, em 1917.

Segundo o depoimento pessoal tão valioso de Maria Martins, o povo chinês em sua generalidade — o qual apenas começa a levantar em seu país o novo sistema socialista — está feliz, sente-se livre, independente, e como tal participa ativamente da obra comum dirigida pelo Partido Comunista. Não compreendo como se poderia conciliar semelhante estado de espírito com a "despersonalização" do homem e o "desaparecimento" do indivíduo — pois a lógica mais elementar nos diz que as massas populares só podem viver contentes quando os indivíduos que a compõem estão no seu íntimo contentes.

A meu ver, Maria Martins parte do pressuposto do indivíduo "absoluto", vivendo de si, em si, por si e para si. Mas esse "indivíduo" é uma pura abstração metafísica, sem fundamento na realidade. O indivíduo de carne e osso, não metafísico, vive ao mesmo tempo de si e da sociedade, em si e em sociedade, por si e pela sociedade, para si e para a sociedade. Quer dizer: o indivíduo só se realiza plenamente quando conjuga harmoniosamente a sua dupla qualidade de indivíduo e de componente da sociedade. Ele é simultaneamente uno e múltiplo. Fora daí é tudo abstração e metafísica — fontes de incompreensão e de angústia.

Mas tão bom é o livro de Maria Martins que até nos propicia a oportunidade de alguma reflexão assim mais ou menos filosófica.

(1958)

A NOVA CHINA

O que sobretudo me agrada no livro de Domingos Vellasco — *A nova China* — é a sua maneira ao mesmo tempo coloquial e objetiva. Tendo viajado pela China mais de uma vez, nesses últimos anos, vendo e anotando o que via, indagando e informando-se com ânimo perspicaz, documentando-se com imparcialidade, o autor nos oferece um relato limpo, honesto, em tom de boa conversa entre amigos, sobre as coisas que lhe foi dado observar, palpar, comprovar. Seu livro, obra de viajante inteligente e honrado, reflete, de tal sorte, uma imagem verídica dos principais aspectos da vida econômica, política, social e cultural da Nova China.

O que desde logo chama a atenção do observador é o ritmo de desenvolvimento da economia chinesa. O que se fez ali em dez anos é de nos deixar água na boca, a nós brasileiros, que queremos empurrar nosso país para a frente e o vemos a engatinhar atrás de metas arbitrárias. No que se refere, por exemplo, à produção do aço, coisa fundamental, o paralelo é extremamente significativo. Em 1949, a China produziu 158 mil toneladas de aço. Durante o primeiro Plano Quinquenal (1951/1957) a média anual passou a 3 milhões e 300 mil toneladas, sendo que no último ano do Plano, 1957, a produção atingia já 5 milhões de toneladas. No ano seguinte, 1958, ano do "grande salto para a frente", o aço chinês subiu espetacularmente a mais de 11 milhões de toneladas, e em 1959 alcançou o total de 13 milhões e 350 mil toneladas. Agora a comparação com a produção brasileira prevista para 1960: 2 milhões e 300 mil toneladas. Eis aí — dados concretos, cifras, fatos. Certamente, não devemos desprezar a existência de determinados fatores, que são favoráveis na China e desfavoráveis no Brasil, e entre eles o fator população — dez vezes maior na China; mas, ainda assim, saímos de cabeça baixa da competição.

Em todos os ramos da economia — tanto na indústria como na agricultura — o ritmo de desenvolvimento corre parelha com a produção do aço. Para se fazer uma ideia exata do que isso significa, basta confrontar o aumento médio do valor de toda a produção industrial durante os anos de 1950-1958, na China, nos Estados Unidos e na Inglaterra: respectivamente, 28%, 3,7% e 2,9%. Quanto à produção de cereais, a China ocupa hoje o primeiro lugar no mundo, e o segundo na produção de algodão.

Com toda a razão, Domingos Vellasco conclui que nada disso aconteceu por acaso, mas resultou efetivamente "de muito estudo, de muita capacidade e, sobretudo, de muito trabalho do governo e do povo chineses". Podemos acrescentar que o imenso progresso da China Popular, registrado em apenas dez anos, resultou precisamente da vitória da revolução conduzida pelo Partido Comunista com o objetivo de libertar o povo chinês da miséria, da fome, da exploração e da opressão. A fome, flagelo secular, foi liquidada — sobre isso não há mais dúvida, conforme escreve o autor desse livro, confirmando o testemunho de numerosos outros viajantes e estudiosos que percorreram a China Popular durante os últimos anos. Com a fome, flagelo central, desapareceram ou vão desaparecendo todos os demais flagelos que pesavam sobre o povo chinês.

Não se trata de nenhum milagre, mas de ação do governo popular encabeçado pelos comunistas, que levam à prática, nas condições peculiares da China, a teoria científica do marxismo-leninismo.

Domingos Vellasco, socialista-cristão, não comunista, mas homem honesto, estuda e expõe os fatos com objetividade, tendo observado de perto os diversos setores da vida chinesa — a luta contra a miséria, a liquidação do latifúndio, a reforma agrária, a organização das cooperativas agrícolas, o surgimento das comunas populares, o formidável surto industrial, os novos métodos de trabalho, a organização democrática do Poder, o progresso da cultura, os aspectos humanos da Revolução etc. etc.

*

Em três capítulos sucessivos do seu livro, Domingos Vellasco expõe o que viu, o que indagou e o que pôde concluir relativamente ao problema das liberdades democráticas na China Popular.

O que lhe interessava verificar era a prática, o exercício efetivo, por parte do povo, das liberdades essenciais à vida do homem em sociedade. Nada de especulações mais ou menos metafísicas ou de conjecturas mais ou menos abstratas acerca de uma Liberdade absoluta, conceito vazio de substância, que não corresponde a nenhuma realidade em parte alguma do mundo. O que em verdade interessa é tirar a limpo se as massas populares são beneficiadas, em sua atividade prática, em sua vida pública e particular, por aquelas liberdades essenciais inscritas nos textos da Constituição. Ora, essas liberdades, possíveis e necessárias nas condições históricas do país, são lá exercidas em toda a sua plenitude. A sua prática é mesmo uma exigência da vida, e sem ela não teria êxito o tremendo esforço construtivo da Nova China, que o povo realiza com energia e amor, sob a autorizada direção do Partido Comunista. Nem é difícil compreender que só um povo livre, consciente de si mesmo, poderia levar a efeito, em tão poucos anos, tão extraordinário avanço na reorganização econômica, política e cultural da nação liberta. Não se trata de nenhum "milagre", como gostam de dizer certos observadores superficiais e descrentes da capacidade criadora das massas. O que há de fato é orientação acertada, vontade esclarecida, ânimo firme, trabalho duro e tenaz, por parte do governo e do povo, plenamente identificados nos mesmos propósitos de construção da China Socialista.

Sobre o problema das liberdades democráticas — inclusive a liberdade religiosa — o livro de Domingos Vellasco oferece-nos um testemunho honrado e convincente, coisa da mais alta importância, pois nesse ponto, precisamente, é que as mentiras e calúnias da reação mais se assanham contra a República Popular Chinesa.

Num dos mais sugestivos capítulos do livro, o autor nos fala, com emoção, de certos "aspectos humanos" das realizações revolucionárias em marcha na Nova China. Citemos alguns exemplos.

A "riksha", o tradicional veículo de duas rodas puxado por um homem para transportar outro homem — situação sobremodo humilhante para ambos —, foi totalmente abolida e substituída por triciclos, por enquanto pedalados, mas já se cogitando da fabricação em massa de triciclos motorizados.

Na estação ferroviária de Pequim, imensa e aparelhada com tudo o que se possa desejar de comodidades em benefício dos passageiros, que por ela transitam diariamente em número de 200 mil, há duas salas chamadas "das mães e das crianças". Eis como as descreve Domingos Vellasco: "Cada [sala] é dividida em dois amplos compartimentos: um, com toda a sorte de brinquedos para que os meninos se distraiam, vigiados pelas mães e pelas *nurses* que ali trabalham; e outro, com iluminação apropriada, que serve de dormitório para as crianças e de repouso para as mães e as gestantes".

A libertação da mulher — eis um dos pontos altos da Revolução Chinesa. Antes da Revolução a mulher chinesa era uma escrava, uma coisa, um animal de carga ou de prazer. E hoje? Ouçamos o nosso autor: "Acabando com a bigamia e o concubinato, e dando direitos à mulher na gestão dos bens do casal, a lei [revolucionária] sacudiu a estrutura feudal da China e elevou o nível moral da família chinesa. — Dando, por outro lado, acesso à cultura e ao trabalho, em todas as atividades políticas e econômicas, a lei possibilitou o desaparecimento da prostituição".

Em todas as comunas populares que visitou, Domingos Vellasco pediu para ver as casas dos velhos, os abrigos da velhice. Cita uma delas, com 65 pessoas abrigadas em dois pavilhões, um para as mulheres, outro para os homens. "Tudo modesto, mas limpo. O doutor, que dirige o posto médico, explica-me que a casa dos velhos fica sempre junto ao posto, porque eles estão, a toda hora, precisando de assistência." Casas de velhos, como essa, há por toda a parte, literalmente por toda a parte.

Em sua primeira viagem à China, em 1956, o autor desse livro foi a Wuhan para ver a ponte que se construía sobre o rio Yang-tsé. Mostraram-lhe a maquete e as plantas da obra — 1.690 metros de extensão, altura de 80 metros com duas pistas em dois andares. Sua construção havia começado em setembro de 1955 e devia terminar em setembro de 1958. Em dezembro de 1956, o engenheiro-chefe disse ao visitante brasileiro que os 63 engenheiros e 3.800 operários tinham decidido fazer um presente à Nova China: construir a ponte em dois anos, um ano a menos. Domingos Vellasco confessa, simplesmente: "Duvidei disso". Qualquer outro duvidaria também.

Mas o fato é que a grande ponte ficou concluída em agosto de 1957, com um ano e onze meses de trabalho, portanto com treze meses antes do prazo primitivo. Escreve então o mesmo Domingos Vellasco: "Em outubro de 1959, voltei a Wuhan. Atravessei o Yang-tsé pela ponte, em dez minutos. Então acreditei mais em muitas coisas difíceis de se acreditarem."

E acrescenta que as coisas que viu e examinou na China Popular lhe fizeram acreditar mais no espírito de fraternidade, na bondade humana, na caridade popular, no entusiasmo coletivo. São ainda palavras suas: "Comecei a acreditar na seriedade da Nova China, quando, não só na estação de Pequim, mas em toda a parte, observei o carinho com que são tratadas as crianças, as mães e as gestantes e como se dignificou a mulher na sociedade".

Alguns dos fatos que viu podem ser vistos, isoladamente, em qualquer parte do mundo; mas lá, na China milenar em reconstrução, eles "servem como índices de uma nova mentalidade que orienta a atividade de todos". Nova mentalidade, dizemos nós, que tem sua mais alta expressão no Partido Comunista Chinês.

*

Sobre o problema da liberdade religiosa, Domingos Vellasco escreve as seguintes palavras: "Cristão e católico romano, fiel à minha Igreja, nada vi, na China que repugnasse a fé que professo". Eis aí um depoimento que se deve pôr em relevo, como cabal desmentido às mentiras espalhadas pelo mundo "ocidental e cristão" acerca da "perseguição religiosa" na China Comunista e também nos demais países socialistas.

Mas o autor desse livro não se limitou a registrar o que lhe foi dado ver com os próprios olhos — isto era muito importante, mas não era tudo. Para melhor firmar sua opinião sobre a matéria, buscou documentar-se na mais autorizada e insuspeita fonte de informações — os senhores bispos católicos existentes e em exercício na China. Constatou então que esses bispos apoiam mesmo o governo de Pequim — justamente porque o governo lhes assegura plena "liberdade religiosa". O que não é permitido é servir-se alguém da religião para em nome da religião exercer atividades políticas contrárias à Constituição da República Popular. Isto aliás é o que se passa em todos os países socialistas, onde ninguém sofre qualquer espécie de perseguição por motivo só de suas crenças religiosas.

Socialista-cristão, homem de formação filosófica idealista, não materialista, não marxista, Domingos Vellasco compreende e não se arreceia de proclamar firmemente que o "sistema de produção socialista resolveu muitos problemas que ainda angustiam o homem ocidental"; mas acha que o mesmo não ocorre com os "problemas espirituais", porque estes, na sua opinião, "independem dos sistemas de produção", porque são problemas "do próprio homem, da sua consciência e da sua formação moral".

Discordamos radicalmente desta concepção idealista: para os marxistas, como se sabe, os problemas espirituais, inclusive os da formação da consciência e da moral, não independem, não estão desligados, não se manifestam fora do sistema de produção existente na sociedade, pois fazem parte da superestrutura social. A famosa lição de Marx continua válida em toda a sua extensão e profundidade: "O modo de produção da vida material condiciona o processo de vida social, política e intelectual em geral. Não é a consciência dos homens que determina a realidade; pelo contrário, a realidade social é que determina sua consciência".

O próprio autor desse livro chega a algumas conclusões que, a nosso ver, vêm confirmar a concepção marxista. São conclusões formuladas em termos idealistas, mas sua essência se ajusta à realidade materialista como derivação necessária dela.

De um lado, por exemplo, quando afirma que no mundo ocidental, "cujos sinais de decadência são visíveis a olho nu", predomina "a mentalidade velha e bolorenta, cansada e exausta que não quer aceitar as transformações dos outros povos". Segundo me parece, essa mentalidade velha e bolorenta, cansada e exausta, com todas as suas implicações espirituais e morais, resulta precisamente da existência de um sistema de produção também velho e bolorento, cansado e exausto, ou seja — o sistema capitalista em crise final, já condenado pela história e que deve necessariamente ceder o passo ao sistema socialista.

De outro lado, quando o autor constata que os povos socialistas estão forjando uma nova civilização. Nova civilização porque está criando, sobre a base do novo sistema de produção socialista, uma nova mentalidade, uma nova consciência, uma nova moral. Tal é o processo histórico — o novo modo de produção da vida material condicionando a vida social, política e intelectual com todos os seus valores espirituais.

Mas o que realmente mais importa, nesse livro, é que o seu autor, cristão, espiritualista, não escamoteia os fatos e as realidades que viu e estudou. Sua interpretação, ditada por uma posição filosófica idealista, pode ser discutida pela crítica marxista; indiscutíveis são os fatos e as realidades, e nisto estamos todos de pleno acordo, felizmente.

(1961)

FLOR DE LOTO

A revolução não é só ação política, econômica, militar, diplomática, mas também ação cultural, e quando se fala em ação cultural isso significa também, senão principalmente, ação poética. A poesia por si mesma já é revolução, uma espécie de revolução sublimada, isto é, ela é sempre uma intuição revolucionária no mais alto grau — ou então nem chega a ser poesia. Poesia conservadora ou reacionária não é, nem pode ser poesia; é mistificação ou sofisticação de sujeitos conservadores ou reacionários que se supõem poetas. Reação é antipoesia. Eis por que não acredito na poesia de Ezra Pound.

E eis por que o poeta boliviano Jesús Lara fez tão excelente poesia sobre a Revolução Chinesa — poesia lírica, cheia de ternura e de amor. Percorrendo a China Comunista, ele soube captar e haurir, com sua sensibilidade quíchua, o que havia de essência poética nas mutações revolucionárias que se processam naquele país a partir de 1949. De suas andanças de vate resultou um livro delicioso, puro, genuíno — *Flor de loto*, a que imprimiu o justo sentido de "Mensagem de amor à mulher chinesa".

Na chinesinha da China Comunista, flor de graça, beleza e inteligência, condensou Jesús Lara o seu amor de revolucionário indo-americano pelo povo admirável, cuja civilização milenar retoma o seu lugar na história do mundo com uma força de plenitude que só o advento do socialismo poderia suscitar.

O poeta escreveu o seu livro no hospital Pequim, onde se recolhera para tratar dos olhos enfermos. Ali, certa manhã, teve ele a revelação emocional da chinesinha comunista, doce e lunar como uma flor de loto, encarnação e símbolo da mulher chinesa liberta, encarnação e símbolo da própria China Revolucionária:

> Porque igual que la flor del lolo
> que asoma erguida sobre la patena
> de sus hojas quando el invierno
> no acabó aun sus rigores de amainar,
> asi en mi corazón
> entraste una mañana,
> rompiendo la amenaza de la noche
> sin aurora en que habían
>
> naufragado mis ojos.

Mas a chinesinha suave, flor de cultura milenar, perfume de mil flores, é a mesma chinesinha que empunhou armas contra os bandidos de Chiang Kai-shek; que morreu para vingar seus irmãos e seu pai caídos na guerra contra o inimigo; que deu seu sangue para dar a paz e o pão para o seu povo; que rega as plantações de arroz com o alegre suor do seu rosto; que na fábrica é a dona da sua máquina e mais dona ainda do seu futuro; que se multiplica nas escolas, nas universidades, nos hospitais, nos sindicatos operários, nas comunas populares, nos organismos do Partido, e que por todos os rincões da velha China renovada constrói uma nova vida; chinesinha flor de esperança e de confiança, semeadora de paz, alma de pão e rosas.

Por esta chinesinha modulou seu canto comovido o poeta quíchua Jesús Lara.

(1961)

Cultura e sociedade

Astrojildo Pereira, *c.* 1930. Acervo ASMOB/IAP/CEDEM.

DEFINIDOR QUE SE DEFINE

O sr. Renato Almeida, em colaboração para o *Diário de Notícias*, encetou a publicação de uma série de definições. Uma definiçãozinha por semana, endomingada e bem penteadinha. Já saíram duas. Não li a primeira. Mas, li, reli e tresli a segunda, que trata da "política do espírito". E depois de tresler, pensei que a coisa carecia de comentário...

Mesmo sem recorrer aos dicionaristas, eu creio poder afirmar que definir significa explicar, precisar, delimitar, fixar tal ou qual noção. Teria o sr. Almeida conseguido alcançar este objetivo? Pode ser que sim na primeira definição. Nesta segunda, não. Aqui a linguagem aparece confusa, as fórmulas se mostram obscuras, o pensamento se enrodilha e se retorce em disfarces impossíveis. Exatamente o contrário da definição. Citarei três exemplos.

Primeiro: "O espírito não deixa de ser um primado individual que se projeta livremente aquecendo e iluminando os que buscam o seu feixe luminoso, mas, para que essa luz não se perca, difusa e refrangida em mil obstáculos, é necessário fazer a sua captação e orientá-la". Com franqueza, isto não me entra nos cascos por melhor que seja a minha vontade. Dirá o sr. Renato Almeida: que o defeito é meu, que tenho os cascos duros, e não dele. Mas aí é que está o... mal-entendido (digamos assim). Definição que não consegue penetrar nos cascos mais duros pode ser tudo que se deseje, exceto definição.

Segundo exemplo: "Na Alemanha espírito significa espírito nazista e na Rússia espírito é marxismo". Esta frase, aparentemente tão simples, está, no entanto, pejada de complicações e contradições absolutamente inconciliáveis. Se o sr. Renato Almeida houvesse definido primeiramente o que vem a ser "nazismo" e o que vem a ser "marxismo", poderia por si mesmo avaliar a quantidade enorme de... *bêtises* (ponhamos isto em francês, diplomaticamente) que meteu dentro daquela frase. Partindo do princípio de que "nazismo" e "marxismo" são duas categorias opostas — princípio que nenhum homem decente ousará negar —, logo toparia com estas duas verdades paralelas: o nazismo nega o espírito; o marxismo afirma-o. Como assim? Muito fácil de compreender: o marxismo é a teoria da luta pela libertação total do homem, portanto também de sua libertação espiritual; ao passo que o nazismo é a luta desesperada, e empírica, sem nenhuma base ou expressão teórica, contra o marxismo, isto é, contra a libertação espiritual (pois que total) do homem. Postas as coisas nesses termos — e não me parece possível encontrar a verdade fora desses termos — qualquer pessoa percebe de pronto o que há de monstruoso na "definição" elaborada pelo sr. Renato Almeida: "Na Alemanha espírito significa espírito nazista e na Rússia espírito é marxismo". Não, senhor. Na Alemanha dominada pelo nazismo, este procura por meio do terror mais bestial esmagar o espírito esmagando o marxismo, que luta pela libertação do espírito. Não existe lá nenhum "espírito nazista", porque não pode haver espírito "nazista", porque o nazismo já é por definição o antiespírito. O espírito que existe na Alemanha (podemos corporificá-lo em três nomes culminantes: Einstein, Mann, Thaelmann) não é nazista, mas antinazista, porque precisamente o antinazismo, em cuja vanguarda se encontra o marxismo, é que luta na Alemanha pela libertação total, por consequência também espiritual, das massas escravizadas e oprimidas. São essas mesmas razões, aplicadas em sentido inverso, que mostram não existir na Rússia nenhuma "escravização" do espírito ao marxismo, como nos quer impingir o sr. Renato Almeida, quando coloca no mesmo plano a política nazista e a política marxista em relação ao espírito. O marxismo não escraviza; liberta. Só o marxismo liberta realmente o espírito, porque só o marxismo liberta o homem de toda espécie de escravidão —

seja a escravidão de base (econômica e política), seja a escravidão consequente (cultural e moral). Não me venha o sr. Renato Almeida repetir aquilo de "primado" do espírito, que eu lhe replicarei com este latinório que tem séculos de experiência comprovadíssima: "*primum vivere, deinde philosophare*"...

Terceiro exemplo: "A política verdadeira do espírito será a que permitir, desde logo, a floração do pensamento sem fixar-lhe quadros ou limites, excluindo naturalmente do seu campo o que for de propaganda ideológica adversa." É neste pensamento conclusivo que se resume afinal toda a filosofia definitória do sr. Renato Almeida sobre a "política do espírito". Tendo previamente bancado a neutralidade diplomática entre a Alemanha e a Rússia, a sua fórmula assume ares de coisa estabelecida além do bem e do mal. Assim: "A política verdadeira do espírito será a que permitir, desde logo, a floração do pensamento sem fixar-lhe quadros ou limites...". Ei-nos levados à estratosfera. O pensamento quimicamente puro. O diacho é que o corpo da gente é impuro, e o pensamento, queiram ou não queiram os idealistas arquipuros, só existe em função do cérebro, que é parte integrante do corpo. Desta sorte, o pensamento, por mais sublime que ele se mostre, nada mais é, no fim de contas, que mera emanação espiritual das condições sociais em que nasce, vive e se desenvolve o corpo. Eu me permitiria, neste ponto, sugerir uma série de pequenas comparações concretas: suponhamos, colocados em nossa frente, um jeca impaludado e um latifundiário possuidor de terras sem fim; ou um operário de fábrica e um potentado da indústria; ou um graxeiro de trem e um grande acionista de empresas ferroviárias; ou um pequeno funcionário da Limpeza Pública e um alto funcionário das Relações Exteriores. Feita a suposição, seja-me lícito indagar: será que o pensamento poderá florir ou florescer com a mesma "liberdade" e a mesma "pureza" nos diversos indivíduos de carne e osso pertencentes às categorias que eu emparelhei na suposta comparação? Será que o pensamento de cada um deles independe, na sua origem e na sua manifestação, dos "quadros" e dos "limites" traçados pelas respectivas condições sociais? Será que o obscuro sr. José Gari da Silva, varredor de rua, pode pensar tão livremente quanto o sr. Renato Almeida, ilustre literato do Itamarati? A resposta a estas interrogações é-nos dada pelo próprio sr. Renato Almeida na parte final de sua fórmula: "... excluindo naturalmente do seu campo o que for de propaganda ideológica adversa". Quer dizer: todo mundo pode pensar liberrimamente, menos para fazer propaganda ideológica "adversa". Mas "adversa" a quê? Ao Estado. Mas a que Estado? Ao Estado do Jeca, do operário, do graxeiro, do varredor de rua? Ao Estado do latifundiário, do potentado, do acionista, do alto funcionário? Nada nos diz a esse respeito o sr. Renato Almeida; mas a gente adivinha.

Destes breves comentários se pode com justiça concluir que o sr. Renato Almeida, na realidade, não define coisa alguma; o que ele faz, isto sim, é definir-se a si mesmo.

(1935)

POESIA E SOCIEDADE[1]

I

Suponho que a melhor maneira de definir dialeticamente o sentido profundo da poesia do nosso tempo consiste em buscar um termo de comparação na *Teogonia* de Hesíodo.

O sábio helenista Guigniaut, analisando a obra do velho "chantre" de Ascra, nos ensina que ele viveu numa era de grandes criações poéticas, cujos materiais se vinham acumulando durante séculos. Era a época em que "os símbolos e as legendas populares dos deuses da Grécia" já não satisfaziam mais a curiosidade nascente dos espíritos, ávidos de penetrar o segredo do mundo e a origem das coisas"; em que tais símbolos e legendas se multiplicavam de tal sorte que se sentia por toda a parte a necessidade imperiosa "de os aproximar e reunir, de criar entre eles relações de filiação e hierarquia"; em que se tornava igualmente necessário "organizar a cidade dos deuses e coordenar a sua história", da mesma forma que as tribos e as cidades helênicas tendiam também a organizar-se na base de uma comum origem genealógica e política.

---

[1] Os dois artigos reunidos neste pequeno ensaio foram redigidos à distância de quase dois anos um do outro, e sem qualquer propósito de continuidade ou complementação, se bem que incidindo sobre o mesmo tema fundamental. Seria talvez preferível fundi-los num só; mas deixo-os como saíram antes, apenas com ligeira alteração no comentário a uma citação de Manuel Bandeira. Afinal, o segundo, mesmo sem ser uma continuação do primeiro, parece-me completá-lo sob certos aspectos. Trata-se, aliás, num e noutro, de simples notas especulativas, e como tais são aqui reproduzidas.

A *Teogonia* surgiu naturalmente como a solução poética dos problemas em causa. Hesíodo a elaborou e compôs, observa Guigniaut, "segundo o gênio e as condições do seu tempo, como um poeta que era, não possuindo outra arte senão a do canto, nem outra ciência senão a da memória". O seu poema na verdade pôs ordem no caos, classificando cada símbolo e cada legenda, desvendando como era possível então o segredo do mundo e a origem das coisas, organizando a genealogia divina e concatenando a história da cidade olímpica.

Maiakovski, que é de certo modo o Hesíodo da poesia moderna, estabelecia como condição primeira para a realização do seu trabalho poético a existência, na sociedade, de problemas cuja solução só pudesse ser imaginada por meio de fórmulas poéticas. Foi este, com todo o rigor, o caso da *Teogonia*. Não há dúvida que semelhante regra pode ser aplicada a todos os tempos e não apenas à época de Hesíodo e à época atual. Mas entre o momento de elaboração da *Teogonia* e o momento em que vivemos existe uma determinada identidade poética de condições, que é justamente o que eu desejaria acentuar nesta nota.

Cerca de 3 mil anos nos separam de Hesíodo. São nada menos de trinta séculos, e é bem certo que muitos acontecimentos importantes sucederam no mundo desde então. Porém — "*believe or not believe*" — eu suponho, aliás abonado por mais de uma autoridade de peso nesta matéria, que o mais importante de todos esses acontecimentos se processa precisamente nestes nossos dias tão atrapalhados. Por outras palavras e para resumir, o que eu quero dizer é que o momento em que viveu Hesíodo marcou um ponto de partida e que o momento presente me parece marcar outro ponto de partida. Ouso pensar, com efeito, que estamos vivendo um momento inicial de toda uma era humana, a era propriamente de libertação definitiva do homem. A poesia moderna, a meu ver, nos oferece a prova mais cabal deste acontecimento, e se não fora assim ela não teria nenhum sentido.

Os poetas são uns diabos extraordinários, possuidores de faculdades especialíssimas, que lhes conferem poderes de percepção extremamente sutis. Eles vivem num perpétuo estado de graça, que lhes permite conviverem em pé de igualdade com a essência mesma das coisas. O já citado Maiakovski uma vez se definiu a si próprio dizendo: "Eu sou uma nuvem de calças". Há nesta aparente *boutade* uma prodigiosa definição de todos os poetas. Como as nuvens, também eles se formam por saturação — pela saturação de tudo quanto existe de essencial no mundo. Saturação que eleva ao mais alto grau a sua capacidade de despojar-se do passado e de antecipar o porvir, ou seja, a capacidade de impregnar a obra poética daquela "virtude de transcendência", a que se refere Jean Cassou e sem a qual nenhuma obra de arte logra subsistir.

O homem do século XX sobrevoou o Olimpo de aeroplano, sobrepassando de muito as alturas da montanha já desmoralizada. O reino de Netuno foi reduzido a escombros pelos torpedos dos modernos submarinos. Só as forjas de Plutão ainda resistem aqui e ali, vingando-se do atrevimento dos mortais; mas também elas acabarão sob o controle dos homens e os seus desatinos serão mais cedo ou mais tarde evitados ou desviados pela previsão dos sismógrafos. Tudo isso e o mais que se relaciona com isso significam, em boa e pura verdade, que entramos na era da libertação final da humanidade. Desculpem esta pontinha de quase eloquência, mas a coisa é mesmo grandiosa e eu não poderei amesquinhá-la pelo só dever da modéstia e da humildade pessoal. Importa, no entanto, acrescentar, para esclarecimento do que venho dizendo, que não há, nem houve, nem poderia haver nenhuma ruptura ou solução de continuidade na passagem de uma era para outra. O que se verifica é um processo de transformação, resultante de uma acumulação de quantidades que em dado momento transbordam, convertendo-se em qualidades. Fecundação, gestação e parto. Pois bem: essa acumulação de quantidades sociais produz uma acumulação paralela de materiais poéticos, que passam pelo mesmo processo de transbordamento qualitativo. E é esse processo dialético que vai suscitar a elaboração de novas experiências e novas realizações no domínio da poesia.

Manuel Bandeira exclamou num dos seus poemas:

Estou farto do lirismo comedido
Do lirismo bem-comportado

Não quero mais saber de lirismo que não é libertação.

O poeta fala aqui enquanto homem solitário, que apenas busca a sua libertação individual e individualista, coisa na verdade ilusória, inconsequente, limitativa. Mas não é difícil perceber, por detrás do seu desabafo de solitário, a intuição divinatória do solidário *malgré lui* — assim integrado no processo geral de libertação do Homem, e com isso revelando, ainda que limitadamente, o sentido profundo do movimento de renovação dos temas e das formas de expressão poética. A poesia comedida e bem comportada cumpriu a sua missão e esgotou todas as suas possibilidades. Tendo começado com os deuses que a *Teogonia* organizou, não pôde sobreviver aos deuses que os estatuários do parnasianismo petrificaram esplendidamente e para sempre.

Novas condições sociais. Novos problemas humanos. Novos materiais poéticos. Transposto o período normal de gestação, nasceu a poesia nova — inexperiente, inquieta, ruidosa, mas cheia de vitalidade e de sangue generoso. Poesia do homem liberto. Que não nasceu por acaso, mas necessariamente.

(1940)

II

Muito justa me parece a observação feita por Álvaro Lins acerca da contingência que leva os poetas de hoje a se exprimirem "em pequenos poemas, em assuntos limitados, em inspirações que se esgotam todas em alguns versos". Há nisso, nota o crítico, "uma espécie de fragmentações das personalidades poéticas", as quais "só se vão revelando pouco a pouco, de poema para poema, de livro para livro".

Estou certo que seria da maior importância proceder a certas indagações tendentes a determinar a origem ou as origens de semelhante contingência. Conviria desde logo acentuar que o fenômeno poético do nosso tempo não se caracteriza só e só pela experimentação de novas formas de expressão, como supõe muita gente. Isto afinal vem a ser secundário, é exterioridade e consequência, pois o esforço por descobrir e experimentar novas formas de expressão resulta apenas da necessidade de tornar o instrumento de comunicação — que tanto pode ser a linguagem como a pintura, a música, etc. — apto a exprimir o conteúdo dos novos temas poéticos que a vida contemporânea suscita e propõe. É a própria existência desses novos temas, cheios de novo conteúdo, que devemos assinalar como característica fundamental da poesia que se está elaborando sob os nossos olhos ainda meio atônitos.

Em nenhuma outra época no passado aconteceu tamanha acumulação de materiais poéticos como acontece na época atual — que observadores superficiais ou carregados de preconceitos teimam em apontar como sendo a mais grosseira, a mais árida, a mais antipoética de todas as épocas da história humana. Vivemos, na verdade, um período de subversão total nos dados normativos da nossa maneira de ser, isto é, de sentir, de imaginar, de conjecturar, de pensar, de delirar — em suma: de criar. Temos um pouco a sensação — tanto quanto é possível perceber as coisas de dentro do seu processo de desenvolvimento — de que o mundo está sendo recriado por outros deuses. Mas tudo isso, nem mais nem menos, é que produz e reproduz ao infinito os materiais poéticos que se acumulam no ar que respiramos, nos ruídos que ouvimos, nos cheiros que absorvemos; nos prodígios que vemos e sentimos e ainda mais naqueles que prevemos e pressentimos.

Pois é esta acumulação imensa, penso eu, que obriga os poetas de hoje a se fragmentar em pequenas composições parciais, tornando-se muito difícil, talvez até impossível, a qualquer poeta, isoladamente, abarcar de um lance grandes massas do material em presença.

Não quero aventurar-me a conclusões prematuras, mas creio que poderemos deduzir daí alguns indícios particularmente significativos no que concerne não só aos rumos que a poesia tende a tomar, e já vai tomando, como sobretudo ao seu próprio caráter. Por mais individualista e subjetivo que seja o trabalho de elaboração e criação, nenhum poeta cônscio de sua missão no mundo poderá encaramujar-se num isolamento desdenhoso que lhe secaria toda a seiva. É preciso viver, viver como militante da vida, viver a vida com e no meio de todos os homens. É no chão úmido da vida em tumulto que se encontra a seiva de toda a poesia. Cumpre ao poeta plantar-se bem plantado neste chão e mergulhar nele as suas raízes. Não me falem em fugas... Fugir, neste momento, mais que nunca, significa literalmente desertar — desertar sobretudo de si mesmo. O dever está na participação. Participação, bem entendido, como poeta, na qualidade específica e essencial de poeta.

Ora, participação quer dizer colaboração, neste caso num duplo sentido: dos poetas com o sentimento do mundo (sirvo-me, muito a propósito, do título programático dado pelo poeta Carlos Drummond de Andrade à sua recente coletânea de poemas) e dos poetas entre si em função da poesia. Não pretendo dizer que os poetas devam escrever ou realizar em colaboração, aos grupos, cada um dos seus poemas, ou que devam reunir-se para compor em comum grandes poemas coletivos. Seria, além de inviável, absurdo. Estou me referindo à poesia como um todo, no sentido de expressão poética do tempo. Encarada assim, em seu conjunto, ela tem de ser forçosamente o resultado não de uma soma quantitativa e arbitrária das obras realizadas pelos diversos poetas individualmente, mas de uma soma qualitativa e homogênea, que marque propriamente o seu caráter. A isso é que eu suponho poder chamar elaboração coletiva da poesia. Não se assustem, pois, com esta perspectiva de "elaboração coletiva" da poesia. Eu me permitiria lembrar, para sossego das pessoas timoratas, que foi justamente desse modo, por elaboração coletiva, que se construíram os grandes monumentos da poesia antiga. Por exemplo, os poemas homéricos. E se querem exemplo ainda mais sedativo, eu citarei os poemas bíblicos.

(1941)

BICENTENÁRIO DA ENCICLOPÉDIA FRANCESA

Há duzentos anos, precisamente a 1º de julho de 1751, aparecia em Paris o primeiro volume da *Encyclopédie ou Dictionnaire Raisonné des Sciences, des Arts et des Métiers*, a obra monumental do século das luzes, seu foco mais brilhante e mais poderoso. O 28º e último volume de seu plano inicial publicou-se em 1772, saindo em 1776/1777 mais cinco volumes de matéria suplementar e ainda dois volumes, em 1780, com os índices analíticos: um total de 33 volumes. Sabe-se que essa primeira edição esgotou-se rapidamente, surgindo dela, no estrangeiro, numerosas contrafações. Uma nova edição, estabelecida sobre plano diferente com o título de *Encyclopédie Méthodique ou par Ordre de Matières*, apareceu sob a responsabilidade do editor Panckoucke (Paris, 1782/1832), em 166 volumes.

A iniciativa da publicação da *Enciclopédia* partira do livreiro Le Breton, que havia pensado inicialmente em fazer traduzir a enciclopédia de língua inglesa publicada em Londres, em 1728, por Ephraim Chambers. Incumbidos de realizar o trabalho de tradução, o alemão Sellius e o inglês Mills não puderam cumprir a tarefa, e graças a isso é que o livreiro se dirigiu a um jovem escritor, então desconhecido, encarregando-o da obra. Isto se passou em 1745, e o escritor desconhecido se chamava Denis Diderot. Mas em vez de tradução Diderot planejou obra original de muito maior envergadura, organizando, para levá-la a cabo, uma equipe de colaboradores de primeira ordem — o que havia de melhor nas letras e nas ciências da França de então: D'Alembert, Voltaire, Rousseau, Montesquieu, Helvétius, Condillac, D'Holbach, Turgot, Quesnay, Dumarsais, Morelet,

Yvon, Daubenton, Jaucourt e outros. Jaucourt foi o braço direito de Diderot, e como era homem rico, consagrou toda a sua fortuna ao bom êxito do grande empreendimento.

Diderot, além da direção geral da obra, tomou a si pessoalmente o trabalho de redigir uma considerável massa de verbetes — calcula-se que cerca de um milhar de artigos e estudos sobre a moral, a estética, a história da filosofia, e principalmente sobre as chamadas artes mecânicas.

O século XVIII não foi só o século das luzes, mas também, em conexão com isto, o século de modificações na estrutura econômica da sociedade. Formas embrionárias da grande indústria começaram a surgir, sobretudo a partir de 1750, registrando-se desde então contínuos progressos nas instalações hidráulicas e na aplicação prática da eletricidade. O poderoso sopro de curiosidade intelectual, que varria a França, incidia em primeiro lugar sobre os domínios da ciência e da técnica. Eis por que Diderot consagrou tamanha atenção à descrição dos ofícios e artes industriais. E eis ainda por que, observa justamente Albert Ranc, a exposição das relações entre o progresso das ciências e o das técnicas, que a *Enciclopédia* pôs em relevo, constituiu um marco importante na história do trabalho humano[1].

Em tal ambiente, sob o signo revolucionário das novas ideias, expressão ideológica da revolução social que se processava nas entranhas da feudalidade em decomposição, é que se concebeu e foi elaborada a

---

[1] Diderot e alguns de seus colaboradores buscaram ouvir a opinião de industriais, artesãos e operários, que lhes transmitiam as necessárias informações orais e demonstrações práticas sobre os respectivos ofícios, suas máquinas e utensílios, seus métodos e modos de trabalho. "Pela primeira vez" — dir-se-ia mais tarde — "prestava-se uma legítima homenagem a obscuros trabalhadores, e este simples detalhe, tendo-se em vista a data em que ocorreu, possui capital importância. Ele revelava o pressentimento de que novos tempos se aproximavam". Estudando as fontes do humanismo de Diderot, Jean Thomas observa que uma dessas fontes residia nas condições profissionais do trabalho: "O homem que ele deseja retratar e a que pretende servir não é uma entidade psicológica, nem psicofisiológica; é um ser social, que exerce um ofício, que possui um estado, que foi formado por hábitos profissionais. Em contato com artesãos e artistas, Diderot compreendeu o quanto os gestos do ofício, os costumes da técnica modelam a inteligência e o coração dos trabalhadores manuais" (*L'Humanisme de Diderot*, 2. ed., Paris, Societe D'Edition "les Belles Lettres", 1938, p. 150-1).

Enciclopédia, obra gigantesca, que nos deixou um admirável quadro de conjunto dos conhecimentos humanos, suma da filosofia racional do tempo, "uma apoteose da civilização e das ciências, das artes e das indústrias que contribuem para melhorar as condições intelectuais da humanidade" (A. Ranc). Sua realização assinalou um triunfo decisivo das forças do progresso e da cultura contra as forças da reação e do obscurantismo. Mas triunfo conquistado asperamente, numa longa e difícil sucessão de batalhas. "A guerra da *Enciclopédia* durou vinte anos", escreveu um biógrafo de Diderot.

Diderot e seus comandados passaram maus momentos nas unhas dos reacionários que dispunham de influência, de uma pena, de um púlpito ou de um palco. Panfletos furiosos apareceram para condená-los, comédias insidiosas eram representadas para desmoralizá-los. A padralhada, com os jansenistas de um lado e os jesuítas do outro, não os poupava. Mas tudo em vão. De 1751 a 1772, às vezes com interrupção mais ou menos prolongada, iam saindo os volumes dos prelos, acolhidos com o crescente favor do público, que julgava a *Enciclopédia*, com razão, "uma irresistível máquina montada contra o espírito, as crenças e as instituições do passado". Ela era a voz poderosa que anunciava 1789.

O século das luzes foi um século francês, mas essas luzes se irradiavam pelo mundo inteiro, influindo da maneira que se sabe no desenvolvimento da civilização moderna. Entre nós o influxo das novas ideias é reconhecido por todos os historiadores do nosso passado, e marcou com o seu selo os movimentos progressistas que se registraram no Brasil a partir da segunda metade do século XVIII, culminando então com a Inconfidência Mineira. Livros dos enciclopedistas e alguns volumes da própria *Enciclopédia* figuravam nas bibliotecas dos inconfidentes, como se pode verificar na relação das obras confiscadas e arroladas nos *Autos da devassa*.

A influência universal das "ideias francesas" do século XVIII — que tiveram na *Enciclopédia* a sua expressão sistemática e mais avançada — era devida, muito naturalmente, ao fato de representarem e refletirem elas os mais elevados interesses e as melhores aspirações da humanidade progressista daquela época. Não por outro motivo os reacionários e obscurantistas dominantes taxavam-nas de "abomináveis" ideias francesas.

Hoje, duzentos anos depois, não são mais as "ideias francesas" que os reacionários e obscurantistas taxam de "abomináveis". Este histórico e honroso qualificativo é aplicado, em nossos dias, com redobrada fúria, às "ideias russas", o que é perfeitamente justo, pois essas chamadas "ideias russas" — ou seja, em suma, as ideias marxista-leninistas, que aliás não são "russas" — representam e refletem os mais elevados interesses e as melhores aspirações da humanidade progressista da nossa época. E isto acontece, entre outras razões, porque a filosofia marxista é a legítima herdeira cultural da filosofia materialista do século XVIII, e herdeira que não apenas recolheu o ilustre legado mas ainda o acresceu e enriqueceu enormemente, depurando-o, desdobrando-o e desenvolvendo-o em plano mais alto, mais vasto e mais fecundo, ou seja — realizando por sua vez uma nova e mais poderosa revolução ideológica, que exprimia e exprime um novo conteúdo de classe.

(1951)

CIÊNCIA E SOCIEDADE

I

A revista *Realidad*, que se publica em Buenos Aires, estampa em seu número importante trabalho do professor inglês Arnold J. Toynbee, sob o título "A civilização posta à prova", cujas conclusões pedimos permissão para comentar nesta crônica.

O historiador e sociólogo Arnold J. Toynbee é considerado um dos mais altos expoentes do pensamento contemporâneo, orgulho e glória da ciência inglesa. A redação de *Realidad* entende mesmo que ele, juntamente com Martin Heidegger, nada menos, constituem quiçá os dois pensadores mais representativos da hora presente.

Não será demasiada audácia comentar, em breve crônica de jornal, as lucubrações de tão alto pensador? Peço desculpas, mas desejo apenas comentar as conclusões do autor, ou que suponho serem as suas conclusões, ou ainda, para simplificar mais o assunto, as conclusões a que me levou a leitura do seu trabalho.

O eminente professor Toynbee, mestre de história e de sociologia, chega ao fim do seu trabalho dominado por extremo e desalentado pessimismo. Esta é, pelo menos, a impressão que ele deixa no leitor, não sei se em leitor do seu mesmo nível como seja o filósofo Heidegger, mas certamente em leitores vulgares, como o pobre comentarista em busca de assunto.

Ele conhece a fundo a história das guerras, como conhece a fundo a história em geral dos homens e dos outros bichos que habitam o nosso planeta, e das profundezas de tais conhecimentos arrancou os elementos que informam a sua filosofia aparentemente tão serena, mas na realidade tão desesperada e pessimista. Eis por que a perspectiva de uma futura guerra russo-americana, que lhe parece provável, converte-se aos seus olhos, acostumados a medir perspectivas que abarcam milhões de anos, num insignificante momento de ruído e de fúria.

O professor inglês Toynbee pensa que uma terceira guerra mundial — a guerra entre dois mundos, com que especulam os porta-vozes mundiais da reação — só pode resultar em alguma catástrofe suprema para a própria espécie humana. Essa perspectiva catastrófica vem a ser, na sua opinião, "uma possibilidade mui efetiva pelo fato de ter a humanidade descoberto, desgraçadamente, os meios de desatar a energia atômica antes de haver conseguido abolir a instituição da guerra".

Desgraçadamente, o egrégio mestre da ciência inglesa não nos diz uma palavra acerca de quem vive a ameaçar o mundo com a bomba atômica. Não nos diz também coisa alguma sobre a seguinte questão: por que não se emprega a energia atômica em obras pacíficas, colocando-se a sua tremenda capacidade de produção ao serviço do progresso e do bem-estar de toda a humanidade?

Nada disso nos diz. Em compensação, porém, dá-nos uma lição magistral de superioridade e desprendimento. Se acontecer a catástrofe, perderemos as conquistas da civilização humana, que acumulamos durante os últimos 6 mil ou 10 mil anos; mas que representam esses minguados 10 mil anos comparados aos 600 mil ou 1 milhão de anos que já conta a raça humana de existência? Mesmo que a catástrofe, total e totalitariamente comandada pelos fabricantes da bomba atômica, produza resultados definitivos, isto é, realize a proeza de varrer da face da Terra a raça humana... que importará isso para a eternidade? O reino do homem sobre a Terra, se é certo que a sua ascendência data da metade da idade paleolítica, dura apenas há uns 100 mil anos; mas que são 100 mil anos comparados a 500 milhões ou 800 milhões de anos, que é a quanto monta a existência da vida na superfície deste planeta?

O professor Toynbee acrescenta, para consolar-nos, que outros animais, que não os homens, desfrutaram no passado de dominação inconcebivelmente mais duradoura. Houve um reinado de gigantescos répteis couraçados que durou uns 80 milhões de anos; e este reinado teve um fim com couraças e tudo. Mas ainda antes, há talvez uns 300 milhões de anos, houve um reinado de peixes, igualmente gigantescos e couraçados; e também esse reinado teve um fim.

Felizmente, os gigantes e as couraças desapareceram com as raças de répteis e peixes que dominaram a Terra há 80 milhões e há 300 milhões de anos. Hoje, é verdade, temos muitas outras coisas gigantescas e couraçadas, mas isso afinal são brincadeiras que os próprios homens inventaram com o fim de liquidar com o reinado da raça humana. Esta já conta de existência perto de 1 milhão de anos. Já é bastante, pois não? Para que durar tanto quanto os peixes e répteis couraçados? A esta conclusão chegaremos mais facilmente quando soubermos, baseados na lição do professor Toynbee, que a raça dos insetos alados cujo aparecimento sobre a Terra data já de cerca de 250 milhões de anos está todavia à espera de estabelecer o seu reinado. E não é demais supor que as formigas e as abelhas venham a ser os substitutos dos homens na missão histórica de reinar sobre o planeta que hoje ainda chamamos nosso. Então, conclui o eminente sábio inglês, os professores das universidades de formigas e abelhas poderão ver que o advento dos mamíferos e o breve reinado do mamífero humano são episódios quase sem importância, "cheios de ruído e de fúria, nada significando".

Não é difícil perceber que a filosofia fleumática do eminente pensador inglês esconde na verdade o mais triste e desalentado pessimismo. Vamos para a guerra entre os dois mundos. A terceira guerra mundial será uma catástrofe. Mas que importa? Que importa tudo isso em face da eternidade? Não vale a pena afligir-se. Não vale a pena lutar contra a guerra. Não adianta denunciar os provocadores de guerra. Não adianta lutar contra aqueles que desejam e preparam a guerra entre os dois mundos. Para quê? Os peixes reinaram, e o reinado dos peixes passou. Os répteis reinaram, e o reinado dos répteis passou. Os homens ainda reinam, mas o seu reinado também passará. Está chegando a hora das formigas e das abelhas, que esperam há 250 milhões de anos.

O diabo é que há professores e professores, e nem todos os professores da raça humana se chamam Toynbee. Há um, por exemplo, chamado Jacques Chapelon, da Escola Politécnica de Paris, o qual nos ensina o seguinte: "A história das ciências mostra, nos momentos em que surgem ideias novas, que há sempre mestres da ciência contemporânea perturbados por essas ideias, e que as combatem, se opõem ao progresso e assumem o triste papel de reacionários científicos".

II

Quando se afirma que tal ou tal pensador, tal ou tal cientista, tal ou tal escritor se acha ao serviço da reação — como é o caso do professor inglês Arnold J. Toynbee — isto não significa, de modo algum, que o pensador, cientista ou escritor incriminado esteja mercenariamente defendendo os próprios interesses pecuniários ou os interesses e privilégios da classe dominante. Há casos destes, sem dúvida, e eles são mesmo frequentes nos momentos agudos de crise social; mas em regra semelhante atitude é assumida pode-se dizer que inconscientemente, isto é, por força de pressão externa que as circunstâncias exercem sobre o indivíduo, independentemente da sua vontade.

É coisa provada e comprovada que as ideias dominantes em cada período histórico são as ideias da classe dominante. Há uma dominação ideológica, que corresponde, no plano das ideias mesmo as mais sutis, à dominação econômica, política e social. Por isso, escreve J. Lewis, "numa sociedade regida e dominada ideologicamente por esses interesses (os da classe dominante, na sociedade capitalista), existirá uma certa pressão ou impulso do pensamento social científico na direção do idealismo (filosófico), da superstição e do sobrenaturalismo, e quanto maior apareça o perigo de uma transformação social, mais tenderá a superstição a propagar-se mais amplamente".

O que se passa com os indivíduos passa-se também, muito compreensivelmente, com os grupos de indivíduos, ou seja, com as correntes e escolas filosóficas, científicas, literárias e artísticas. É o caso, por exemplo, do existencialismo, filosofia da angústia e do desespero, que bem reflete, nos domínios da especulação metafísica, a atmosfera de angústia e desespero em que se debate a sociedade burguesa historicamente condenada à morte. E toda essa literatura de decomposição moral, encabeçada por certos escritores e filósofos da moda, que significa senão o reflexo ideológico de um processo de decomposição social em marcha acelerada?

Outro exemplo, dos mais instrutivos nesse sentido, é o que nos oferece a escola antievolucionista, que dominou durante meio século a ciência etnológica, sobretudo (e não por acaso) nas universidades dos Estados Unidos. Essa escola, como se sabe, teve como seu chefe e principal orientador o sábio Franz Boas, seguido por toda uma aguerrida e brilhante corte de discípulos, antropólogos e sociólogos, que se tornaram os mestres oficiais da ciência americana.

A revista *Sociologia* (São Paulo, n. 1 de 1948) publica excelente trabalho acerca da tenaz batalha sustentada pela escola de Boas e seus aliados contra a teoria evolucionista. O competente e informadíssimo autor desse trabalho, dr. Leslie A. White, do Departamento de Antropologia da Universidade de Michigan, passa em revista os combatentes e as armas utilizadas na batalha, mostrando claramente os seus fundamentos e objetivos reacionários.

A posição reacionária de Boas, seus discípulos, seguidores e aliados, é evidenciada pelo apoio ardoroso que lhe prestaram numerosos cientistas clericais, a cuja frente se colocou o fundador da chamada escola histórico-cultural, o famoso padre W. Schmidt. O antievolucionismo dos antropólogos clericais, escreve White, "está intimamente relacionado com certas proposições que eles desejam estabelecer em relação à natureza e às condições do homem primitivo", sendo que entre essas proposições se destaca uma, segundo a qual "em nenhuma sociedade existiu comunismo primitivo, desde o início existiu a instituição da propriedade particular".

Todos eles, acrescenta White, atacam Morgan com extremo vigor, tentando derrubar "os pilares do socialismo materialista".

L. H. Morgan, o genial autor da *Sociedade primitiva*, constitui, juntamente com Darwin, o alvo declarado e principal dos ataques desferidos pelas escolas aliadas de Boas, Schmidt & cia.; mas, para além dos dois grandes naturalistas, o que se tem em vista é atingir os fundadores do socialismo científico, Marx e Engels, que realizaram, no terreno da ciência econômica e social, uma obra não só comparável, por sua importância científica, à de Darwin e Morgan, como ainda muito mais ampla e profunda por sua significação teórica e suas repercussões práticas na vida política do mundo. Sendo que Engels escreveu mesmo uma obra muito importante, *A origem da família, da propriedade privada e do Estado*, em que analisa criticamente as contribuições de Morgan, atualizando-as e desenvolvendo-as.

Os exemplos de Toynbee, Boas e padre Schmidt podiam ser multiplicados; mas bastam para ilustrar a tese de que não há cientistas, pensadores ou escritores cuja obra escape inteiramente às solicitações e às influências dos interesses em jogo na sociedade. Eles são homens, ainda quando entregues às mais sutis especulações do espírito — e como tais tomam sempre partido, de uma forma ou de outra, servindo às forças do progresso em marcha ou às forças obscurantistas e reacionárias que pretendem deter essa marcha.

(1948)

CRISE DO ESPÍRITO?[1]

Existe uma crise do espírito? Respondo afirmativamente. Mas como não creio no primado do espírito, acrescentarei que se trata, no caso, justamente, de uma crise de superestrutura, condicionada pela crise geral que se verifica na infraestrutura econômica da sociedade em que vivemos. No famoso prólogo escrito em 1859 para o seu livro *Contribuição à crítica da economia política*, Marx traçou a linha essencial do processo histórico que produz as crises e revoluções. Permita-me citar um pequeno trecho dessa página genial do fundador do socialismo científico: "Ao chegar a determinada fase de desenvolvimento, as forças produtivas materiais da sociedade chocam-se com as condições de produção existentes ou, o que não é senão a expressão jurídica disto, com as relações de propriedade dentro das quais se têm movido até então. De formas de desenvolvimento das forças produtivas, tais relações transformam-se em entraves. E abre-se assim uma época de revolução social". A lição colhida por Marx no estudo aprofundado da história da humanidade confirma-se inteiramente na época presente, que é uma época de revolução social, de choque das forças produtivas de caráter social com as relações de propriedade de caráter

---

[1] O presente texto é constituído pela resposta dada a uma enquete promovida pelo *Diário Carioca*, em 1948, entre escritores brasileiros de várias tendências. A redação do jornal vetou-a, sem nenhuma explicação, embora a tivesse solicitado. Nem era preciso explicar: o texto da resposta explicava tudo, e isto ficou evidenciado aos olhos dos leitores da revista democrática de São Paulo, *Fundamentos*, que a acolheu em seu número de julho daquele mesmo ano.

individual, época histórica que assinala a passagem da economia de tipo capitalista para a economia de tipo socialista.

Aceita como certa a concepção marxista, é aí, nesse choque estrutural, que vamos encontrar a origem das diversas crises — econômica, política, espiritual etc. — que tamanha preocupação estão produzindo em certos espíritos. Digo "em certos espíritos" porque, na verdade, não existe acordo nem na maneira de julgar nem muito menos na maneira de "sofrer" tais crises. Facilmente se pode verificar que elas repercutem por modo muito diverso segundo se trate de homens pertencentes às classes dominantes ou às outras classes. Para uns a crise é motivo de angústia, de desespero, de aniquilamento; para outros, não. Por exemplo, para certos intelectuais ainda presos por fios visíveis e invisíveis à ordem social em crise, a "crise do espírito" vem a ser muito simplesmente a crise do seu próprio espírito desavorado e atormentado. Outros intelectuais existem, no entanto, a começar pelos marxistas, que não "sofrem" essa crise do espírito. Sendo que os marxistas não só não a "sofrem" como, ainda, convictos de bem compreender a causa, a significação e o mecanismo da crise, lutam francamente no sentido de um desenlace histórico favorável às forças sociais progressistas e renovadoras.

*

Pergunta-me v., em seguida, "que livros, nomes e ideias responsabilizar pela crise?". Depois do que ficou dito antes, é claro que eu não poderia atribuir a responsabilidade da crise a nenhum livro, nenhum nome, nenhuma ideia. Pelo contrário, o que me parece verdadeiro é "responsabilizar" a crise pelo aparecimento de livros, nomes e ideias, exatamente os livros, nomes e ideias que tratam do problema da crise, investigando as suas causas, interpretando a sua significação, prevendo os seus efeitos presentes e futuros, propondo soluções, remédios e panaceias.

Cabe aqui tocar num ponto importante, em torno do qual se tem repetidamente armado e insuflado muita confusão. Sabe-se que os marxistas não admitem a tese idealista do "primado do espírito". Não significa isto, porém, que eles neguem ou menosprezem a influência do espírito sobre os acontecimentos. Engels liquidou esta questão definitivamente, numa carta datada de 1894. Citarei duas passagens desse documento:

> Não há pois um efeito automático da situação econômica, como alguns autores escrevem por comodidade. São os homens que fazem a própria história, mas num meio dado que os condiciona, sobre a base de relações efetivas determinadas. Entre estas últimas as relações econômicas, por mais poderosa que seja a influência sobre elas exercida pelas outras relações de ordem política e ideológica, são no entanto aquelas cuja ação vem a ser decisiva e que por isso mesmo constituem o fio condutor que permite compreender o conjunto do sistema.

Por outras palavras, mais explicitamente: "O desenvolvimento político, jurídico, filosófico, literário, artístico, etc., repousa sobre o desenvolvimento econômico. Mas todos esses fatores reagem uns sobre os outros, conjuntamente ou separadamente, e também, sobre a base econômica". Plekhánov, que se serviu dessa carta em suas *Questões fundamentais do marxismo*, ao tratar do mesmo assunto, mostra que tal foi sempre o pensamento de Marx e Engels, e abona a sua opinião com citações extraídas preferentemente do *Manifesto Comunista*, publicado, como se sabe, no começo de 1848. Também Stálin, já em nosso tempo, escreveu o seguinte sobre a matéria: "No tocante à importância das ideias e teorias sociais e das concepções e instituições políticas, no tocante ao papel que desempenham na história, o materialismo histórico não só não nega, como, pelo contrário, salienta a importância do papel e da significação que lhes correspondem na vida e na história da sociedade".

Podemos então afirmar que vários dos livros, nomes e ideias suscitados pela crise contribuem acertadamente para melhor compreensão e portanto para melhor solução dos problemas relacionados com a crise. Mas há também outros livros, nomes e ideias cuja contribuição revela-se negativa e, não raro, nefasta e desastrosa, pois de um modo ou de outro levam água ao moinho da crise.

Não seria razoável dizer-se que só os livros, nomes e ideias marxistas se contam entre os primeiros. Pode-se apontar mais de um autor não marxista cuja contribuição ao estudo da crise tem sido mais ou menos valiosa e útil. Mas, na verdade, só os autores marxistas — homens ao mesmo tempo de pensamento e de ação — trazem uma contribuição decisiva ao estudo e à solução da crise. E isto nos múltiplos domínios da filosofia, da economia e da política. Faço esta afirmação assim categórica não apenas por ser eu próprio adepto do marxismo, mas baseado no fato incontestável de que o marxismo é uma ciência social rigorosamente objetiva, em concordância dialética e histórica com o mundo e a sociedade humana em perpétuo desenvolvimento. Ele nos fornece o instrumento incomparável de pesquisa dos fatos sociais, de avaliação dos fatores materiais e espirituais que entram na composição dos acontecimentos. Aí estão as obras de Marx, Engels, Lênin e outros para prová-lo. Tome-se, por exemplo, o *Manifesto Comunista*, cujo centenário se comemorou recentemente, e verifique-se o que aconteceu no mundo a partir de 1848. Aconteceu justamente aquilo que o *Manifesto* traçara, em linhas gerais, como perspectiva do desenvolvimento ulterior da sociedade. Em fins de 1847, quando foi elaborado o *Manifesto*, os comunistas formavam pequenos grupos clandestinos de operários e intelectuais revolucionários na Alemanha, na Inglaterra, na França, na Bélgica, na Suíça. Em fins de 1947, cem anos depois, o proletariado do mundo inteiro comemorou a passagem do trigésimo aniversário da revolução comunista, vitoriosa num país que ocupa mais da sexta parte da superfície do globo, com uma população de quase 200 milhões de trabalhadores. Compare-se a Europa de 1848 com a Europa de 1948: o salto foi imenso, pois ao lado da república soviética, completamente liberta do capitalismo, florescem numerosos países em marcha aberta para o socialismo. É evidente que essas coisas aconteceram não porque estavam programadas no *Manifesto Comunista*; mas ninguém de boa-fé poderá negar que Marx e Engels souberam exprimir, com objetividade científica, num momento histórico determinado, a realidade da situação social encarada dialeticamente, isto é, em seu movimento interior, em seu impulso inelutável para a frente. Se as ideias do *Manifesto Comunista* se realizam, isto se deve a que elas correspondem, como orientação geral e programa político, às necessidades da época histórica de perecimento do capitalismo e advento do socialismo.

No discurso que pronunciou a 7 de novembro último, dia do aniversário da revolução proletária, disse Molotov que hoje em dia todos os caminhos levam ao comunismo. Essa é com efeito a realidade histórica do mundo, na época presente, para a qual só existe uma perspectiva fecunda, uma única perspectiva realmente democrática — a que abre caminho para o socialismo. Pode a reação imperialista empenhar-se em manter sob o seu jugo os países ainda em regime capitalista e respectivas colônias e semicolônias. Pode, para esse fim, lançar mão dos meios mais diversos, desde a preparação de uma terceira guerra mundial, a chantagem da bomba atômica inclusive, até aos diversionismos ideológicos na filosofia, na arte e na literatura: nada disso impedirá a marcha necessária para a frente. Marcha difícil, dura, que se processa entre avanços e recuos, mas com caminhos que se abrem cada vez mais numerosos por todos os montes e vales do mundo.

Referi-me aos diversionismos ideológicos de que se serve a reação imperialista na sua luta feroz contra o avanço da democracia e do socialismo. São diversionismos que a publicidade à americana logo converte em moda, e que às vezes assume aspectos de verdadeira epidemia espiritual. É o caso do existencialismo, de "pensadores" tipo Koestler e de outros fabricantes de "teorias" e "escolas" que apenas conseguem iludir os que andam em busca de ilusões como quem busca entorpecentes para os seus desesperos e angústias. Pode-se observar talvez, neste ponto, que tais livros, nomes e ideias é que são efetivamente responsáveis pelas "crises" de consciência que desorientam e aniquilam o espírito de muito jovem da classe média perdido entre o céu e a terra. Aliás, precisamente para esse fim é que a publicidade a serviço da reação inventa e impinge os corifeus do diversionismo e suas "novidades" filosóficas, artísticas e literárias.

*

O Brasil, evidentemente, é um país que se acha enquadrado no sistema capitalista mundial, e por isso mesmo sofre também os efeitos da crise geral do capitalismo. Mas nós não somos um país onde predomine a economia de tipo capitalista, pois a verdade é que, no conjunto da nossa vida econômica e social, predominam ainda certas formas de produção e de relações sociais de tipo pré-capitalista, semifeudal, cuja persistência se explica pela própria persistência de sua base estrutural, que é constituída pela grande propriedade latifundiária. No monopólio da terra encontra-se, com efeito, a causa principal do nosso tremendo atraso em relação aos países capitalistas mais adiantados, e daí a nossa posição inferior de país dependente, com características semicoloniais iludíveis.

É claro que esse atraso de ordem econômica e social determina e condiciona todo o nosso atraso de ordem cultural e espiritual. É o latifúndio o responsável não apenas pelo baixo nível de produção, mas também pelo baixo nível de cultura, pelo baixo nível de vida espiritual do nosso povo. Com cerca de 70% de analfabetos, 30 milhões de brasileiros desnutridos e roídos por mil doenças, a nossa vida espiritual e cultural se reduz a um triste luxo das classes dominantes, triste privilégio de uma elite de amadores, triste brilho de cúpulas douradas que se erguem sobre miseráveis paredes de pau a pique.

Mas vejamos, em resposta à pergunta formulada, qual a saída que me parece mais acertada para a situação brasileira.

Pode haver e há efetivamente muitas divergências de opinião no que se refere ao reconhecimento e à indicação dos caminhos que levam à democracia e ao socialismo. Mas, com a exceção lógica dos donos do capital imperialista e seus aliados e agentes nos diversos setores da sociedade, ninguém mais duvida de que o mundo capitalista chega ao fim e já entramos na era do socialismo. E visto que o Brasil faz parte deste mundo, logo se compreende que também nós marchamos na mesma direção. O que não quer dizer, bem entendido, que o nosso seja um caminho aberto em linha reta para o socialismo.

Os países economicamente atrasados e dependentes, do tipo do Brasil, necessitam, primeiro, de liquidar o que ainda resta, no conjunto da sua economia, de modos pré-capitalistas de produção, liquidando, do mesmo passo, a dominação que sobre ela exerce o capital estrangeiro colonizador. Com a liquidação simultânea dos entraves internos e externos, acreditamos que a nossa economia poderá realizar consideráveis progressos, avançando mais e mais no caminho do livre desenvolvimento. Basta levar em conta, desde logo, o que será o nosso mercado interno com o crescente aumento da capacidade aquisitiva de milhões e milhões de camponeses, hoje servos dos grandes senhores de terra e amanhã trabalhadores livres e prósperos. Desse modo se estabelecerão condições favoráveis ao pleno desenvolvimento da economia nacional, criando-se, em consequência, possibilidades objetivas que facilitem sua passagem à economia de tipo socialista.

Ao contrário dos reformadores utopistas, os marxistas entendem que é possível chegar ao socialismo por diferentes caminhos, inclusive o caminho não capitalista, como é, por exemplo, o caso da República Popular da Mongólia e de algumas repúblicas soviéticas, cujas economias não haviam atingido o estágio capitalista, ao serem libertadas pela Revolução de 1917. Depende tudo da conjuntura econômica, política e social de cada país e, concomitantemente, da conjuntura histórica mundial. O que não quer dizer que as coisas se realizem segundo planos abstratos e esquemáticos, com linhas estanques de separação entre economia pré-capitalista, economia capitalista e economia socialista. As coisas se desenrolam, na realidade, como um processo vivo, complexo, variável, mais ou menos acelerado, o que chamamos propriamente de processo dialético, em que se verificam simultaneamente a coexistência e o entrechoque de elementos contrários.

Pensamos, em suma, que os problemas brasileiros da hora presente, dentro das condições concretas existentes em nosso país e em conexão com a situação mundial, reclamam soluções que tenham por base a reforma agrária e a luta contra a dominação imperialista. O resto virá como sequência e consequência, tendo sempre em vista as nossas peculiaridades nacionais. Acrescentaremos que a aplicação de tais e tais soluções depende precipuamente da vigência, na prática e não apenas no papel, de um regime político e administrativo que conte com a confiança, o apoio e a participação ativa das mais amplas camadas do nosso povo. Fora disso, estou convencido, é tudo ilusão, ou mistificação. Ou incompreensão e preconceito daqueles espíritos que estão em crise.

(1948)

CULTURA, CLASSE, POLÍTICA

I

Em palestra com um grupo de intelectuais, na maioria jovens que andam em busca de caminhos para a sua atividade artística ou literária, tive ocasião de lembrar o princípio formulado por Lênin acerca do problema da cultura nacional.

Em artigo datado de 1913, depois recolhido no volume XVII de suas *Obras completas* (2ª ed.), Lênin escrevia que há duas nações em cada nação, que há duas culturas nacionais em cada cultura nacional. E precisava o seu pensamento nos seguintes termos:

> Em cada cultura nacional há *elementos* — por menos desenvolvidos que sejam — de cultura democrática e socialista, porque em cada nação há a massa trabalhadora e explorada, cujas condições de vida fazem inevitavelmente nascer uma ideologia democrática e socialista. Mas, em cada nação há também uma cultura burguesa (e o mais das vezes, uma cultura reacionária e clerical) — e isso não somente sob a forma de "elementos" mas sob a forma de cultura *dominante*.

A teoria leninista permanece válida para todas as nações onde vigorem sistemas sociais baseados em diferenças e antagonismos de classe. É que o princípio da luta de classes abrange também o fato social da cultura. E a comprovação disso está em que nos países socialistas, onde não existem mais classes antagônicas, a cultura dominante é a de caráter democrático, socialista, unitária.

Nos países do tipo do Brasil, o problema apresenta certos aspectos peculiares que não devemos perder de vista. Duas contradições fundamentais entravam o desenvolvimento da nação brasileira: a que resulta da estrutura arcaica da nossa economia agrária e a que resulta da espoliação econômica e da opressão política que o imperialismo, especialmente o imperialismo norte-americano, exerce sobre a nação, e esta última constitui mesmo a contradição principal, conforme está demonstrado pela análise objetiva das condições em que se desenvolve o Brasil. Assim sendo, torna-se evidente que a linha de demarcação das duas culturas é determinada, no caso brasileiro, por essas contradições fundamentais.

Colocada a questão nesses termos, buscando aplicar a teoria leninista ao exame das condições brasileiras na hora presente, poderemos estabelecer com alguma segurança o critério de classificação ou localização das "duas culturas" em nosso país: de um lado, a cultura progressista, democrática, em que surgem e crescem elementos socialistas; do outro, a cultura reacionária, obscurantista, incaracterística, tendendo mais e mais para o cosmopolitismo. Havendo sempre, como reflexo de contradições internas existentes num lado e noutro, elementos mais ou menos hesitantes, mais ou menos sectários, mais ou menos retrógrados e mais ou menos avançados.

A esse critério de avaliação não escapa tampouco a produção artística e literária mais deliberadamente "apolítica", mesmo em suas manifestações mais requintadamente formalistas e herméticas. A coisa se resume no seguinte: o artista, o poeta, o escritor, o pensador, e também o crítico, vivem neste mundo, e por maior que seja o seu talento ou a sua capacidade de abstração, não podem fugir à pressão das condições existentes, dentro das quais eles concebem e elaboram a sua obra. A chamada "fuga" é apenas um equívoco, mesmo quando tocada de dramáticas crises de consciência...

II

Em seus estudos sobre as origens e a evolução da nossa literatura, Sílvio Romero caracterizou com singular acuidade o sentido dessa evolução, cujo "princípio fundamental e dirigente" tem sido o da dualidade do seu conteúdo social.

Eis o que ele escreveu, em artigo datado de 1883:

> A quem se aplicasse a fazer a *instauratio magna* de nosso pensamento através dos quatro séculos de nossa existência, o princípio fundamental e dirigente da literatura apresentar-se-ia no antagonismo entre o elemento popular e os preconceitos autoritários das classes conservadoras *herdados da metrópole*. Desde os primeiros dias em que começaram a avultar os filhos americanos dos primeiros colonizadores, esse antagonismo despontou, e a maior ou menor consciência dele é o termômetro de nossa maior ou menor celeridade na evolução literária. Debaixo do convencionalismo das escolas, sob as formas mais ou menos espessas das construções retóricas, vivo e palpitante está o pensamento nacional para aquele que sabe entendê-lo.[1]

A essa posição de princípio chegou Sílvio Romero ao realizar, ele próprio, a *instauratio magna* do pensamento brasileiro, a que se referia, e partindo daí é que levou a cabo o melhor da sua obra de crítico e historiador da nossa literatura.

Sílvio Romero, como se sabe, foi desde a juventude, ao lado de Tobias Barreto, um combatente de primeira linha na grande batalha cultural de renovação da mentalidade brasileira, que se travou em nosso país, durante alguns lustros, a partir de 1868. Desde cedo libertou-se das teias de aranha do obscurantismo filosófico e clerical até então dominante entre nós, arejando a própria mente ao sopro dos ventos materialistas que nos vinham da Europa. Em quase meio século de intensa atividade literária, revelou-se um pensador avançado, chegando mesmo a manifestar simpatias pelo socialismo; não era, porém, um marxista, longe disso. Justo é, portanto,

---

[1] Sílvio Romero, *Estudos de literatura contemporânea* (Rio de Janeiro, Laemmert, 1885), p. 154.

que salientemos o mérito do seu surpreendente artigo de 1883, no qual já mostrava compreender o caráter antagônico das "duas literaturas" — e, por extensão, das "duas culturas" —, problema a que Lênin viria dar, em 1913, uma rigorosa definição científica.

Podemos, pois, utilizar largamente a prata da casa, nesta matéria, certos de que ela nos ajudará a bem compreender e caracterizar o conteúdo social da nossa cultura, que se desenvolve em consonância com o desenvolvimento histórico do país. Ela serve também para mostrar que o marxismo não é uma criação arbitrária do espírito, uma doutrina subjetiva de tais ou quais utopistas, um dogma rígido, fechado, intocável. O marxismo é justamente o oposto de tudo isso, conforme se verifica pelo fato, já assinalado por Engels, de muitos pensadores honestos, embora não marxistas, chegarem a conclusões semelhantes ou aproximadas daquelas a que chegam os marxistas, em relação a certos problemas científicos. É o caso do nosso Sílvio Romero na questão que nos interessa aqui.

Merece igualmente especial atenção a frase final do trecho acima transcrito. Segundo Sílvio Romero — e ainda nisto aceitamos sua lição — as diferenças e brigas de escolas são coisas secundárias do ponto de vista de um autêntico pensamento nacional; sob as mais variadas formas de "construção retórica" é possível dar expressão literária de boa qualidade a conteúdos cuja significação contribua para o fortalecimento da linha democrática e progressista da nossa cultura. A mesma coisa podemos dizer com relação às obras de arte em geral, e também com relação ao trabalho científico. É claro que isso não se refere àquelas "escolas" que buscam formas de expressão cosmopolitas, deliberadamente antinacionais, porque nesse caso o que se pretende é precisamente esvaziar a obra de arte de qualquer conteúdo de sentido progressista e democrático.

III

Ao tentarmos aplicar a teoria de Lênin e o pensamento de Sílvio Romero ao exame das condições reais em que se desenvolve a cultura brasileira em nossos dias, verificamos em primeiro lugar que ela se acha submetida a um processo sistemático de descaracterização, que nos é imposto de fora para dentro, artificialmente, sob a invocação de convênios diplomáticos de "intercâmbio" e "ajuda". Isto é coisa velha, que tem passado por várias e sucessivas fases, mas agravada desmesuradamente nos últimos tempos, com a intervenção ostensiva e intensiva de agentes do imperialismo americano, os quais, como é notório, realizam um trabalho múltiplo, minuciosamente organizado, visando a penetrar em todos os pontos vulneráveis da vida econômica, política e cultural do país. No tocante aos setores culturais, servem-se largamente da imprensa, do rádio, da televisão, do cinema, do teatro, da literatura, da arte, da ciência, da universidade, da pregação religiosa, que em suas mãos se reduzem a calculados instrumentos de sedução, corrupção e dominação das inteligências e dos sentimentos nacionais. Seus objetivos, neste terreno, consistem por um lado em deformar, envenenar e liquidar as tradições progressistas da nossa cultura, e por outro lado em levar-nos à imitação subserviente do modo de vida americano, com a sua mentalidade tabelada e a sua cultura enlatada, tudo devidamente enquadrado nos esquemas estratégicos e táticos da guerra psicológica, que tem o seu quartel-general em Washington. Os imperialistas sabem muito bem que não podem exercer plenamente a sua função dominadora sem uma combinação adequada de pressões econômicas e políticas com pressões ideológicas e culturais. Combinação que nos domínios da cultura se apoia e é ao mesmo tempo apoiada pelos elementos obscurantistas internos, que formam o lastro da "cultura" reacionária vinculada ao nosso secular atraso.

Tudo isto se torna cada vez mais claro entre nós: os fatos aí estão numerosos e evidentes.

Baste-nos citar, por agora, o exemplo mais grosseiro, mais chocante e mais escandaloso — o das historietas em quadrinhos.

Jornais da imprensa diária e centenas de pequenas revistas ditas "juvenis" servem de veículo a essa desbragada tarefa de embrutecimento e deseducação da nossa juventude, de deformação do nosso caráter, de mistificação da nossa inteligência, de perversão da nossa mentalidade. Trata-se de problema dos mais graves, já largamente analisado e debatido por professores, educadores, magistrados, pais de família, intelectuais das mais diversas opiniões políticas ou religiosas — e são todos unânimes em profligar e condenar as tais historietas que os americanos fabricam em série, torrencialmente, e exportam a baixo preço para os países, como o nosso, sujeitos à sua órbita econômica, política e social. Não lhes faltam aqui, aliás, os cúmplices e serviçais nativos, criminosos da pior espécie, que enriquecem despudoradamente com semelhante negócio, tão imoral, tão sórdido quanto o negócio de drogas entorpecentes, e na verdade ainda mais pernicioso[2].

Nos demais setores da literatura, da arte e da ciência, em jornais, revistas, livros, no rádio, no cinema, na televisão, no teatro etc., podem variar os métodos de influenciação, mas o objetivo é sempre o mesmo: desvirtuar o caráter nacional da nossa cultura, desviar a inteligência brasileira do caminho de desenvolvimento que as nossas próprias tradições culturais nos apontam, amortecer os nossos sentimentos e melindres nacionais, despojar-nos de tudo aquilo que dá vida e sentido à nossa maneira de ser, e em seu lugar impingir-nos as modalidades mais ou menos sofisticadas do estilo de vida ianque.

Sabemos todos qual a exata situação a que são atirados os intelectuais brasileiros independentes, em consequência direta ou indireta — da penetração dos imperialistas americanos em nosso país. Cientistas, técnicos, professores, escritores, artistas, cineastas, elementos das profissões liberais, que não se prestam ao papel de servidores dos americanos e

---

[2] Sobre esta questão escreveu excelente estudo o professor Erwin Theodor, sob o título "O grande inimigo: a história em quadrinhos", publicado na *Revista de Letras da Faculdade de Filosofia, Ciências e Letras de Assis*, São Paulo, n. 2, 1961.

defendem a nossa cultura nacional democrática e progressista, são logo "acusados" de comunistas, e como tais sub-repticiamente boicotados ou abertamente perseguidos e obrigados a enfrentar crescentes obstáculos em sua atividade criadora e profissional[3]. É a pura verdade: os intelectuais independentes sofrem a opressão dos imperialistas ianques, por assim dizer de forma dobrada — como cidadãos e como profissionais. Todo o seu interesse, por conseguinte, está em tomar posição ativa na luta patriótica do povo brasileiro contra o inimigo externo. Mas a luta contra o inimigo externo, que é o inimigo principal, é entretanto inseparável da luta contra o inimigo interno — representado pelo conjunto de forças econômicas e políticas interessadas na conservação a todo o transe de uma situação e de condições sociais que são a sua própria razão de ser, o princípio, o meio e o fim dos seus privilégios de classe. Situação e condições sociais que precisamente entravam e retardam o livre desenvolvimento do país em seus múltiplos setores, inclusive, é claro, no setor da cultura.

As breves considerações que aí ficam levam a uma conclusão muito simples, muito terra a terra e ao mesmo tempo muito grave: que a luta pelo aprimoramento e fortalecimento da cultura nacional de cunho democrático e progressista — problema que interessa tão de perto à intelectualidade brasileira — se entrosa necessariamente com a luta pela libertação nacional e social do nosso povo. E vice-versa. Uma não pode atingir plenamente os seus objetivos se se organizar isolada da outra. Uma e outra se irmanam, se completam e se fundem no mesmo processo geral, único e indivisível.

(1960)

---

[3] Poderíamos mencionar numerosos casos desse tipo. Lembremos os mais recentes, ocorridos no Rio com Ferreira Gullar e no Recife com Edilberto Coutinho, ambos escritores e jornalistas muito conhecidos, demitido o primeiro e demitindo-se o segundo das funções jornalísticas que exerciam — porque recusaram submeter-se ao sistema de pressão ideológica montado neste país pelos imperialistas ianques e seus agentes nativos. Os dois casos produziram na ocasião enorme escândalo, suscitando geral indignação, mas logo morrendo no silêncio não menos geral da grande imprensa.

Apêndice

Em 1937, o grande escritor alemão Thomas Mann publicou um panfleto sob o título Advertência à Europa, no qual denunciava com ânimo firme e clarividente os perigos da "ordem nazista", que ameaçava transbordar da Alemanha para o resto da Europa — e do mundo. A Advertência era dirigida muito particularmente aos representantes da cultura, aos intelectuais, aos escritores, artistas, cientistas, depositários do patrimônio espiritual da humanidade. Suas palavras adquirem indisfarçável tonalidade dramática ao profligarem a responsabilidade dos intelectuais que se omitem e se alheiam do combate aos inimigos da inteligência e da cultura, a pretexto de assim resguardarem a "integridade" e a "pureza" do espírito de qualquer contaminação de caráter "político". Isto, insistia Thomas Mann, resultava efetivamente em servir, de um modo ou de outro, ao "partido do interesse", ou seja — aos interesses políticos de uma ordem social decadente, reacionária, e por isso mesmo temerosa da cultura e do espírito. O trecho, que a seguir traduzimos do panfleto, sintetiza de certo modo o pensamento do autor, e sua atualidade permanece intacta, ainda hoje, quando vemos, ao nosso redor, tantos intelectuais preocupados em preservar suas obras de impuras contaminações políticas, servindo assim, de fato, ao "partido do interesse", a que se refere o grande escritor:

> É muito fácil cobrir de apodos desdenhosos o poeta que desce à arena política. No fundo, é sempre o interesse que fala assim. O interesse não deseja nenhuma vigilância que possa perturbar a sua ação, e por isso convida o intelectual a confinar-se mansamente no espiritual. Em troca, permite-se ao intelectual considerar a política uma coisa indigna de sua atenção. Entretanto, ele não deve perceber que esta falsa honra é uma recompensa ao servidor, ao cúmplice do interesse em que se converteu por sua abstenção.
>
> Em nosso tempo, a torre de marfim é apenas uma tolice, e é quase impossível furtar-se alguém a compreendê-la.
>
> A democracia se realiza efetivamente em cada um de nós, visto que a política se tornou um negócio de toda a gente. Ninguém pode afastar-se dela; a pressão imediata que ela exerce sobre cada um é demasiado forte. O fato

é que aquele que nos declara, como acontece ainda aqui e ali, "Eu não me preocupo com a política", parece-nos hoje um homem superado, caduco, *vieu jeux*. Tal ponto de vista revela não somente egoísmo e irrealidade, mas ainda embuste e estupidez. Mais do que ignorância do espírito, o que há nisso é indiferença moral.

Não se pode negar que a ordem política e social faz parte da totalidade humana. É apenas um aspecto do problema humano, do dever humano; mas ninguém pode menosprezá-la sem com isso pecar contra a humanidade, alegando embora como essencial a oposição entre a humanidade e a política. Ora, o essencial, de que tudo o mais depende, é a ordem política e social, porque é sob a forma política que o problema do homem se coloca hoje com uma gravidade mortal. Como então poder-se-ia permitir ao poeta esquivar-se, omitir-se, quando sabemos que a sua natureza e o seu destino o colocaram no posto mais exposto da humanidade?

Falando da gravidade mortal que em nossos dias envolve a questão política, eu quis dizer que se trata, para todo o homem e em particular para o poeta, de salvar o seu espírito, ou — por que não empregar o termo religioso? — de salvar a sua alma. O poeta que se omite em face do problema humano, porque este aparece sob forma política, não é somente um traidor da causa do espírito em proveito do partido do interesse, mas é também um homem perdido. Sua perda é inelutável. Ele perderá a força criadora, perderá o talento, e não fará mais nada que apresente condições de durabilidade; mais ainda, sua obra anterior, não impregnada da falta posterior, perder-se-á também com o autor, nada mais significando aos olhos dos homens. Essa é a minha convicção profunda, e os exemplos a confirmam.

Perguntar-me-ão talvez o que entendo por espírito e por interesse. Muito simples: o espiritual, considerado sob o ângulo político e social, é a aspiração dos povos a uma vida em condições melhores, mais justas e mais felizes, melhor adaptadas à dignidade humana. O espiritual vem a ser a aprovação desta aspiração por todos os homens de boa vontade. O interesse sabe que tal ou qual mudança reduziria certas vantagens e certos privilégios. Em consequência, o interesse lança mão de todos os meios, inclusive o crime, para impedir a evolução, ou pelo menos para retardar o seu curso, compreendendo aliás que escapa ao seu poder torná-lo impossível.

Caricatura de Lima Barreto, por Cassio Loredano.

LIÇÃO DE LIMA BARRETO

Em artigo sob o título "Literatura militante", publicado no antigo semanário *ABC* (número de 7 de agosto de 1918) e não incluído no volume *Bagatelas*[1], exarou Lima Barreto algumas considerações muito significativas sobre o que ele mesmo chamava o seu "ideal de arte".

Referindo-se aos livros de Anatole France, apontava-os como exemplos típicos de literatura militante: "Eles nada têm de contemplativos, de plásticos, de incolores. Todas, ou quase todas as suas obras, se não visam à propaganda de um credo social, têm por mira um escopo sociológico. Militam". Convém reparar, de passagem, como a opinião de Lima Barreto acerca do "grande mestre francês" (palavras suas) difere completamente da opinião, muito em voga nos últimos anos, na França, segundo a qual Anatole é apenas um "cético", um "pessimista", um "desencantado", um "dissolvente" cuja influência teria sido das mais deletérias sobre a juventude do seu tempo.

Guyau era dos autores mais lidos e mais estimados por Lima Barreto. Citando-o e comentando-o, no artigo em apreço, louvava-se nos seus preceitos para ver na obra de arte "o destino de revelar umas almas às outras, de restabelecer entre elas uma ligação necessária ao mútuo entendimento entre os homens".

Seria errôneo supor que o romancista brasileiro buscava ensinamento ou apoio para as suas concepções estéticas somente em mestres de

---

[1] Lima Barreto, *Obras completas*, v: *Impressões de leitura* (prefácio: M. Cavalcanti Proença, São Paulo, Brasiliense, 1956).

tendência revolucionária, como eram Anatole e Guyau. Ele se nutria igualmente em pensadores que se chamavam, por exemplo, Taine e Brunetière. Aceitava a lição de Brunetière, quando este último ensinava que a literatura "tem por fim interessar, pela virtude da forma, tudo o que pertence ao destino de todos nós"; e completava a lição, acrescentando, por conta própria, que "a solidariedade humana, mais do que nenhuma outra coisa, interessa ao destino da humanidade". Palavras de tão fácil compreensão, mas, ao mesmo tempo, de tão profundo sentido, e que hoje, mais talvez que em nenhuma outra época, deveriam gravar-se na própria carne de toda obra de arte e de pensamento.

Sabe-se que Lima Barreto não tolerava prosápias de qualquer espécie, manifestando a cada passo o seu sarcasmo desdenhoso contra os pavões e pavoas da chamada alta sociedade. Aferrado a essa ojeriza, ele entendia que os escritores brasileiros não deviam perder tempo nem amesquinhar-se em "cantar cavalheiros de fidalguia suspeita e damas de uma aristocracia de armazém por atacado". Na sua opinião, o dever do escritor, e do artista, em geral, consiste, primeiro que tudo, em fazer da sua arte um instrumento de edificação moral da massa popular e não um meio de divertimento ocioso de falsas elites: "devemos mostrar nas nossas obras que um negro, um índio, um português ou um italiano se podem entender e se podem amar, no interesse comum de todos nós".

Sua posição foi de certo modo a de verdadeiro desbravador. Realizando nas suas obras o ideal de arte que preconizava assim tão simplesmente, sem complicações nem sutilezas inúteis, Lima Barreto como que desvendava, aos olhos das gerações de escritores e artistas que viriam depois dele, novas perspectivas e novos rumos de trabalho. "A obra de arte" — escrevia, citando Taine — "tem por fim dizer o que os simples fatos não dizem. Eles estão aí, à mão, para nós fazermos grandes obras de arte." Seria inexato avançar que o movimento de renovação da literatura e da arte, que se processa no Brasil desde os anos de vinte e tantos, se inspirou em Lima Barreto; mas creio perfeitamente justo afirmar que na sua obra já se encontravam os germes de muitas das árvores mais belas produzidas por esse movimento. E essa verificação nos leva a definir e por conseguinte melhor compreender a sua importância histórica na literatura brasileira. Continuador da boa tradição, que vinha de Manuel Antônio de Almeida, Lima Barreto encarnou sozinho o difícil momento de continuidade e ligação entre o passado, que morria com Machado de Assis, e o futuro, que ia surgir com o tumulto modernista.

(1941)

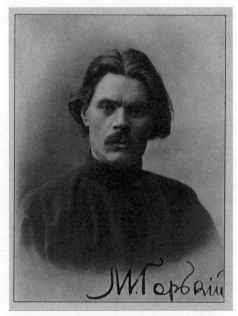

Retrato de Máksim Górki, por volta de 1906. A foto pertence à coleção da Biblioteca do Congresso dos Estados Unidos.

PARTIDO E LIBERDADE DE CRIAÇÃO[1]

Outro aspecto, não menos importante, da obra de Máksim Górki é o da relação entre a faculdade criadora do escritor e a sua posição político-partidária.

Vinculado por todas as suas fibras à classe operária e às lutas da classe operária, revolucionário por instinto, por condição e por convicção, militante desde a juventude no partido de Lênin, Máksim Górki jamais sofreu, na elaboração da sua obra, a menor sombra de pressão ou de compressão extraliterária ou extra-artística, proveniente de não sei que misteriosas injunções ideológicas, filosóficas, ou, mais prosaicamente, disciplinares...

Parece-me oportuno, nesta homenagem ao escritor comunista Máksim Gorki, tentar esclarecer certas confusões muito comuns entre intelectuais que temem assumir compromissos ideológicos de ordem partidária unicamente a pretexto de preservar a sua "independência", a sua "liberdade", o seu "espírito". "Independência", "liberdade", "espírito" que eu ponho aqui entre aspas isolantes. A experiência tem demonstrado que os intelectuais dessa espécie, quando chega a hora braba que impõe a cada homem decidir no duro, quase sempre aparecem no outro lado da barricada, sem mais nenhum melindre puritano.

Sem dúvida, a liberdade de criação artística — liberdade pura e simples, sem aspas nem melindres — é não só uma bela coisa, é realmente uma condição vital para a elaboração da obra de arte. Sobre esse ponto

---

[1] Trecho de conferência lido numa solenidade que se organizou em São Paulo, por ocasião do décimo aniversário da morte de Máksim Górki.

estamos todos de perfeito acordo, unânimes, uníssonos e unívocos, sem sombra de discrepância. Mas justamente neste ponto eu me permito, muito a propósito, evocar o exemplo de Máksim Górki para deixar dito, como estou dizendo, e posso dizê-lo com ênfase, que o fato de pertencer ao Partido Comunista e militar nas suas fileiras não estabelece, para nenhum escritor ou artista, qualquer espécie de obrigação passível de colidir com a sua liberdade de criação artística. Pelo contrário, muito pelo contrário, podemos afirmar com absoluta convicção que na realidade os escritores mais livres do mundo são os escritores e artistas que militam no Partido Comunista. Livres de preconceitos; livres de falsos melindres; livres de pretextos hipócritas; livres de terrores doentios; livres de sofismas e abusões; livres de suores místicos e de almas de outro mundo; livres de tolices mais ou menos metafísicas; livres, muito livres, sobretudo livres de interesses inconfessáveis...

Deixai-me acrescentar que só na sociedade socialista sem antagonismos de classe é que o escritor e o artista, como de resto todos os homens e mulheres, se sentirão e serão na verdade completamente livres e independentes. Só na sociedade socialista poderão os escritores e artistas dar plena expansão à sua individualidade, sem qualquer entrave à capacidade e às possibilidades de cada um.

Não se trata de conjecturas gratuitas e utópicas. Trata-se de uma verdade comprovada pela existência da sociedade socialista soviética, trata-se de uma experiência definitiva, comprovada por trinta anos de lutas, de sacrifícios e de vitórias[2].

---

[2] Dez anos depois de redigido o texto acima, foram denunciadas, da tribuna do XX Congresso do PCUS, as nefastas consequências do culto à personalidade de Stálin, inclusive no tocante às relações do Partido com a intelectualidade. Os fatos ali revelados, *brutais violações da legalidade socialista*, produziram extensa e profunda repercussão na opinião pública mundial, e deles se aproveitou largamente a reação em sua campanha anticomunista. Devemos reconhecer sem tergiversação que o sistema resultante do culto foi uma coisa monstruosa, com reflexos extremamente malsãos sobre o movimento comunista do mundo inteiro. Mas devemos também reconhecer que a sua maior vítima foi a própria causa do socialismo e que a sua consequência talvez mais desastrosa foi

Máksim Górki, cuja memória estamos comemorando esta noite, mais que um exemplo eminente desta verdade, podemos dizer que é um símbolo glorioso do homem livre numa terra livre.

*

a que incidiu sobre a cultura socialista, levada gradativamente ao esquematismo e à estagnação, com a negação na prática dos princípios leninistas, que haviam norteado e estimulado o desenvolvimento da cultura soviética desde os primeiros dias da revolução. Mas a vida e a história seguiram o seu curso — e hoje está bem claro que a causa do socialismo saiu fortalecida da autocrítica leninista, levada por diante com tamanha audácia e coragem. E saiu fortalecida porque semelhante autocrítica, ao rasgar o tumor maligno, visava precisamente corrigir o que estava errado e restabelecer em toda a sua plenitude a legalidade socialista que fora violada. Ficou assim demonstrado — e esta foi a grande lição da autocrítica iniciada no XX Congresso do PCUS — que os erros e crimes, cometidos em certo período da vida soviética, não só não derivavam necessariamente das condições históricas em que se desenvolvia a construção do socialismo, não só não eram fenômenos intrínsecos do regime socialista ou comunista, como constituíam, pelo contrário, uma aberração brutal da própria essência democrática da revolução socialista. Ficou também demonstrado — e esta é uma lição de não menor importância — que a democracia socialista, orientada pelos princípios marxista-leninistas, dispõe normalmente de meios internos para corrigir suas próprias falhas e defender sua integridade legal, sem necessidade de recorrer a meios extralegais, golpes, subversões, manobras conspirativas etc.: a crítica e a autocrítica à moda leninista, realizadas abertamente, sem tergiversações, eis a fórmula comprovada pela experiência, que a experiência do XX Congresso mais uma vez comprovou de maneira decisiva, enfrentando riscos facilmente previsíveis. Quanto aos problemas da cultura e do trabalho intelectual, é claro que, restabelecida a normalidade socialista, restabeleceu-se igualmente e plenamente a linha leninista, também já comprovada pela experiência. Não por acaso, verificou-se, após o XX Congresso do PCUS, um novo e poderoso avanço da cultura soviética, sobretudo nos domínios da ciência e da tecnologia. E novas forças artísticas e literárias, libertas de espúrias injunções, retomam o caminho leninista, já na perspectiva luminosa da passagem do socialismo ao comunismo. Exprimindo o pensamento e as aspirações das novas gerações da intelectualidade soviética, assim se pronunciou recentemente o jovem Anatoli Pristavkin: "Em meu entender, o comunismo não é só a sociedade da abundância, mas também do sumo respeito à personalidade humana. E o escritor tem a obrigação de cantar e exalçar tudo quanto contribua para isso". — Sobre a personalidade de Stálin, seus lados positivos e negativos, ver *Fundamentos do marxismo-leninismo* (Rio de Janeiro, Vitória, 1962, p. 191-4).

Antes de terminar, e para terminar de maneira a melhor justificar minha presença neste ato, que se realiza sob a invocação do nome de Máksim Górki — eu desejaria fazer um apelo cordial, mas ao mesmo tempo severo e grave, aos intelectuais brasileiros, aos escritores, aos poetas, aos publicistas, aos artistas, aos homens de ciência, a todos aqueles dos nossos compatriotas que podemos com justeza chamar de trabalhadores intelectuais. Dirijo-me à inteligência democrática da nossa terra, e sirvo-me do nome de Máksim Górki para emprestar-me uma autoridade que reconheço me faltar.

Meu apelo se resume num grito de alerta:

— A democracia brasileira está em perigo!

Contra ela rearticulam-se a olhos vistos as forças da reação batidas nos campos de batalha da Europa e da Ásia — batidas militarmente, inclusive com a cooperação gloriosa dos nossos pracinhas, mas não liquidadas no terreno político e moral, e que tentam sobreviver.

A situação aparece em contornos bem nítidos, no mundo e no Brasil. As forças democráticas, que saíram vitoriosas da guerra, avançaram, deram passos consideráveis para a frente, e continuam a avançar. Mas o inimigo de sempre procura retomar fôlego, faz esforços desesperados para levantar de novo a cabeça, concentra suas últimas energias — com o propósito de barrar o avanço da democracia, e, mais ainda, de forçá-la a retroceder no caminho andado.

A classe operária, apoiada principalmente pelas massas camponesas, forma a vanguarda política das forças democráticas, e luta com extraordinária energia, com exemplar tenacidade, certa, sem dúvida, de alcançar por fim a vitória definitiva sobre as forças da reação. Mas a luta se torna cada dia mais áspera, mais dura e mais difícil.

Ora, aos intelectuais, aos homens de pensamento, àqueles que trabalham nos domínios da arte e da ciência, cabe enorme responsabilidade nesta hora e não podem, sem desonra, fugir a essa responsabilidade. A história não admite tergiversações e indica o posto de honra que devem ocupar — ao lado das massas populares, ao lado das forças democráticas e progressistas.

Falo aqui como um pequeno escritor, mas falo também como comunista, como um homem inteiramente identificado com a classe operária — e é nesta dupla condição que me dirijo aos intelectuais não comunistas, mas verdadeiros amigos do povo, para que assumam a responsabilidade histórica que lhes cabe, não temam lutar ombro a ombro com os intelectuais comunistas, e compreendam, finalmente, sem receio de inventados fantasmas, que não pode haver democracia, na época atual, sem a participação ativa dos comunistas — e que o ódio anticomunista resulta, ao cabo de tudo, de uma concentração de interesses e sentimentos antidemocráticos. A reação bem sabe que os comunistas se encontram na vanguarda da luta pela democracia e pelo progresso — e por isso mesmo é que os combate com tamanha fúria!

Hesitar, portanto, numa hora destas, é concorrer, queiram ou não queiram, para o retrocesso da democracia.

(1946)

OS INTELECTUAIS E O ABOLICIONISMO

O abolicionismo não constitui somente um capítulo importante da nossa história política e social. Constitui também, sem sombra de dúvida, um dos mais belos capítulos da nossa história intelectual. Nem é por acaso que o grande poeta da luta contra a escravidão — Castro Alves — seja ao mesmo tempo o nosso grande poeta nacional.

Ainda está por escrever a história das lutas dos próprios escravos contra a escravidão, e bem se compreende que isto, tendo-se em vista a importância da escravidão no desenvolvimento da economia brasileira, significará reescrever a história geral do país, mas reescrevê-la e interpretá-la cientificamente, isto é, à luz do marxismo. Só então se poderá avaliar com a necessária justeza o que foi o Abolicionismo, ou seja, a fase última dessas lutas, que duraram séculos, e, concomitantemente, o que foi a participação dos intelectuais no movimento. Mas, com o que já se sabe, neste particular, podemos fazer uma ideia bastante razoável do verdadeiro alcance e da significação dessa participação.

Uma coisa, todavia, está definitivamente esclarecida e assentada, e é que o nome de Castro Alves domina todo o movimento. Outros nomes — um Luís Gama, um Rebouças, um Nabuco, um Patrocínio, um Joaquim Serra, um Rui Barbosa — figuram com merecido relevo entre os heróis da campanha; mas Castro Alves foi o herói dos heróis, a águia da montanha, o anunciador da tempestade. Foi o gênio da nacionalidade, que na hora precisa soube exprimir em poesia a dor e a cólera — e também o interesse — de todo um povo. Seu nome converteu-se na própria bandeira da luta pela libertação dos escravos. Por isso é que ele foi, no justo dizer de Jorge Amado — "o mais belo espetáculo de juventude e de gênio que os céus da América presenciaram".

*

Outros escritores, poetas, romancistas, teatrólogos, antes e depois de Castro Alves, fizeram do negro e da escravidão motivo ou tema de suas obras. Já Alvarenga Peixoto, em fins do século XVIII, cantava "os fortes braços feitos ao trabalho" dos "escravos duros e valentes"; mas isso, em verdade, entrava em sua poesia um canto genetlíaco em louvor de recém--nascido filho do governador — mais como elemento decorativo, longe de qualquer ideia ou sentimento antiescravista.

Em Gonçalves Dias, Trajano Galvão, Celso de Magalhães, Joaquim Serra, Vitoriano Palhares, Bittencourt Sampaio, Melo Morais Filho, no poeta escravo Luís Gama e ainda noutros, não é difícil encontrar, com mais ou menos frequência, poemas inteiros ou fragmentos de algum modo consagrados ao escravo e ao trabalho dos escravos. O mesmo se pode verificar em alguns romances de Macedo e de Bernardo Guimarães, não se devendo esquecer das peças *Mãe* e *O demônio familiar* de José de Alencar. De Machado de Assis é o conto "Pai contra mãe", certamente o melhor trecho da ficção brasileira consagrada a costumes ligados à escravidão.

No teatro, particularmente, é de justiça realçar o mérito do drama antiescravista de Paulo Eiró, *Sangue limpo*, representado em São Paulo no ano de 1861, contando o autor apenas 25 anos de idade.

Mas em quase todos esses autores — e bem assim nos que vieram depois — o negro e a escravidão são tratados, em geral, como temas secundários ou meramente sentimentais, às vezes deformados por uma falsa visão. O que levou Sílvio Romero a observar que "na literatura brasileira a raça negra, apesar de ter contribuído com um grande número de habitantes deste país, de ser o principal fator da nossa riqueza, de se ter entrelaçado imensamente na vida familiar pátria, de estar por toda a parte em suma, nunca foi assunto predileto dos nossos poetas, romancistas e dramaturgos".

Talvez se possa dizer que o grande tema se acumulou durante séculos e em dado momento se concentrou em Castro Alves — e que o poeta o consumiu no fogo do seu gênio.

Com efeito, a obra de Castro Alves enche e caracteriza toda uma época. Obra de arte, poesia da melhor qualidade, sua influência decisiva no desencadeamento da campanha abolicionista resultou não apenas da forma eloquente de que se revestia — como pretendem certos críticos — mas sobretudo da própria substância emocional, cujas raízes mergulhavam no mais profundo sentimento da nacionalidade. Daí também a razão principal da sua permanência cada vez mais viva em nossa literatura.

Daí igualmente o seu poder de mobilização das consciências e das vontades para a ação prática e organizada contra a escravidão. Eis por que o nome de Castro Alves se converteu — já morto o poeta — em bandeira do Abolicionismo.

Sob esta bandeira de combate se engajou o que havia de melhor e mais progressista na intelectualidade brasileira do tempo.

*

Num dos seus primeiros poemas — "Adeus meu canto" — justamente o poema que adquiriu a significação de um verdadeiro manifesto, Castro Alves exclamara:

Oh! maldição ao poeta
Que foge — falso profeta —
Nos dias de provação!

Os poetas, os escritores, os intelectuais em geral não fugiram ao seu dever, principalmente durante o último decênio da campanha. A esse respeito escreveria Luís Murat, anos depois:

Todos os poetas, todos os romancistas, todos os oradores, todos quantos, em suma, manejavam a palavra com eloquência e talento, se associavam à mesma ideia, viviam do mesmo sonho, fatiavam o mesmo pão. Uma grande parte da campanha abolicionista foi travada pelos poetas, cujos nomes não apareciam nos artigos de fundo, mas que as necessidades do momento, e a perfeita. consubstanciação das nossas vontades e do nosso escopo, tornavam aptos a manejar a mesma pena.

O interesse maior dessas palavras reside, a meu ver, em que elas são um depoimento autorizado do seguinte fato: que a participação dos escritores no movimento abolicionista se verificou sobretudo no terreno da agitação jornalística e tribunícia, e não propriamente no terreno da criação artística, na poesia, na ficção, no teatro. E esse fato faz ressaltar ainda mais o caráter excepcional da obra de Castro Alves.

Mas isso em nada diminui a importância e a significação da atividade dos escritores em favor da abolição. Essa atividade foi de certo modo a consequência prática daquela obra — e uma coisa e outra se completam admiravelmente, formando um dos mais altos momentos da nossa vida cultural.

*

No parlamento e na imprensa, na tribuna e nas organizações populares, intensa, empolgante foi, com efeito, a atividade desenvolvida pelos abolicionistas.

Os escravocratas se aferravam desesperadamente aos seus interesses, e os seus porta-vozes no parlamento e na imprensa se exprimiam com fúria crescente contra os abolicionistas, qualificando-os de incendiários, comunistas, anarquistas, traidores da pátria.

No período da luta parlamentar pela lei do ventre livre, em 1871, houve deputado — cujo nome aliás desapareceu com os seus próprios despautérios — que acusara o visconde do Rio Branco de haver desfraldado no parlamento brasileiro a bandeira vermelha da Internacional e da

Comuna de Paris... Xavier Marques, na sua biografia de Castro Alves, nota que "abolição era palavra execrada, incendiária, sacrílega, que ninguém se animava a proferir em voz alta; não tinha curso no vocabulário do jornalismo". E, ainda, que o radicalismo do poeta era "considerado subversivo e tremendo, sob todos os pontos de vista — o do bem-estar doméstico, da economia rural, do direito de propriedade, do equilíbrio econômico do país". Joaquim Nabuco escreveria, por sua vez, no livro *O abolicionismo*, publicado em Londres, em 1883: "O trabalho todo dos escravagistas consistiu sempre em identificar o Brasil com a escravidão. Quem a ataca é logo suspeito de conivência com o estrangeiro, de inimigo das instituições do seu próprio país... Atacar a monarquia, sendo o país monárquico, a religião, sendo o país católico, é lícito a todos; atacar, porém, a escravidão, é traição e felonia...". Nabuco escreveu essas palavras depois da sua primeira experiência parlamentar, três anos antes, quando os seus discursos na Câmara dos Deputados eram tachados de revolucionários e produziam pânico entre os grandes proprietários e senhores de escravos. O deputado e líder escravista Martinho Campos referia-se então aos jornais abolicionistas chamando-os de "gazetas incendiárias" e à propaganda abolicionista dizendo que ela era alimentada por "indignas exagerações e falsidades com que a insurreição e a sedição apregoam-se aberta e publicamente nos teatros do Rio de Janeiro".

Dos escritores e jornalistas de renome com assento nas câmaras parlamentares, apenas José de Alencar tomara posição militante em favor dos escravocratas, tendo combatido tenazmente o projeto da lei do ventre livre. José Bonifácio, o Moço (já o primeiro José Bonifácio fora autor de importante memorial sobre o assunto, apresentado à Constituinte de 23), Tavares Bastos, Francisco Otaviano, Saldanha Marinho, Cândido Mendes de Almeida, Rui Barbosa, Afonso Celso Júnior, César Zama, Franklin Dória e outros manifestaram-se, com mais ou menos ardor, em diversas oportunidades, pela emancipação dos escravos ou pela abolição total da escravidão. Mas, passados alguns anos sobre a lei do ventre livre, de efeito aliás mesquinho e demorado, foi com a entrada de Joaquim Nabuco para a Câmara dos Deputados, em: 1879, que a luta parlamentar antiescravista assumiu novo aspecto combativo.

Desde muito jovem, ainda colegial, já Nabuco mostrava-se profundamente impressionado com o espetáculo da escravidão. Aos vinte anos de idade escrevia um livro — precisamente intitulado *A escravidão* —, que não publicou mas com o qual se investia a si mesmo da missão libertadora. Ainda estudante de direito, no Recife e em São Paulo, se entregou à advocacia dos cativos. Estudou, viajou, preparou-se maduramente para a grande batalha. De tal sorte, ao entrar no parlamento, sentia-se já senhor da sua força e da força que representava — o que demonstrou desde o seu primeiro grande discurso, pronunciado a 30 de agosto de 1879. Joaquim Nabuco, disse um historiador da campanha abolicionista, Evaristo de Morais — "foi a voz mais portentosa e mais influente... que iluminou [o debate] desde o começo, nunca esmorecendo no decurso de oito anos".

Mas Nabuco não confiou a sua ação aos limites do parlamento; pelo contrário, cuidou, simultaneamente, de imprimir caráter organizado e sistemático à ação paralela extraparlamentar, tendo-se juntado a ele, nesse empenho, o grande engenheiro negro, o admirável André Rebouças.

Sobre o papel que Rebouças desempenhou na campanha, assim se expressa Nabuco:

> Ele não tinha, para o público, nem a palavra, nem o estilo, nem a ação; dir-se-ia, assim, que em um movimento dirigido por oradores, jornalistas, agitadores populares, não lhe podia caber papel saliente; no entanto, ele teve o mais belo de todos, e calculado por medidas estritamente interiores, psicológicas, o maior, o papel primário, ainda que oculto, do motor, da inspiração que se repartia por todos [...] não se o via quase, de fora, mas cada um dos que eram vistos estavam olhando para ele, sentia-o consigo, em si, regulava-se pelo seu gesto invisível à multidão.

Mas, a par da sua dedicação sem limites à causa dos seus irmãos de raça, o mérito maior do grande professor negro residia, a meu ver, na superior clarividência com que ele apresentava o problema da libertação dos escravos. Rebouças ligava estreitamente o problema do braço escravo ao problema da terra. Para ele não bastava abolir simplesmente a escravidão: era preciso concomitantemente dar a terra aos ex-escravos, um lote de terra a cada família de trabalhador negro liberto da escravidão, e com isso realizar um largo plano de reorganização do trabalho agrícola no país. Seria a instauração de um regime que Rebouças chamava de "democracia rural". Era, em suma, nas condições da época, o que nós chamamos hoje de reforma agrária.

Outro grande combatente do abolicionismo foi o poeta e jornalista Joaquim Serra, de quem André Rebouças, seu companheiro desde os tempos acadêmicos, escreveria após a sua morte que tinha sido — "incontestavelmente o publicista brasileiro que mais escreveu contra os escravocratas". Redator da *Gazeta da Tarde*, de *O Globo*, da *Folha Nova*, criou nesta última a sua famosa seção "Tópicos do Dia", que depois transferiu para as colunas de *O País*. Escreveu nesses jornais, sucessivamente, sem faltar um único dia, durante cerca de dez anos — e o seu assunto constante era a escravidão. Machado de Assis, seu amigo da mocidade, disse dele que "possuía a virtude do sacrifício pessoal" e que em tudo que fazia punha a alma inteira, "cheio daquela tenacidade silenciosa, se assim se pode dizer, de um escritor de todos os dias, intrépido e generoso, sem pavor e sem reproche".

*

Na imprensa diária — além do concurso favorável, se bem que moderado, da *Gazeta de Notícias*, com Ferreira de Araújo, e onde se firmou José do Patrocínio sob a pseudônimo de Prudhomme, de *O País*, com Quintino Bocaiúva — sobressaía a *Gazeta da Tarde*, com Ferreira de Meneses, André Rebouças, Joaquim Serra. Por morte de Meneses, José do Patrocínio adquiriu o jornal, em 1881, chamando para a sua redação Luís de Andrade, Júlio de Lemos, Gonzaga Duque, Campos Porto, Leite Ribeiro, Dias da Cruz.

No jornal e na tribuna das conferências e dos comícios, o grande jornalista e orador desenvolveu febril atividade, anos a fio, como agitador de extraordinária eficácia. Já no fim da campanha, em 1887, fundou um novo jornal, a *Cidade do Rio*, reunindo na sua redação alguns dos nomes de maior talento da nova geração literária: Aluísio Azevedo, Luís Murat, Coelho Neto, Olavo Bilac, Paula Ney, Guimarães Passos, Raul Pompeia, Pardal Mallet, Emílio Rouède. No seu romance *A conquista*, Coelho Neto fez a crônica desse momento da luta abolicionista, em que a figura de Patrocínio avultava, como combatente e animador, no centro da melhor juventude intelectual do tempo.

Outros nomes devem ser mencionados como combatentes da imprensa abolicionista, entre eles Gusmão Lobo, hoje esquecido, mas apreciado então como jornalista de altos méritos. Igualmente Rui Barbosa exerceu, na imprensa, uma atividade não menos importante do que a que exercia no parlamento. Nem nos esqueçamos tampouco do velho publicista José Maria do Amaral, espírito avançado, que acompanhava com simpatia e solidariedade a obra dos seus jovens colegas. Referência especial deve ser feita a Ângelo Agostini, o grande caricaturista político, que se imortalizaria nas páginas da *Semana Ilustrada*.

Isto para só falar na imprensa abolicionista da capital do Império, pois o certo é que ao Norte e ao Sul do país numerosos jornalistas, escritores, poetas, intelectuais em geral participavam com igual determinação da grande campanha. Citaremos alguns exemplos e nomes mais em vista.

No Amazonas, a Sociedade Emancipadora, fundada em 1870, teve entre os seus iniciadores o poeta Tenreiro Aranha. No Ceará, a agitação conjugada à ação prática conseguiu a extinção de fato da escravidão, na província, quatro anos antes do 13 de maio de 1888. Isto produziu enorme repercussão, inclusive na Europa, o que foi magnificamente testemunhado pela famosa carta de Victor Hugo, então dirigida aos abolicionistas cearenses, entre os quais figuravam Frederico Borges, Pedro Borges, Antônio Martins, Justiniano de Serpa, João Cordeiro e outros.

Em Pernambuco havia o célebre Clube do Cupim, que promovia a alforria e organizava a fuga de escravos. José Mariano, Martins Júnior, Aníbal Falcão, José Maria mostravam-se, na imprensa e na tribuna, dignos companheiros do pernambucano Joaquim Nabuco. Na Paraíba, o líder do movimento era o tribuno republicano Coelho Lisboa. Na Bahia funcionavam desde 1852 e 1869, respectivamente, a Sociedade 2 de Julho e a Sociedade Libertadora 7 de Setembro, ambas empenhadas na luta contra a escravidão. Os nomes de César Zama, Jerônimo Sodré Pereira, Virgílio Damásio, Abílio César Borges, Belarmino Barreto, Anselmo da Fonseca, Manuel Vitorino, Augusto Guimarães, Elpídio de Mesquita, Constâncio Alves etc., apareciam à frente da campanha nas suas fases sucessivas. Grandes atos de propaganda foram ali realizados, por exemplo, o leilão de prendas de abril de 1871, durante o qual foi lida a carta de Castro Alves "Às senhoras baianas". Justamente dez anos mais tarde fazia-se na Bahia a comemoração do decenário da morte do poeta, tendo Rui Barbosa proferido então a sua conferência sobre Castro Alves.

No estado do Rio a luta adquiriu particular acuidade na terra natal de Patrocínio, Campos, importante centro de dominação dos grandes proprietários e senhores de escravos, e ali o jornalista e orador Luís Carlos de Lacerda se tornou o centro da agitação antiescravista.

Em São Paulo destacou-se, desde o primeiro momento da campanha, o poeta, jornalista e advogado Luís Gama, filho natural de um ricaço baiano com uma negra africana de nome Luísa Mahin, vendido pelo pai aos dez anos de idade, remetido então para o Sul e radicado na província de São Paulo. Por seu esforço e seus dotes de inteligência conseguiu libertar-se, estudar e conquistar uma posição de merecido relevo, consagrando-se por inteiro à luta pela libertação dos seus irmãos de raça e de infortúnio. Ao lado de Luís Gama formavam os "caifases" de Antônio Bento, que realizavam em São Paulo uma tarefa igual à do Clube do Cupim em Pernambuco e da Confederação Abolicionista na Corte.

Em 1869 aparece Luís Gama como redator de *O Radical Paulistano*, e aí entre seus companheiros figuram Américo de Campos, Bernardino Pamplona, Ferreira Braga, Freitas Coutinho, Olímpio Paixão, Santos Silva e o então estudante de Direito Rui Barbosa. Outro jornal abolicionista e republicano de notável influência denominava-se *O Grito do Povo* e eram seus redatores Gabriel Prestes, João Vieira de Almeida e Hipólito da Silva, este último destacando-se ainda como orador e poeta, autor de um livro de poemas intitulado *Latifúndios*. Em 1882 surgiu periódico *Çà Ira*, órgão do Centro Abolicionista, em cuja lista de sócios constavam os nomes de Luís Gama, Júlio de Castilhos, Bernardino Monteiro, Alberto Torres, Luís Murat, Alberto de Faria, Raul Pompeia, Antônio Bento, João Marques, Eugênio Egas, Eneias e Gustavo Galvão, Ernesto Corrêa, Brasil Silvado. Em 1884 fundou-se na Academia de Direito o Grupo Abolicionista Acadêmico, em cujo órgão periódico, *A Onda*, escreviam os então estudantes Coelho Neto, Raul Pompeia, Bittencourt Sampaio, Rivadávia Corrêa, Edmundo Muniz Barreto.

Abolicionistas eram igualmente os escritores e publicistas Júlio Ribeiro, Domingos Jaguaribe, Horácio de Carvalho e o jovem Gastão Bousquet. E não se deve esquecer o nome do poeta Francisco Quirino dos Santos, companheiro de Luís Gama, nem o do segundo José Bonifácio, ídolo da mocidade acadêmica da época.

"Para se formar ideia da tonalidade da campanha jornalística, em São Paulo, recordaremos o êxito de um artigo de Raul Pompeia, em que a violência de linguagem mal se disfarçava com a roupagem do estilo imaginoso. Apareceu no final de 1886. Era endereçado aos senhores de escravos." Isto escreveu Evaristo de Morais (cujo livro já citado é um precioso repositório de informações, de que me tenho valido largamente, aqui), citando o seguinte trecho de Pompeia:

> A humanidade só tem que felicitar-se, quando um pensamento de revolta passa pelo cérebro oprimido dos rebanhos operários das fazendas. A ideia da insurreição indica que a natureza humana ainda vive. Todas as violências em prol da liberdade violentamente acabrunhada devem ser saudadas como vinditas santas. A maior tristeza dos abolicionistas é que estas violências não sejam frequentes e a conflagração não seja geral.

Embaixo deste artigo, nota Evaristo, declaravam-se de pleno acordo com o seu autor, entre outros: Eneias Galvão, Alberto Torres, Raimundo Corrêa, Augusto de Lima.

Anotemos, por fim, relativamente a São Paulo, que dali data a carta de Castro Alves ao seu cunhado Augusto Guimarães, na qual se lê: "Devo dizer-te que os meus *Escravos* estão prontos. Sabes como acaba o poema? Devo a São Paulo esta inspiração. Acabam no Alto da Serra do Cubatão, ao romper da alvorada sobre a América. É um canto do futuro, o canto da esperança."

Recorda Evaristo que no começo de 1888 desciam os quilombolas do Cubatão, mais ou menos abertamente, até Santos, uns regressando à Serra, outros dirigindo-se para Jabaquara. Nem sempre sem luta, bem entendido, e foi um caso dessa natureza que forneceu a Vicente de Carvalho o motivo do seu poema *Fugindo ao Cativeiro*.

Entre os escritores que no Paraná participaram ativamente da campanha abolicionista contavam-se Leôncio Corrêa, Rocha Pombo, Nestor Vitor. No Rio Grande do Sul, Aquiles Porto-Alegre sagrou-se figura de proa entre os intelectuais abolicionistas. Aliás, deve ser lembrado que a 7 de setembro de 1884 fora já proclamada a extinção da escravidão na capital da província.

*

Assinalemos ainda a presença de intelectuais residentes na corte em outros setores de atividade antiescravista.

Em primeiro lugar, pela eficiência do seu trabalho, deve ser mencionado o Centro Abolicionista da Escola Politécnica, tendo à sua frente os professores André Rebouças, Enes de Souza, Getúlio das Neves, Benjamin Constant, Álvaro de Oliveira e Paulo de Frontin, que contavam com a simpatia do diretor da escola, o professor Miguel Arcanjo Galvão.

O Clube dos Advogados contra a Escravidão, com ramificações em várias cidades do país, tinha entre os seus sócios, no Rio: Araripe Júnior, Saldanha Marinho, Liberato Barroso, Silveira da Mota, Ubaldino do Amaral, Catta Preta, Valentim Magalhães, Bittencourt Sampaio, Ciro de Azevedo etc.; em Santos: Inglês de Souza, Silva Jardim, Heitor Peixoto,

Galeão Carvalhal; na Bahia: Elpídio de Mesquita, Afonso Castro Rebelo, Alexandre Galvão, Isaías Guedes de Melo, Severino Vieira e outros.

Conferências, festivais, espetáculos se realizavam nos teatros, com o concurso de oradores de renome, atores, cantores, músicos, poetas que declamavam poemas etc. No Rio, os teatros São Luís, Ginásio, D. Pedro II, Politeama, Recreio Dramático eram frequentemente ocupados por atos de propaganda, abolicionista. Joaquim Nabuco, Lopes Trovão, José do Patrocínio, Ubaldino do Amaral, Luís Murat, Paula Ney, Vicente de Sousa, Ciro de Azevedo figuravam entre os mais assíduos e aplaudidos oradores desses atos. O poeta Melo Morais Filho declamava os seus poemas.

Acrescentemos ainda que a Maçonaria e o Positivismo (ao contrário da Igreja Católica, aliada dos escravocratas) colaboraram passo a passo na grande campanha. Entre os positivistas, além de Benjamin Constant, é de justiça salientar os nomes de Miguel Lemos e Teixeira Mendes.

Numerosos militares de terra e mar participaram também, com a mesma dedicação e o mesmo desassombro dos civis, de todas as fases, organizações e lutas que assinalaram a marcha gloriosa da campanha pela abolição da escravidão no Brasil.

*

Objetivamente, a Abolição resultou da identidade de interesse da massa de escravos com o interesse geral da nação. A permanência do braço escravo como base do trabalho e da economia nacionais constituía já um entrave ao desenvolvimento progressivo dessa economia. Só uma pequena minoria de escravocratas, senhores de escravos mais ferrenhos, não o compreendia nem sentia. Mesmo entre os fazendeiros e proprietários de terras havia elementos mais esclarecidos e progressistas que o sentiam, quando não o compreendiam claramente. Esta situação objetiva é que fundamentalmente determinou as condições históricas que permitiram e estimularam o desencadeamento da campanha antiescravista em suas diversas e sucessivas fases.

Tentei aqui mostrar o que foi a participação dos intelectuais na grande campanha. A "voz de ferro" de Castro Alves, o "filho do sol da zona ardente", soou como um clamor de guerra, levantando "as almas grandes do sul ao norte", chamando ao combate a inteligência brasileira.

Sua voz poderosa foi ouvida e a batalha se travou, com admirável energia, até à vitória final.

Mas o poeta, com o seu instinto profético, clamou ainda:

> Tu deixarás na liça o férreo guante
> Que há de colher a geração futura...

Podia ter dito — as gerações futuras. Porque a luta continuou e continua. A luta é a própria condição da vida. E hoje, quando o povo brasileiro luta pela libertação nacional da pátria e pela libertação dos trabalhadores oprimidos — os escravos modernos, negros e brancos —, o dever dos intelectuais honestos e progressistas é bem claro: é colher o férreo guante lançado na liça pelo grande poeta nacional.

(1952)

Modelo de capa de *Октябрь/Oktiabr* [Outubro], um álbum de fotomontagens cobrindo os primeiros anos do governo soviético, de autoria de Serguei Tchekhonine, 1921.

A REVOLUÇÃO RUSSA E OS ESCRITORES BRASILEIROS

O 7 de novembro de 1917 foi o primeiro daqueles "dez dias que abalaram o mundo", descritos na dramática reportagem de John Reed. Hoje, a quarenta anos de distância, podemos verificar, mais ou menos calmamente, que o tremendo abalo histórico veio a produzir efeitos mais extensos e profundos do que poderia talvez supô-lo o famoso repórter americano. Hoje, o conjunto dos países socialistas abrange mais de 25% da área do globo, com uma população que representa 35% da população mundial, e sobe já a 30% a sua parte na produção industrial do mundo inteiro. À frente dos países socialistas, a União Soviética realizou, nestes quarenta anos, um avanço material e cultural sem paralelo. Os dados que se seguem, relativos a um e outro setor, são disso uma comprovação sumária mas significativa.

O volume global da produção industrial soviética supera atualmente em 33 vezes o nível de 1913, e seu desenvolvimento, após a Segunda Guerra, se processa num ritmo três vezes mais rápido que nos Estados Unidos e quatro vezes mais que na Grã-Bretanha. Quanto ao ensino, basta salientar que na União Soviética lhe destinam verbas cinco vezes mais elevadas que nos Estados Unidos: Em 1955 havia na União Soviética 4 milhões e 700 mil estudantes de nível superior, 70% a mais que o total de estudantes americanos do mesmo nível. Num dos últimos anos foram graduados na União Soviética 63 mil engenheiros, e nos Estados Unidos 23 mil. Em matéria de produção de livros, a cifra soviética, segundo estatísticas da ONU, é de 20% sobre o total mundial, ou seja, 1 bilhão sobre 5 bilhões de exemplares.

Bem poucos, porém, eram aqueles que em 1917 ousavam prever tamanho aceleramento no avanço das forças socialistas. Se ainda hoje, com o Sputnik à vista, há quem se obstine em não acreditar! Muitos, pelo contrário, eram os profetas de mau agouro, que mal e mal concediam algumas semanas ou alguns meses de precária existência à República dos Sovietes. Como viria a acontecer depois, quando as tropas nazistas invadiram o território soviético, em 1941, questão de semanas, no máximo uns poucos meses. São previsões de gente que confunde o seu desejo ou o seu ódio com a realidade.

Devo esclarecer um ponto, sobre o qual posso falar de ciência própria, como alguém que viveu e sentiu muito de perto as repercussões produzidas no Brasil pela Revolução Russa de 1917. De um modo geral, os descrentes, os pessimistas, os raivosos não se encontravam nos meios operários, mas alhures. Os trabalhadores, em sua maioria, pelo menos nos centros industriais, receberam as notícias da revolução com entusiasmo, esperança e confiança.

Os escritores e jornalistas brasileiros comentaram a seu modo os sucessos da grande revolução. A maioria deles demonstrando uma total incompreensão de tudo, fazendo confusões elementares, as quais, lidas hoje, provocariam barrigadas de riso ao mais sisudo dos leitores. Fosse, porém, como fosse, com todas as incompreensões e confusões, ninguém podia fugir ao assunto, e os palpites se multiplicavam. Havia não pouca ironia em tais palpites, mas não era difícil perceber que se tratava de uma ironia meio assustada.

Alguns dos nomes que apareceram ou se afirmaram na imprensa, por aquela época, e que em breve se alçariam às culminâncias da literatura e do jornalismo — um Antônio Torres, um Costa Rego, um Gilberto Amado, um Assis Chateaubriand, um Jackson de Figueiredo, para citar somente os mais conhecidos no Rio de Janeiro —, afinavam mais ou menos pelo diapasão geral, e com o tempo descambaram quase todos para as posições mais reacionárias e antissoviéticas.

João do Rio, no auge da fama, não escapava à regra, e mais tarde, enviado pelo seu jornal para acompanhar a Conferência de Versalhes, em 1919, escrevia o diabo sobre os bolcheviques. Azevedo Amaral merece uma referência à parte. Começou a aparecer na imprensa carioca às vésperas da Primeira Guerra, como correspondente do *Correio da Manhã* em Londres. Seus artigos de então sobre a política inglesa eram realmente admiráveis. Regressou à pátria nos primeiros anos da guerra e seu renome de grande jornalista se consolidou rapidamente. Ao tratar, porém, da Revolução Russa, já não parecia o mesmo correspondente de Londres: tornava-se confuso, difuso, cobrindo-se, no entanto, com uma linguagem presunçosa, esparramada, alagadiça. A gente boiava aquelas águas e só não se afundava porque era tudo raso, não dava para afogar. Quanto a Humberto de Campos, esse estava ainda na fase fescenina do Conselheiro XX, e só alguns anos depois tomaria a si o encargo de perpetrar uma verrina diária contra o comunismo.

Mas nem tudo eram incompreensões, confusões e venalidades. Havia, por exemplo, um Monteiro Lobato, com seu faro agudo e a sua inteligência corajosa, buscando compreender o fenômeno revolucionário sem preconceitos nem medos. Havia sobretudo Lima Barreto, clarividente e destemeroso. Escreveu vários artigos em que defendia abertamente os "maximalistas", como então se dizia, artigos esses que foram incluídos na sua coletânea *Bagatelas*. Um dos quais, intitulado "No ajuste de contas", datado de 1º de maio de 1918 (aliás data aniversária do autor), provocou enorme sensação, foi mesmo taxado de "manifesto maximalista".

Escritores e jornalistas de esquerda é claro que desde o primeiro dia tomaram o partido da revolução. Dentre eles podemos assinalar os nomes de Fábio Luz, José Oiticica, Evaristo de Morais, Domingos Ribeiro Filho, José Martins, Carlos Dias, Antônio Canelas, todos já falecidos, e mais Afonso Schmidt, Edgard Leuenroth, Otávio Brandão, Everardo Dias, este último primeiro tradutor do livro de John Reed e todos ainda vivos e sãos. Sendo que Fábio Luz, José Oiticica e Edgard Leuenroth já em 1921 começavam a fazer restrições ao bolchevismo, cujas realidades não correspondiam cem por cento aos seus velhos sonhos de ácratas puros.

Mas há ainda dois ou três casos de escritores e jornalistas brasileiros da época, amigos e simpatizantes da Revolução Russa, que reclamam certo destaque, inclusive por alguma feição o seu tanto pitoresca das manifestações literárias e jornalísticas que promoviam a favor dos bolcheviques.

Um deles, o paulista Nereu Rangel Pestana, que escrevia nos apedidos de *O Estado de S. Paulo* sob o pseudônimo de Ivan Subiroff, e chegou mesmo a publicar um periódico por conta própria, com o título tirado do pseudônimo — *Jornal do Subiroff*. Nereu Rangel Pestana, pertencente a uma família de ilustres jornalistas de São Paulo, realizava, com os seus artigos de então, uma dupla campanha jornalística: defendia a Revolução Russa e ao mesmo tempo vasculhava os bastidores políticos e financeiros das classes dominantes no Estado, disso resultando um volume de ruidoso êxito, intitulado *A oligarquia paulista*. Vale a pena reproduzir a ficha bibliográfica desse livro, que é hoje uma raridade: *A oligarquia paulista* (Volume 1) Por / Ivan Subiroff, / Delegado da República dos / Sovietes Russos em S. Paulo / Editor / Nereu Rangel Pestana / Caixa Postal 1111 / S. Paulo.

Tais os dizeres da capa, impressos sobre um desenho alegórico. Na página de rosto, porém, em vez de editor etc. lê-se: Seção de Obras d'*O Estado de S. Paulo*, 1919.

O outro jornalista a que me refiro, menos conhecido que Nereu, pois não era propriamente um profissional da imprensa, chamava-se Roberto Feijó, advogado e professor. Ele residia então no Rio e aí no diário *A Época*, de que era diretor o atual desembargador Vicente Piragibe, conseguiu publicar uma série de "cartas" em defesa da revolução, usando o pseudônimo de dr. Kessler (estou citando de memória, sem ter verificado a exatidão do nome) e com esse disfarce fazendo-se passar por agente russo enviado ao Brasil. A mesma mistificação de Ivan Subiroff. Diga-se, porém, para desfazer dúvidas, que ambos se utilizavam desse processo com absoluta honestidade de meios e propósitos, e com uma boa e alegre dose de ironia. Eram ambos, com efeito, homens de espírito e de bom humor, e empregavam a sua malícia, mui desinteressadamente, a favor das melhores causas democráticas e patrióticas.

Outro curioso pseudônimo de brasileiro defensor da Revolução Russa era o de Alex Pavel. Esse era um pequeno e obscuro jornalista — creio que as iniciais do seu pseudônimo o tornarão facilmente identificável. Já umas duas ou três semanas depois do 7 de novembro, começou Alex Pavel a escrever cartas semanais sobre a revolução, enviando cópias aos principais jornais cariocas. Um único desses jornais, o *Jornal do Brasil*, que era então dirigido pelo velho liberal Fernando Mendes de Almeida, aliás senador e conde papalino, se deu ao luxo de publicá-las. Alex Pavel reuniu-as num pequeno folheto, que saiu a lume em fevereiro de 1918 sob o título *A Revolução Russa e a imprensa*. Cito o fato porque ele assinala, provavelmente, a primeira publicação feita na imprensa brasileira em defesa do novo regime soviético.

(1957)

I Congresso de Escritores no Teatro Municipal de São Paulo, em janeiro de 1945, quando Astrojildo é homenageado por Oswald de Andrade. De pé, com o microfone, Jorge Amado. Arquivo ASMOB/IAP/CEDEM.

SAUDAÇÃO A ANÍBAL MACHADO[1]

Por mais de um motivo a Associação Brasileira de Escritores devia esta homenagem a Aníbal Machado. Foi ele nosso presidente, durante o período de 1944-1945 — e a ele, nessa qualidade, coube organizar e dirigir o Primeiro Congresso Brasileiro de Escritores reunido na capital de São Paulo, em janeiro de 1945. Sabe toda a gente que aquele congresso representou importante papel na fase final de liquidação do regime estado-novista de 10 de novembro. Mas o que nem toda a gente sabe ao certo é que Aníbal Machado, por força do seu cargo na ABDE e principalmente por força do seu entusiasmo e da sua tenacidade, foi sobretudo um extraordinário animador da histórica assembleia. Durante meses, na preparação do congresso, e, depois, durante os sete dias de sua reunião, o nosso caro Aníbal, sempre atento e cordial, mostrou-se um condutor de boa fibra, vencendo uma a uma as numerosas dificuldades, que surgiam a cada momento, e levando a termo, com êxito cabal, a difícil tarefa que lhe fora confiada.

Seu interesse pela ABDE e pela obra iniciada no primeiro congresso não findou com o término do mandato presidencial: permaneceu inalterável, e ainda hoje, quando nossa associação vai eleger a nova diretoria, aí vemos Aníbal, não só consentindo em figurar como candidato ao Conselho Fiscal,

---

[1] Discurso lido na festa promovida pela ABDE em homenagem a Aníbal Machado, por ocasião de sua viagem à Europa, em 1947. A festa, que se realizou a 20 de março, contou com a presença de representantes diplomáticos da Polônia e da França, além de grande número de escritores, amigos e admiradores do homenageado.

mas ainda, em meio aos preparativos de viagem, trabalhando e cabalando a favor da chapa encabeçada por Guilherme Figueiredo.

Tais razões de apego à ABDE — sem falar nas razões de afeto pessoal que o envolvem por todos os lados — bastariam, sem dúvida, para torná-lo credor do nosso apreço e da nossa homenagem. Outra razão existe, no entanto, que a todas sobreleva para justificar a festa desta noite. E essa razão superior reside no próprio escritor Aníbal Machado como tal, independentemente dos serviços que tem prestado à ABDE e da cordialidade que nos prende a ele. Assim é que a nossa homenagem não se dirige apenas ao companheiro e amigo, mas em primeiro lugar ao escritor, que agora vai à Europa como a própria personificação da inteligência brasileira naquilo que ela possui de mais alto, mais fino e mais sensível às vibrações do nosso tempo.

Prosador de primeira ordem, ensaísta vivo, saboroso, contista dos melhores da nossa literatura, e recordemos que no conto temos alguém que se chamou Machado de Assis, Aníbal é principalmente o autor de uma obra que se tornou famosa antes de acabada e só fragmentariamente conhecida — já se percebe que me refiro a *João Ternura*. Sobre *João Ternura*, de que tanto se tem falado e escrito, muito pouco se sabe na realidade. Desconfio que o próprio Aníbal se inclui entre os que ignoram — ignorância afinal unânime — a que espécie ou gênero literário pertence o fabuloso livro. Acrescentemos, em ressalva do autor e também nossa, que isso não importa grande coisa. Romance, fabulário, memorial, poema herói-cômico em prosa moderna — ou tudo isso junto e misturado, o que parece mais provável — pode-se conjecturar, pelos fragmentos lidos ou ouvidos de *João Ternura*, que se trata de obra destinada a singularizar-se em nossas letras: obra a um tempo de fantasia e realismo, de poesia e picaresco, de sátira e enternecimento, de alegria e melancolia, qualquer coisa enfim que signifique a aplicação de processos variadíssimos, dos mais antigos aos mais modernos, no tratamento da matéria literária e artística. Poderemos talvez concluir, à vista dos indícios conhecidos, que o *João Ternura* vem a ser uma espécie de autobiografia lírica, feérica e sentimental, e com esses qualificativos estou excluindo qualquer ideia de autobiografia no sentido normal da palavra. Será, no caso, não a história, mas a transposição poética e romanesca de uma rica experiência humana.

Nesta identificação entre o autor e o personagem — fenômeno aliás comum na literatura — encontraremos, ao meu ver, uma confirmação definitiva dos traços que marcam a personalidade de Aníbal Machado, na qual se casam, se completam e se confundem a generosidade do homem e a vibratilidade do artista como condição essencial do seu modo de ser. Nenhuma oposição, nenhum choque, dentro dele, entre o homem e o escritor, entre o cidadão e o intelectual. Pelo contrário, Aníbal Machado nos oferece o exemplo de perfeita consonância entre um e outro, e daí o seu otimismo, o seu gosto de viver, e também os seus dons de comunicabilidade e compreensão. Disso tudo resulta, ao que suponho, além de outras aptidões, o seu poder de captação dos ruídos e tumultos da cidade.

É claro que tais predicados lhe conferem possibilidades excepcionais de eficácia e brilho no cumprimento da missão cultural que vai realizar na Europa, especialmente na França e na Polônia. Viajante sem representação oficial ou oficiosa, livre, portanto, de quaisquer compromissos, Aníbal Machado leva como única e bastante credencial a sua inteligência e, por extensão, implicitamente, o mandato da inteligência brasileira.

*

Os acontecimentos que se desenrolam na Europa, desde o fim da guerra, só chegam até nós, por assim dizer, esgarçados pela distância; quando não intencionalmente deformados por fontes de informação que não primam pela objetividade.

O nazifascismo foi batido militarmente; mas a luta pela paz é ainda uma luta das forças democráticas contra as forças da reação, que no passado geraram o fascismo e agora tentam desesperadamente ressuscitá-lo sob novos disfarces. E hoje, na paz, como ontem, na guerra, os intelectuais que não traíram a inteligência participam, com o mesmo sentido heroico, no tremendo esforço de recuperação econômica, política e cultural. Eis o que Aníbal vai ver e sentir de perto, com o seu agudo senso de observação e compreensão. Verá e sentirá, na França como na Polônia, o que foi o sacrifício imenso de povos que se libertaram do jugo bestial do nazismo; verá e sentirá o que é a esperança de povos que reconstroem a sua casa animados por um anseio leal de paz e cooperação; verá e sentirá quão fecundo é o poder criador das massas populares quando guiado por impulsos de liberdade e progresso.

Mas Aníbal não vai apenas para ver e sentir; não vai proceder a nenhum inquérito encomendado, nem a indagações de repórter sensacionalista: convidado como amigo, hóspede cordial de países amigos, ele vai viver e conviver fraternalmente entre franceses e poloneses, e então terá também oportunidade de falar a nosso respeito, de contar o que somos, o que fazemos, o que pensamos, o que sentimos. Dirá que nos sentimos orgulhosos de nossa participação de sangue, bem modesta sem dúvida, mas sincera e ardorosa, na luta contra o inimigo comum; dirá que nos esforçamos, com energia e tenacidade, para extirpar do nosso solo os restos do fascismo, que teimam por sobreviver, açulados pelas forças reacionárias internas e externas; dirá que trabalhamos, sem esmorecimento, por fazer do Brasil uma pátria realmente livre, habitada por um povo próspero e feliz; dirá que lutamos presentemente pela consolidação da democracia em nosso país, pois compreendemos que essa é a condição não só do progresso econômico, político e cultural, que almejamos, mas também da nossa própria independência nacional; dirá que amamos a paz e por isso mesmo nos manifestamos favoráveis à defesa intransigente dos princípios e do programa em que se baseia a Organização das Nações Unidas; dirá que somos contrários, por idêntico motivo, à formação de blocos regionais ou continentais, inclusive esse, conhecido por plano Truman, que visa na realidade a estender por todo o hemisfério a dominação de uma só potência, e a torpedear os esforços da ONU para manter a paz, a qual, nas condições atuais do mundo, depende precipuamente do entendimento e da cooperação entre as grandes potências.

*

Sabe-se da influência preponderante que a cultura francesa exerceu sobre a formação literária da quase totalidade dos intelectuais brasileiros pertencentes às gerações anteriores à última guerra. Aníbal Machado é um deles — e bem podemos imaginar, assim, que espécie de emoção o há de assaltar e dominar durante a sua permanência na França. Creio interpretar um sentimento geral afirmando, neste instante, que todos nós partilharemos, mesmo de longe, essa emoção, e pela voz do nosso companheiro Aníbal repetiremos mil vezes a nossa mensagem de invariável confiança na inteligência gaulesa, que se retemperou nos anos de provação, e que agora, retomando as suas melhores tradições, se reafirma aos olhos do mundo com o vigor de uma nova renascença. De novo, com efeito, a ciência, a arte, a literatura, a educação, a técnica ali florescem e frutificam, abrindo ao seu povo amplas e fecundas perspectivas de trabalho, de progresso, de cultura, de beleza. E isto acontece, deixai-me acrescentar, porque a inteligência francesa reencontrou-se com o povo, lutou e sofreu com o povo, com esse povo de operários e camponeses, fonte inesgotável de energia e de capacidade criadora.

*

Aos poloneses poderá Aníbal transmitir palavras de uma solidariedade que data de muitas dezenas de anos. Os escritores brasileiros acompanharam sempre, com justificada admiração, as lutas terríveis que o povo da Polônia sustentou no passado contra opressores seculares. Relembremos, por exemplo, a insurreição de 1863, esmagada com extrema ferocidade pela reação tzarista. O mundo inteiro comoveu-se com o heroísmo e os sofrimentos do povo polonês. No Brasil, numerosos poetas cantaram o martírio da Polônia. Machado de Assis, ainda jovem, se deixou empolgar pela bravura dos revolucionários e escreveu uma ode a eles dedicada, e que terminava assim:

Não ama a liberdade
Quem não chora contigo as dores tuas,
E não pede, e não ama, e não deseja
Tua ressurreição.

Há mesmo todo um volume, se não me engano publicado aqui no Rio durante a guerra, em que se acham reunidos poemas e prosas de autores brasileiros, que escreveram sobre a Polônia, em épocas diversas, mas quase sempre exaltando os combatentes da independência nacional polonesa.

Hoje, depois da Segunda Guerra Mundial, que, em alguns anos de horror, superou os horrores cometidos durante séculos por sucessivas invasões e ocupações, hoje a heroica Polônia, enfim restituída às suas fronteiras históricas, renasce dos escombros com a mesma bravura, empregada agora no trabalho de reconstrução, com que seus filhos se empenharam antes na luta contra o inimigo.

Ao povo polonês, aos intelectuais poloneses, dirá Aníbal Machado da profunda simpatia com que acompanhamos o renascimento da terra polonesa, principalmente no que se refere à reforma agrária (problema que tão de perto nos interessa, pois é também um problema nosso), ao desenvolvimento industrial e ao impulso da cultura e da educação popular.

Sabemos das enormes dificuldades que a democracia polonesa tem encontrado pela frente. Sabemos da má vontade — digamos logo a palavra justa: da má-fé com que certos grupos reacionários da Europa e da América apreciam o esforço de recuperação política, econômica e cultural realizado pelo governo popular polonês depois da expulsão do invasor nazista. E é por sabermos de tudo isso que mais viva se torna a nossa fraternal solidariedade ao povo indomável da Polônia e ao seu governo democrático, que representa, com indiscutível legitimidade, a nova Polônia renascida.

*

Meu caro Anibal Machado:

Em nome da ABDE, trago-lhe as nossas despedidas muito cordiais, fazendo votos por uma agradável viagem. Em geral a despedida é um ato triste; mas nós não estamos tristes, no caso presente. Pelo contrário, é com satisfação e alegria que lhe trazemos o nosso abraço. Sentiremos a sua ausência, é claro, mesmo sabendo que será de curta duração; mas o motivo de sua ausência supera de muito qualquer outra consideração. Maior ainda, tenho certeza, será o vulto de benefícios que esta viagem trará a você, a nós todos, seus amigos e companheiros, e também — por que não dizê-lo? — ao nosso país e aos países que você vai percorrer.

O convite que você recebeu da França e da Polônia não honra apenas a você, honra, na verdade, a todos os intelectuais brasileiros. Isto você poderá igualmente repetir na França e na Polônia, com a mesma ênfase com que o proclamo aqui em presença dos ilustres representantes diplomáticos dos países amigos.

*

Aníbal Machado:

Esta viagem, muito naturalmente, vai fornecer-lhe abundante material para novos capítulos do *João Ternura*. Serão capítulos impregnados do melhor espírito de compreensão humana, destinados a servir, por conseguinte, à amizade entre os povos, particularmente aos três povos interessados nesta nova aventura de João Ternura. Não importa que seja um serviço realizado de modo especial, isto é, ao modo próprio, específico, de João Ternura. O que realmente importa é servir à boa causa — servir com generosidade no coração e talento na cabeça.

Estou bem certo, meu caro Aníbal, de que você, mesmo utilizando métodos estranhos à rotina da *carrière*, saberá converter o endiabrado João Ternura num excelente e eficaz diplomata.

É o que todos nós desejamos, em bem da diplomacia e da literatura.

(1947)

Artigo de Astrojildo publicado na revista *Fundamentos* em abril de 1950. Acervo ASMOB/IAP/CEDEM.

CONGRESSOS DE ESCRITORES

I

Duas questões principais dominaram os trabalhos do II Congresso Brasileiro de Escritores — no plenário, nas comissões, nos bastidores: a do direito autoral e a da posição do escritor na luta em defesa da democracia e da paz.

Outras questões constavam do temário, e sobre elas se pronunciaram numerosas teses, submetidas à apreciação do Congresso. Verificou-se, todavia, ao terminar a assembleia, que bem escasso fora o seu rendimento do ponto de vista estritamente cultural. Raras teses apareceram que houvessem tratado em profundidade algum problema importante de natureza literária, artística ou científica, e que suscitassem altos debates ou apaixonassem a controvérsia. Tudo isto é certo, e foi bom que se criticasse. Mas neste ponto devemos observar que na realidade os problemas da cultura, mesmo em sua feição teórica mais elevada ou mais aparentemente desinteressada, se acham intimamente vinculados às contingências históricas, e não só vinculados como até subordinados. De sorte que o seu debate, em momentos conturbados como este que atravessamos e em assembleias do tipo dos nossos congressos, forçosamente acabaria por se entrelaçar com inelutáveis considerações de ordem política, econômica e social. E isto acontece, afinal de contas, justamente porque realizamos um congresso de escritores que são homens vivos que estão vivendo com o seu tempo, o seu país e a sua gente. Caso contrário, ficaríamos na situação de um conclave — e aqui esta horrorosa palavra parece uma luva — de sujeitos mais ou menos competentes, mas com certeza muito esquisitos, a falarem no vácuo, sem maiores consequências.

Observaremos, por outro lado, que o baixo rendimento cultural do Congresso de Belo Horizonte se deve, em grande parte, aos métodos de trabalho ali adotados, repetindo-se, aliás, o que já ocorrera no Congresso de São Paulo. Creio que a dupla experiência deve servir de lição, e conviria desde logo, tendo-se em vista o III Congresso, buscar e estabelecer outros métodos mais eficazes e produtivos. Permito-me, nesse sentido, fazer algumas sugestões, que apresento à consideração das várias seções estaduais da ABDE.

Vimos em Belo Horizonte — mais ainda que em São Paulo — as teses, memórias e indicações, em número superior a sessenta, examinadas apressadamente pelas comissões, encarregando-se cada membro destas de relatar uma ou mais. O resultado não podia ser outro: pareceres elaborados de afogadilho, lidos e aprovados mais ou menos a galope, primeiro no seio das comissões e depois no plenário. Dir-se-á que as teses, com poucas exceções, eram de má qualidade, e só mereciam os pareceres que tiveram. Houve por isso quem propusesse, ao terminar o congresso, que no futuro se criasse uma comissão especial, incumbida de selecionar, com antecedência, as teses apresentadas, de tal modo levando-se ao exame e debate do congresso unicamente aquelas que conseguissem atravessar o crivo rigoroso dessa comissão. O plenário rejeitou a proposta, a meu ver com toda a razão. A medida, extremamente difícil e perigosa, tornar-se-ia antipática e acabaria por afastar do congresso o interesse da maioria dos escritores, falhando por conseguinte a um dos seus objetivos capitais.

A solução, que me parece mais acertada para o caso, consistiria em dar à comissão nacional organizadora do congresso a atribuição de designar, com antecedência bastante, um relator competente para cada parte do temário já estabelecido. Cada relator, de posse das diversas teses que lhe seriam distribuídas um ou dois meses antes do congresso, teria assim um prazo razoável para elaborar o seu parecer, resultante da análise das teses. Mesmo que estas últimas fossem medíocres, em sua totalidade, ao relator caberia fazer a crítica de suas insuficiências e, nesta base, realizar um trabalho sério, um verdadeiro estudo do problema que as teses tivessem abordado de maneira pouco satisfatória. Os debates em plenário, alimentados por pareceres de boa qualidade, presumivelmente só teriam a ganhar com isso, emprestando maior importância e repercussão ao congresso. Quanto às comissões, naturalmente reduzidas em sua composição, caberia apenas a tarefa de redigir as conclusões e resoluções a que chegasse o plenário em resultado dos debates.

Eis aí, sumariamente expostas, as sugestões e modificações que me ocorrem relativamente aos métodos de trabalho dos nossos congressos, depois das experiências de São Paulo e Belo Horizonte.

*

A questão do direito autoral foi certamente a que, em comissão, provocou mais obstinada divergência. Três correntes se manifestaram desde o início e se mantiveram na mesma posição até ao fim: a do projeto de lei em curso na Câmara dos Deputados, a do parecer e substitutivo Jorge Amado, e a do memorial Aires da Mata Machado Filho. Diferenças secundárias separavam entre si as duas últimas correntes, ao passo que ambas se contrapunham de modo radical a alguns dos pontos essenciais do projeto, relativos ao princípio da inalienabilidade do direito autoral, à taxação das obras caídas em domínio público, à associação profissional única, ao mandato compulsório e à função tutelar delegada da associação, etc.

Ao cabo de vários dias de aceso debate, a comissão do direito autoral, verificando a impossibilidade de se chegar a uma solução unitária, e considerando sobretudo que a matéria se acha em discussão aberta no parlamento nacional, decidiu propor ao plenário que fossem enviados à Câmara dos Deputados, para o devido estudo, os materiais que serviram de base ao debate travado em Belo Horizonte. Decisão razoável, que o congresso aprovou plenamente.

*

Se não me engano, o maior número de teses apresentadas ao Congresso de Belo Horizonte tratava dos temas concernentes à posição do escritor na luta pela paz e em defesa da democracia. Temas e teses de natureza política — e que, por isso mesmo, pois vivemos uma época principalmente dominada por preocupações políticas, constituíram o eixo em torno do qual girou o Congresso, do começo ao fim. Daí a importância, a enorme importância justamente atribuída à comissão de assuntos políticos, que devia não só realizar o trabalho rotineiro de opinar sobre as teses que lhe incumbiam, mas ainda de elaborar o texto da declaração de princípios do Congresso.

A comissão de assuntos políticos era a melhor possível, refletia na verdade a própria composição do congresso e merecia, por consequência, o apoio unânime das diversas delegações. Em tais condições, ninguém podia prever dificuldade alguma no desempenho de suas tarefas. E assim, com efeito, corriam as coisas, docemente embaladas ao influxo sedativo dos ares puros da montanha.

Eis senão quando...

*

Um ou dois dias antes de inaugurar-se o congresso, Belo Horizonte aparecia-nos com o céu mais límpido e bonito do mundo. Os delegados iam chegando, de avião, de trem, de automóvel, e grupos deles ganhavam a rua, não só com o desejo de conhecerem a cidade, mas para gozarem a plenos pulmões aquelas doçuras de céu e de ar. Eis senão quando, não se sabe como, repentinamente, desabou sobre Belo Horizonte uma tremenda chuva de pedras. Mas tudo aconteceu rápido como um espetáculo de mágica, ou uma demonstração de que mesmo o céu mais plácido pode desencadear violentas borrascas. Lembro-me desse episódio da chuva de pedras, ao recordar a crise que abalou inopinadamente o congresso, às tantas horas da noite de 15 de outubro.

Os fatos tiveram já ampla divulgação e não é preciso repeti-los aqui em detalhe. O congressista mineiro Aires da Mata Machado Filho em dado momento fez chegar à mesa um projeto de moção, que ele apresentava, segundo a praxe observada anteriormente, à apreciação do plenário. Lida a moção pela mesa — e a sua leitura fora entrecortada de aplausos gerais — a assembleia em peso levantou-se em demorada e entusiástica aclamação. A mesa, como era também de praxe, declarou considerar a moção aprovada por aclamação. Neste momento caiu a chuva de pedras...

Publicamos na revista *Literatura* nº 6 os documentos relacionados com a crise: a moção Aires da Mata Machado Filho, a "declaração interpretativa", assinada por numerosos delegados, e a declaração de membros da comissão de assuntos políticos. E podíamos parar por aqui, deixando que os fatos e documentos falem por si mesmos. Tanto mais que tudo acabou bem, tudo azul, como o céu de Belo Horizonte antes e depois da tempestade. Mas como esses fatos e documentos foram diversamente interpretados, em artigos de jornal publicados sob a responsabilidade de alguns ilustres congressistas, julgamos necessário salientar certos aspectos da questão que não foram devidamente apreciados.

*

Releia-se a moção que deu origem à crise. Nada há nela que possa arrepiar a sensibilidade de qualquer democrata consequente, por mais delicado que seja. Não discrepa um milímetro da linha política seguida pelo congresso. Não contraria uma vírgula sequer da Declaração de Princípios votada no I Congresso, nem tampouco da declaração que seria votada, no dia seguinte, pelo II Congresso.

Sua aprovação unânime pelo plenário não pode oferecer a menor dúvida. A "declaração interpretativa" lida pouco depois, ao microfone, para justificar a atitude dos seus signatários em favor da moção, equivale a uma confirmação inequívoca dessa unanimidade. Apenas um congressista, em declaração verbal, fez constar a sua discordância em relação unicamente ao último parágrafo da moção.

Como explicar então a crise que se produziu — pode-se dizer que explosivamente?

As explicações e alegações meramente formalistas não convencem. Que o procedimento da mesa, apresentando a moção ao plenário sem prévia consulta à comissão de assuntos políticos, fosse correto ou incorreto, segundo o regimento ou a praxe, isto no fim de contas vem a ser absolutamente secundário. A assembleia, órgão supremo e soberano do congresso, ao aprovar a moção por unanimidade — inclusive com o voto dos dez membros da comissão de assuntos políticos que depois resignaram —, sancionou, por assim dizer, o procedimento da mesa.

O que houve, na realidade, foi uma manobra política inspirada por um pensamento político anticomunista. A moção incidia, como é normal em documentos de tal natureza, sobre fatos concretos, particulares, específicos, e acontece que esses fatos se relacionam precisamente com a situação do Partido Comunista: projeto de Lei de Segurança, cassação de mandatos, ilegalidade do partido. Sua adoção pelo Congresso podia ser "explorada" pelos comunistas como uma "vitória" do seu partido. Eis o que era preciso impedir a todo preço, inclusive ao preço de uma cisão e dissolução do congresso. Provocou-se então a crise, a pretexto de tais ou quais formalidades. Foi evidentemente uma crise artificial, provocada com um fim político determinado — "derrotar os comunistas".

O que ficaria comprovado pela interpretação dada à crise em artigos publicados na imprensa, posteriormente, por alguns congressistas, que vieram a público confessar o seu contentamento pela "derrota dos comunistas". Entretanto, os comunistas não só não se julgaram derrotados com o desfecho da crise como ainda contribuíram decisivamente para que as coisas se harmonizassem e se chegasse a um acordo satisfatório para todos. Os congressistas que participaram das negociações entre os dois grupos suscitados pela crise podem prestar o seu testemunho acerca do espírito conciliador, da boa vontade, do empenho em evitar a cisão e o malogro da assembleia, de que os comunistas deram sobejas provas. Os congressistas que provocaram a crise não constituíam maioria nem no plenário nem na comissão de assuntos políticos, circunstância esta que não deve ser esquecida e que deixou os comunistas a cavaleiro de qualquer suspeição de sectarismo ou de intolerância. E como a questão fora posta no terreno das formalidades, os comunistas não opuseram dificuldade alguma em que as formalidades fossem rigorosamente cumpridas: a moção foi retirada da ata, considerada como não tendo sido lida perante o plenário e enviada, com todos os efes e erres regimentais, à comissão de assuntos políticos.

A crise estava superada, felizmente, e a unidade do congresso preservada. A comissão de assuntos políticos voltou a reunir-se, integrada por todos os seus membros, e entregou-se com afinco à elaboração da Declaração de Princípios.

*

Os que falam em "derrota" dos comunistas colocam a questão em termos inexatos, que decorrem, no mínimo, de vulgar preconceito, de falsos pressupostos, de paixão política exasperada — ou de tudo isso ao mesmo tempo. Não é certo — pelo contrário, é erradíssimo — classificar os congressistas em "democratas" e "comunistas", como se se tratasse de categorias políticas opostas. Mesmo no congresso, em todo o decorrer do congresso, no plenário, nas comissões e nos bastidores, os comunistas deram sobejas provas de que são autênticos democratas, prontos sempre a cooperar com todos os democratas de outros partidos ou ideologias na solução democrática dos problemas em apreço. Ninguém de boa-fé pode negar este fato.

A verdade é que o II Congresso reuniu escritores democratas de todas as tendências políticas, os quais discutiram livremente os assuntos levados à assembleia. Os escritores comunistas, que participaram dos seus trabalhos, procederam, por palavras e atos, como escritores e democratas, e em sua qualidade de democratas mantiveram-se firmes e vigilantes como os que mais o fossem no esforço comum de realizar uma obra profícua não só em prol dos interesses profissionais, próprios dos escritores, mas igualmente em defesa das liberdades democráticas e da paz entre as nações, coisas que tão de perto interessam a todo o nosso povo. Desafiamos que se aponte um único fato indicativo de alguma atitude assumida por algum escritor comunista, durante os trabalhos do congresso, contrária ao espírito democrático ali reinante. O próprio desfecho da crise demonstra suficientemente o que estamos afirmando.

Equivocam-se, portanto, os que falam em "derrota" dos comunistas. Não, o congresso marcou uma vitória da democracia e os comunistas participaram plenamente dessa vitória, para a qual contribuíram com entusiasmo e eficácia. Derrota, a única verdadeira derrota infligida pelo congresso, quem a sofreu foi a reação, que tudo fez para torpedeá-lo e nada conseguiu. Tudo o mais que se disser fora dessa realidade é ilusão, incompreensão e mistificação.

*

Vitória da democracia: derrota da reação. Eis a conclusão justa a que se chega, depois de uma análise honesta dos resultados do II Congresso Brasileiro de Escritores, cuja Declaração de Princípios reafirma em toda a sua plenitude a Declaração do I Congresso, ampliando-a naquilo que as circunstâncias históricas o exigiam.

Mas aqui impõe-se, ao exame do comentarista, o paralelo entre o desenvolvimento da situação política do país em seguida ao I Congresso e o que está acontecendo agora, em seguida ao II Congresso. Em 1945, a Declaração de Princípios serviu de plataforma à ação de reconquista das liberdades democráticas que haviam sido destruídas em 1937.

Sabe-se como os escritores e os intelectuais em geral intervieram então na batalha política, desempenhando importante papel na luta comum de todo o nosso povo pela redemocratização do país. Eles reviviam, pode-se dizer, a tradição militante da inteligência brasileira que o passado nos legara, desde a Inconfidência, a Independência, a Regência, a Abolição, a República.

Qual a situação nestes dias de 1947? Ela se caracteriza pela volta ao cenário do mesmo grupo fascista que desencadeou a reação de 1937 e está empregando esforços desesperados para liquidar a Constituição de 1946 e reimplantar no país a ditadura fascista. Já nos encontramos, de fato, sob um regime de arbítrio policial, com a anulação na prática das mais elementares liberdades consignadas na Constituição.

A Declaração de Princípios de Belo Horizonte reconheceu e assinalou com clareza os perigos que ameaçam (e já estão na realidade atingindo) a democracia brasileira no atual momento, conclamando os escritores à luta em defesa dos princípios democráticos fundamentais, integrados na Constituição: livre organização de associações e partidos, inviolabilidade do mandato popular, eliminação das leis restritivas e dos aparelhos judiciários de exceção.

A nova Declaração de Princípios traça o rumo a seguir pelos escritores, pelos intelectuais, nas novas condições existentes em 1947. O que é preciso agora é repetir o exemplo de 1945, quando a Declaração do I Congresso foi tomada como um ponto de partida e não como um ponto de chegada.

(1947)

II

Recorde-se como o I Congresso, naquele alvorecer de 1945, contribuiu para a reconquista, pelo povo brasileiro, das liberdades democráticas mais elementares. Eram dias de grande vibração popular, e a grande assembleia dos escritores brasileiros, reunida em São Paulo, transcorrera toda ela sob o signo da luta pela democracia. A Declaração de Princípios, que os congressistas aprovaram então, por unanimidade, e com extraordinário entusiasmo, deixou consignado, em sua concisa formulação, o sentido político democrático, antifascista, anti-Estado Novo dominante no pensamento da intelectualidade brasileira.

Também o II Congresso, realizado em Belo Horizonte, quase três anos depois, foi um congresso de luta pela democracia. Com a diferença de que esta luta se travou primeiro dentro do próprio congresso, cuja unidade fora rompida por algumas dezenas de escritores — uns poucos conscientemente reacionários, a maioria apenas medrosamente anticomunista —, os quais, a pretexto de "apoliticismo", tudo fizeram para atrelar a assembleia à política antidemocrática das classes dominastes no país. A Declaração de Princípios votada em Belo Horizonte — resultado de um compromisso na verdade bem precário — refletiu, em suas formulações menos firmes que as de São Paulo, o abalo interno produzido no Congresso pelas manobras divisionistas provocadas por alguns elementos mais reacionários da minoria. Mas ao cabo de tudo prevaleceu em Belo Horizonte o espírito democrático que a maioria dos delegados incontestavelmente representava.

Devemos reconhecer, no entanto, que não soubemos apreciar plenamente o significado do que acontecera ali. Embalados e entorpecidos pela música daquele compromisso, abstivemo-nos de realizar, depois do II Congresso, uma campanha que esclarecesse a opinião pública sobre a natureza, os métodos e os verdadeiros objetivos das manobras ali desenvolvidas pelos reacionários. Consequência — a cisão da ABDE por ocasião da escolha da diretoria para o exercício de 1949.

No auge da luta então desencadeada no seio da ABDE[1] é que se preparou e por fim se reuniu o III Congresso, na Bahia. Os cisionistas e desertores da ABDE não pouparam esforços nem meios para perturbar e mesmo impedir a sua realização. Doestos, intrigas, mentiras, calúnias, ameaças — de tudo lançaram mão. Mas perderam a partida. O III Congresso se realizou na data marcada — e foi um êxito, que deixou os inimigos de cara à banda. A Declaração de Princípios, elaborada com largueza de vistas, mas ao mesmo tempo com espírito firme e clarividente, assinalou sensível

---

[1] Luta em que também nós cometemos alguns erros graves.

progresso não só em relação à declaração de Belo Horizonte como também em relação à de São Paulo, superando a ambas pela forma e pelo conteúdo.

O Congresso da Bahia reuniu-se num momento de crescente agravação da situação mundial, com a ameaça de emprego da bomba atômica por parte dos círculos governantes dos Estados Unidos visando ao extermínio em massa de populações inteiras. O congresso declarou sua adesão às forças democráticas que em todo o mundo lutavam contra o emprego da bomba atômica e contra os perigos de nova guerra mundial. Com esta tomada de posição favorável à campanha humanitária dos povos amantes da paz contra a utilização da energia atômica para fins bélicos, os escritores brasileiros, representados pelo Congresso da Bahia, honraram as tradições democráticas e pacíficas do nosso povo e com isso honraram-se a si próprios. Compreenderam — conforme se conclui do texto da Declaração de Princípios — que as lutas pelo desenvolvimento da cultura, pela emancipação econômica e o desenvolvimento do país e pelas liberdades democráticas não são apenas inseparáveis da luta contra os perigos de guerra, mas são mesmo condicionadas por esta luta. Digamos ainda que esta posição do III Congresso foi igualmente a expressão do mais amplo e fecundo sentimento de unidade que, sem embargo das divergências de ordem política e estética entre os delegados, presidiu superiormente aos seus debates e resoluções.

O IV Congresso, a reunir-se proximamente em Porto Alegre, sob o signo desta mesma unidade democrática e militante, destina-se a assinalar um marco progressivo, um passo para a frente no caminho das lutas da inteligência brasileira, cada vez mais conscientemente integrada nas grandes lutas históricas do nosso povo.

O IV Congresso" — são palavras da comissão organizadora da ABDE que o convocou — "saberá reunir escritores das mais variadas tendências, com o objetivo de formar vigorosa unidade na defesa dos interesses profissionais do escritor, para a solução correta e urgente das questões imediatas da cultura brasileira, e na Declaração de Princípios que ajudem o nosso povo a resolver seus inadiáveis problemas e reflitam ao mesmo tempo a justa e ardente aspiração de todos os povos, que é a paz mundial.

Estas palavras claras, confiantes e firmes já definem, por antecipação, o que vai ser a assembleia de Porto Alegre.

(1952)

III

Os intelectuais, pela natureza do seu trabalho e por suas condições de vida, estão particularmente interessados em tudo que diz respeito à defesa e preservação do caráter nacional da nossa cultura, aquilo que ela possui de mais expressivo e próprio da nossa gente, das nossas tradições, dos nossos costumes, da nossa maneira de ser.

O recente Congresso de Goiânia, cuja composição foi a mais variada que é possível imaginar, constituiu, nesse sentido, não apenas um brilhante êxito, mas sobretudo uma demonstração indiscutível, definitiva. Seus debates, livres e ardentes, e sua resolução final unanimemente aprovada comprovam de maneira inequívoca o fato, cuja importância não é demais acentuar: a intelectualidade brasileira está interessada e unida, independentemente de outras considerações, nessa questão de defesa da cultura nacional.

Nem podia deixar de ser assim, desde que as coisas sejam colocadas em termos justos, com amplitude e clareza.

Não se trata de adotar, neste assunto, um critério estático, saudosista, rígido e impermeável à assimilação de benéficas influências de outras culturas. Nada disso. Trata-se de defender tudo aquilo que é vivo, animado e fecundo em nossa cultura nacional, de sorte a elevá-la e enriquecê-la cada vez mais com os melhores elementos próprios e alienígenas. É esse um critério dinâmico e progressista, que se deve adotar inclusive no estudo do nosso passado e da nossa herança cultural. É, em suma, um critério científico, objetivo, o único portanto capaz de permitir a ação conjugada e unânime de todos os intelectuais honestos, sem exceção.

Mas não devemos esquecer, por outro lado, que a melhor forma de luta que os intelectuais podem empregar na defesa do caráter nacional da nossa cultura consiste em produzir novas obras — sobretudo nos domínios da literatura, da arte e da ciência — que explorem temas nacionais, que retratem com honestidade os sentimentos, os problemas, as lutas, as esperanças no nosso povo. Mesmo as obras de erudição ou de divulgação, inclusive aquelas dedicadas ao estudo do nosso passado, podem seguir idêntica inspiração, contribuindo todas ao objetivo comum de ajudar o nosso povo a libertar-se da miséria, do atraso, da ignorância e da opressão.

O Congresso de Goiânia mostrou-nos que existem, entre nós, todos os motivos, teóricos e práticos, para um amplo movimento unitário dos intelectuais brasileiros, tendo em vista organizar a luta em defesa da nossa cultura nacional, hoje mais que nunca ameaçada pelo cosmopolitismo informe e degradante, essa espécie de alienação da nossa própria personalidade cultural e suas mais lídimas manifestações democráticas e progressistas.

(1954)

Astrojildo editou o jornal *Crônica Subversiva* em 1918, antes de ser preso. Ele escrevia, tipografava, imprimia e distribuía. No cabeçalho, com ironia, constava "Redactor único: Astrojildo Pereira".

AO LADO DO POVO

Certos jornais, a serviço de certos círculos ultrarreacionários, vêm se manifestando ultimamente contra a ABDE — já se sabe como: taxando-a de "comunista" ou "criptocomunista" (esta é agora a palavra da moda, criada para substituir outras por demais desmoralizadas), vítima da "infiltração comunista" etc. etc. etc. Apegaram-se ao seguinte pretexto, não menos idiota do que outro qualquer do mesmo gênero: o fato de alguns vereadores comunistas terem apresentado à Câmara Municipal um projeto de lei mandando doar à ABDE um terreno, a ser determinado pela prefeitura, para nele construir aquela associação a sua sede social. Eis aí a prova dos nove, a prova incontestável, demonstrada por A mais B, que a ABDE é uma organização "comunista".

Não importa saber que os vereadores comunistas são dezoito em cinquenta e que, por consequência, todos os projetos que eles propõem e apresentam à Câmara só podem converter-se em lei: primeiro se tiverem o apoio de pelo menos meia dúzia de vereadores não comunistas; e segundo se forem sancionados pelo prefeito igualmente não comunista. Segundo o raciocínio de tais cavalheiros, o metrô, que se pretende construir a fim de proporcionar ao carioca um meio mais rápido, mais confortável e mais barato de transporte, será um metrô "comunista", com túneis "comunistas", linhas "comunistas", trens "comunistas", pois que o respectivo projeto foi apresentado por vereadores comunistas. O estádio municipal — a mesma coisa: será um estádio "comunista", e naturalmente os esportes que se praticarem dentro dele serão também esportes "comunistas", futebol "comunista", volibol "comunista", corridas "comunistas", saltos "comunistas", natação "comunista". Se for adotado, na sua construção, o projeto do arquiteto comunista Oscar Niemeyer — aí é que não restará mais nenhuma dúvida: nada mais escapará ali à diabólica infiltração "comunista". O sr. Ari Barroso, cronista esportivo e vereador udenista, entusiasta do estádio "comunista", já está sendo considerado um abominável "criptocomunista", e não tardará muito estarão bacorejando à boca pequena que a sua gaita, a sua famosa gaita, vem a ser na realidade uma "gaita marxista", insidioso instrumento de sedução das massas cuja "música" obedece mui disfarçadamente à batuta, isto é, ao bastão do marechal Stálin. *E così và il mondo!*

Mas voltemos à ABDE, com terreno ou sem terreno, com ou sem sede própria. Que é a ABDE? É uma associação de escritores, fundada e mantida por escritores para defesa dos interesses dos escritores — e por isso mesmo uma associação essencialmente democrática, pois que o mais elementar interesse do escritor consiste em viver e trabalhar em regime democrático, no gozo pleno e intransferível da liberdade de criação e produção literária, artística ou científica. Para ser sócio da ABDE basta ser escritor, escrever livros de qualquer natureza, colaborar em jornais e revistas, receber direitos autorais em pagamento daquilo que escreve e publica. Os seus estatutos não indagam da posição filosófica, religiosa ou política dos associados, e por isso há de tudo nos seus quadros associativos — inclusive comunistas e anticomunistas. Lá, dentro das normas estatutárias, todos são absolutamente iguais em direitos e deveres, sejam quais forem as suas convicções, crenças ou descrenças. É claro que uma associação dessa natureza não pode impedir a filiação de escritores comunistas, nem tampouco os escritores comunistas, que são membros dela, podem sofrer limitações nos seus direitos e deveres sociais porque sejam comunistas.

Se o fato de existirem escritores comunistas entre os seus sócios é razão bastante para chamar a ABDE de "comunista", por idêntica razão poderíamos qualificá-la de "pessedista", "udenista", "socialista", "trabalhista", "integralista", "fascista", "católica", "protestante", "espírita", "positivista", "materialista", "espiritualista", "teosofista" e até "vegetariana"... pois é um fato que no seu fichário de sócios figuram escritores de todas essas correntes, tendências, escolas e gostos. Colocada a questão nesses termos, chegaríamos forçosamente à conclusão de que a ABDE constitui o mais tremendo e espantoso saco de gatos já conhecido em qualquer parte do mundo e em qualquer tempo da história.

Evidentemente, só imbecis assustadiços e sem remédio podem acreditar na possibilidade de tamanho absurdo. Trata-se, no entanto, aqui, não apenas de assustar os imbecis, mas principalmente de aplicar, em todos os setores da sociedade, o plano reacionário que visa a enfraquecer e depois destruir toda e qualquer espécie de organização de cunho democrático. A ABDE, por sua mesma natureza, é uma associação democrática, se bem que estritamente não partidária, e nesse caráter promoveu a reunião do primeiro Congresso Brasileiro de Escritores, o qual desempenhou no seu tempo importante papel no processo de recuperação democrática no país. Ela anuncia, para breve, a reunião de um segundo congresso, que certamente há de querer continuar e completar a obra do primeiro. Razões de sobra para que a reação tente desde já reduzir o prestígio e o alcance da próxima grande assembleia de escritores brasileiros, promovida pela ABDE. Agita-se, então, mais uma vez, o espantalho comunista. Pretextos não faltam. A Câmara Municipal discute e aprova um projeto, apresentado por vereadores comunistas, mandando doar um terreno para a sede social da ABDE? — "ABDE comunista!" — Eis aí o alfa e o ômega, com o sigma no meio, da estúpida intriga veiculada por certos jornais notoriamente a serviço da reação.

Se devemos concluir alguma coisa de mais sério e sensato em tudo isso, parece-me que deve ser o seguinte: que os escritores, os intelectuais em geral, sócios ou não da ABDE, necessitam mais do que nunca de manter-se vigilantes e ativos, ao lado do povo, na defesa da nossa ainda tão débil democracia. O que significa, em suma, defender aquilo que é fundamental para todo trabalhador da literatura, da arte e da ciência: a liberdade de criação, investigação e publicação da obra literária, artística e científica. Esse, ao meu ver, o pensamento que devemos ter presente, claro e firme, nestes dias em que o país inteiro comemora a passagem do primeiro aniversário da promulgação da Constituição de 1946.

(1947)

OS ESCRITORES E O PETRÓLEO

É com satisfação que me sirvo destas mesmas colunas, onde já tratei do assunto, para desfazer a má impressão que estava causando na opinião pública a ausência de escritores, organizados como tais, na campanha nacional de defesa do nosso petróleo. A exemplo, porém, de outras comissões profissionais, organizou-se por fim a comissão de escritores, tendo à sua frente um grande nome da nossa literatura, o romancista Graciliano Ramos, e logo se entrosou na atividade do Centro de Estudos e Defesa do Petróleo, com o propósito de participar ativamente da próxima convenção nacional. Pequeno é ainda o número de escritores que deram a sua adesão à comissão; mas o que importa realmente é que se tenha iniciada a sua organização. O resto virá com o tempo, em resultado do seu próprio funcionamento.

Sem dúvida, há em nosso meio muitos escritores que não se interessam pela campanha do petróleo, por motivo sobretudo de incompreensão do problema. Supõem alguns que se trata de um problema meramente técnico, que só técnicos na matéria podem entender e portanto interessar-se por sua solução.

À comissão de escritores que acaba de se constituir compete, primacialmente, desfazer o equívoco dessa suposição, mostrando que uma coisa é o aspecto técnico do problema e outra coisa é o seu aspecto político. E este último aspecto, por sua própria natureza muito mais importante, é que interessa a todos os brasileiros, não oferecendo nenhuma dificuldade de ordem técnica para ser compreendido. Justamente os interessados em desviar do seu aspecto político as atenções do povo em geral é que pretendem colocar a questão dentro delimites puramente técnicos.

A verdade está patente, mas é preciso proclamá-la sem cessar até que o inimigo seja definitivamente batido e esmagado; o que está em jogo, no caso, é a própria soberania nacional, é, em suma, a independência econômica e política do país. E isto não é assunto de limitado interesse técnico, que só especialistas podem entender. É o Brasil que está ameaçado, são as nossas riquezas básicas, entre as quais o petróleo ocupa neste momento o primeiro lugar, que são cobiçadas por trustes imperialistas, cujo domínio significaria para nós a completa escravização do nosso povo. É o que tem acontecido com outros povos débeis e desprevenidos, e o mesmo acontecerá com o Brasil se não levantarmos uma barreira intransponível ao avanço da monstruosa máquina de exploração e opressão a serviço do imperialismo.

Longe de mim o propósito de fazer frases e encher de ênfase o que estou dizendo. Mas a situação é de extrema gravidade. O inimigo está batendo à nossa porta com tenacidade e força crescentes. Sua ponta de lança, apoiada por uma quinta-coluna ativa e sem escrúpulos, já se instalou em plena capital da República: aí temos a Missão Abbink ocupando todo um andar do nosso Ministério da Fazenda. Aí temos igualmente, desenvolvendo intensa atividade, certo cavalheiro que se chama nada mais nada menos que Nelson Rockefeller, exatamente o chefe do grupo que controla a Standard Oil.

Não podemos permitir que as nossas riquezas sejam entregues de mão beijada à voracidade infinita de trustes estrangeiros. O povo brasileiro não o permitirá — desde que seja devidamente esclarecido acerca dos verdadeiros objetivos visados por esses trustes. E é para esclarecer o povo, mobilizando-o para a resistência patriótica em defesa da independência nacional ameaçada, que se constituíram os Centros de Estudos e Defesa do Petróleo, consagrados à luta pelo monopólio estatal, contra o estatuto entreguista, que representa neste momento o perigo imediato.

É claro que aos escritores cabe considerável parcela de responsabilidade na tarefa precípua de esclarecimento do povo brasileiro nessa questão do petróleo. Fugir a semelhante responsabilidade significa simplesmente fugir ao cumprimento de sua missão social. Não me refiro, bem entendido, aos que se isolam ou fingem isolar-se num individualismo impermeável: esses na realidade renegam lamentavelmente a sua missão de escritores, seja por incompreensão, por comodismo ou por covardia; mas são poucos e não fazem falta, felizmente. Estou persuadido de que a comissão agora criada, desde que saiba empenhar-se com afinco no cumprimento de suas tarefas, verá dentro em breve crescer o número de companheiros dispostos a cooperar para o bom êxito do esforço comum. Seja como for, o mais difícil está feito — dar o primeiro passo no sentido de fazer com que uma representação autorizada dos nossos escritores participe ativamente da próxima convenção nacional.

(1948)

A JUVENTUDE E O MARXISMO

O interesse pelo estudo do marxismo cresce auspiciosamente nos meios universitários brasileiros. O que é natural, pois vivemos numa época de radicais transformações de caráter político, econômico e social, na estrutura do mundo, com a marcha ascensional do socialismo, a desagregação do colonialismo e o declínio histórico do capitalismo. Boa parte da mocidade universitária, buscando nortear-se em face de tais transformações, atira-se ao estudo da doutrina marxista, na esperança de encontrar respostas satisfatórias às suas dúvidas e inquietações.

O avesso deste fato — avesso que é ao mesmo tempo a sua comprovação — está patente no empenho sistemático que as universidades católicas vêm realizando, ultimamente, a fim de adotar novos métodos de combate à influência marxista entre os estudantes. Os velhos métodos puramente negativos já não produzem os efeitos desejados. Não adianta mais repetir que o comunismo é invenção do diabo. Os meninos de hoje, que estão vendo os cientistas e técnicos soviéticos devassarem vitoriosamente os céus, não acreditam mais em fantasmas e duendes. Querem conhecer a realidade, acreditam na ciência e voltam seus olhos para o futuro. Que fazem então as universidades católicas? Designam os seus melhores professores para "estudar" o marxismo e no próprio marxismo "descobrir" os meios de o combater. Quer dizer: pretendem *curar a mordida da cobra com o veneno da própria cobra*. Entra então em cena a velha experiência dos doutores e subdoutores da Igreja em matéria de sofismas, distorções, sutilezas e argúcias de raciocínio. Veja-se, por exemplo, a revista *Síntese*, editada pelo Instituto de Estudos Políticos e Sociais da Pontifícia Universidade Católica do Rio de Janeiro. Tudo nessa revista conflui para um objetivo central — o combate ao comunismo, mas o combate do alto da cátedra, em nível universitário, com "objetividade científica", a que não falta o manuseio erudito da bibliografia marxista. Os professores e padres de *Síntese* fazem força para convencer o leitor incauto que eles, no fim de contas, é que são os "verdadeiros" intérpretes do "verdadeiro" marxismo — e, finalmente, que o comunismo dos países socialistas nada mais possui de comum com o "autêntico" marxismo de Marx. Deformam e dogmatizam a teoria marxista para negar a sua prática.

Nessa nova mistificação há, todavia, um lado até certo ponto positivo. O marxismo é, afinal, apresentado como assunto sério, que não pode mais ser tratado à moda antiga, depreciativamente. Ocorre, em consequência, que muitos estudantes, levados por essa consideração, resolvem estudar o marxismo por conta própria — no que fazem muito bem. Junte-se a isto a experiência viva dos acontecimentos contemporâneos, e fácil será calcular os resultados daí decorrentes.

O que se passa com estudantes católicos passa-se, igualmente, por semelhantes ou por outras e mais fortes razões, com estudantes de todas as faculdades e escolas — atraídos pelo crescente prestígio mundial do marxismo. As ideias do socialismo triunfam e avançam por toda a parte, com força irresistível, e ao seu apelo não podem furtar-se, como é lógico, os jovens que estudam, não apenas para obter um diploma universitário, mas também para satisfazer os seus ardentes anseios de saber, de compreender e de participar do processo histórico em curso.

Poderíamos apontar numerosos casos — e ainda mais numerosos indícios — que nos mostram como ganha terreno, nos meios estudantis, esse fecundo movimento de aproximação direta às fontes do marxismo.

Exemplo pessoal disso — um entre muitos — é o que nos vem do estudante gaúcho Walter Rechenberg, aluno da 2ª série do Curso de Ciências Econômicas da Universidade do Rio Grande do Sul, e autor de breve estudo publicado, recentemente, na revista do Centro de Estudantes Universitários de Ciências Econômicas, editada em Porto Alegre.

O articulista aborda um tema que é fundamental no estudo da obra de Marx — "O valor na conceituação marxista". É um trabalho de poucas páginas, sem dúvida insuficientes para um tratamento em profundidade de matéria tão complexa, mas que denota um espírito sério de pesquisador e, ainda mais, uma inegável capacidade de exposição.

O jovem Walter Rechenberg está em bom caminho, e o melhor que lhe podemos dizer é que prossiga com afinco os seus estudos em tal sentido. Não se arrependerá.

É muito natural que o gênio de Marx exerça tamanha fascinação sobre as jovens inteligências. O marxismo não é somente um tremendo fermento ideológico, mas igualmente um guia incomparável de investigação e aproximação da verdade.

(1960)

IMPRENSA E SOCIEDADE

Há livros feios, graficamente mal apresentados, com uma capa sem gosto, e que são, no entanto, excelentes pela escrita e pelo conteúdo — ao contrário de outros de bonita feição. Está nesse caso a brochura em que Aristheu Achilles reuniu os estudos *Liberdades democráticas* e *Liberdade de imprensa*, com prefácio de Fernando Segismundo. Edição pobre, sem qualquer atrativo externo que convide à leitura. Merecia melhor tratamento gráfico, em consonância com os seus méritos próprios.

O autor é um veterano jornalista, aliás de boa estirpe — neto e filho de homens de imprensa. Sabe escrever e argumentar com essa agilidade apurada do jornalista profissional, aliando a isto ótimas qualidades de um verdadeiro escritor.

Liberdades democráticas e *Liberdade de imprensa* são teses aprovadas, respectivamente, pelo Congresso Nacional de Jornalistas, reunido em Belo Horizonte, em 1955, e pela Conferência Nacional de Jornalistas, reunida em Goiânia, em 1956. São dois estudos separados, mas versando assuntos interligados por íntimas afinidades, sendo o segundo, de certo modo, uma complementação do primeiro.

Em *Liberdades democráticas* traça Aristheu Achilles um cerrado escorço histórico das instituições democráticas, época por época, desde a Grécia antiga até aos nossos dias. São alguns milênios de História, com avanços e recuos que assinalam as diversas fases por que passaram não só as instituições como também os conceitos da democracia, sob a pressão das condições sociais dominantes em cada época.

É examinado a seguir o problema da imprensa em função das liberdades democráticas. A imprensa, como a própria democracia, reflete o movimento da sociedade, e é por isso que ela é também tocada, na hora atual, "pelos ideais de formas cada vez mais altas de convivência humana". Mas aqui precisamente chegamos ao cerne do problema, porque, acrescenta o autor, "os mesmos males, as mesmas forças corruptoras e negadoras da democracia corroem a imprensa e lhe desvirtuam os fins". Surge então "esse paradoxo absurdo de jornais que não podem viver sem liberdade pregarem a supressão das liberdades, ainda que mal existentes ou falseadas!". A exclamação é justa em face do paradoxo, mas Aristheu Achilles conhece o assunto por fora e por dentro, como estudioso do problema e como militante da imprensa, e sabe, por experiência vivida, que o "paradoxo" em apreço tem a sua origem no fato de que o grande jornal moderno, empresa industrial e comercial como outra qualquer, se acha estreitamente vinculado ao sistema econômico dominante, servindo aos interesses egoísticos de tais e tais grupos, quase sempre em detrimento dos interesses gerais da sociedade. Isto ocorre em todos os países não socialistas, onde os jornais desse tipo se tornam meramente órgãos da classe dominante, o que os leva a negar a própria essência da democracia, a cuja sombra prosperam. É claro que se apresentam como arautos da democracia, mas isso apenas formalmente, pois na realidade propagam "as ideias dos opressores contra os oprimidos, desvirtuando fatos, advogando discriminações e veiculando a propaganda internacional dos trustes e cartéis".

Exemplo típico dessa espécie de jornais, aqui no Brasil, é o que nos fornece a cadeia dos Diários Associados do grupo Chateaubriand. São dezenas de jornais, revistas, editora de livros, estações de rádio e televisão, espalhados por todo o território nacional e organizados em forma de poderoso monopólio, que tem por objetivo "fabricar" a opinião pública, tudo a serviço de outros monopólios, que são no caso monopólios estrangeiros, principalmente americanos.

No segundo estudo — *Liberdade de imprensa* — o autor faz de início o histórico dos debates travados na Constituinte de 1946, sobretudo na

Grande Comissão da Constituição, relativamente à liberdade de imprensa, que seria por fim definida no parágrafo 5º do artigo 141 da Constituição. Segue-se um resumo dos comentaristas que melhor versaram a matéria do ponto de vista jurídico, e entra-se em cheio, depois, no exame do projeto de Lei de Imprensa, que só foi adotada após cinco anos de árdua batalha parlamentar e extraparlamentar. Batalha em que a participação dos homens de imprensa foi realmente decisiva.

Mas a reação liberticida, derrotada no fundamental com a promulgação da Lei de Imprensa, voltou à carga, mal passados três anos, exigindo do Legislativo novo diploma legal, que resultaria na liquidação de certas franquias constitucionais regulamentadas na referida Lei. Nova e mais áspera batalha teve de ser travada em defesa da liberdade de imprensa, mais uma vez ameaçada.

Aristheu Achilles caracteriza com exatidão os objetivos reais dessa nova investida das forças reacionárias, empenhadas em abafar as vozes livres da imprensa: "Para deter o progresso e manter o cativeiro dos povos semidesenvolvidos, é necessário que não haja opinião esclarecida, e para que não exista opinião alertada é preciso acabar com a liberdade de imprensa, garantia de todas as demais liberdades, a começar pela dos legisladores, que passarão a não encontrar eco, nem repercussão de seus atos e atitudes, em jornais manietados ou permanentemente ameaçados". Para exemplificar concretamente o que isso significa, o autor acrescenta:

> A Imprensa livre [...] pode impedir, pelos gritos de *aqui del Rey*, que o petróleo brasileiro seja dado em concessões, tirando-nos as possibilidades de independência econômica em face dos trustes que monopolizam mundialmente o produto; pode levar o Legislativo a fazer inquérito sobre a evasão de minérios atômicos; pode, pela denúncia, conduzir o Conselho de Segurança Nacional a definir-se no verdadeiro sentido dos interesses nacionais.

O celerado projeto de nova codificação de castigos para a imprensa o que pretendia era exatamente proibir tais gritos de *aqui del Rey*.

As feras da reação antidemocrática e entreguista não querem nem ouvir falar em imprensa livre, debate público, agitação de ideias, ação de massas. Isto são coisas do diabo para os santarrões da "ordem", que para eles é sempre sinônimo de pasmaceira, submissão, omissão, conformismo, bico calado, amém.

Diz muito bem Aristheu Achilles: "Nas democracias, o que não raro parece ser desordem é apenas movimento, ebulição e vida, naturais e indispensáveis ao funcionamento do sistema". Mas uma verdade como essa ressoa como abominável heresia no coco duro do sr. Nereu Ramos, que foi o artífice do inviável projeto de nova Lei de Imprensa.

Muito haveria ainda a comentar no livro de Aristheu Achilles; mas o que aí fica dito creio que basta para chamar a atenção dos leitores para *Liberdades democráticas — Liberdade de imprensa*, brochura malfeita, da qual se pode dizer, bem a propósito, que é feia por fora e bonita por dentro.

*

Não resisto, entretanto, a transcrever em seguida mais algumas linhas do livro de Aristheu Achilles:

> A. Berle Jr., em recente trabalho intitulado *A revolução capitalista do século XX*, reconhece já não existir a livre iniciativa em seu país. O que há é o capitalismo monopolista, pois que "cento e trinta e cinco corporações" — escreve ele — "possuem 45% dos valores industriais dos Estados Unidos". As atividades e interesses dessas corporações se entrelaçam: elas dividem entre si o mercado, determinam os preços, impõem leis ao governo.

Que dizem a isto os delirantes corifeus da "prosperidade" americana, que vivem a azucrinar-nos os ouvidos com as sublimidades da "livre iniciativa", "livre empresa" e outras semelhantes tapeações ianques?

(1957)

EDUCAÇÃO E SOCIEDADE

Dos livros que apareceram ultimamente, entre nós, consagrados ao debate de assuntos brasileiros, destaca-se, por sua candente atualidade, o do professor Paschoal Lemme, *Problemas brasileiros de educação*, lançado pela Editorial Vitória. Palpita em suas páginas a nobre paixão de um educador que é ao mesmo tempo um patriota esclarecido e combativo.

Mais de metade do volume compõe-se de artigos anteriormente publicados na imprensa, nos quais o autor expõe suas opiniões a respeito de numerosas questões relacionadas com o ensino e a educação da juventude brasileira. São opiniões de um publicista portador de reconhecida autoridade na matéria de que trata, de um homem que sabe o que diz e o diz em termos de cerrada e convincente argumentação.

Ao contrário de certos "especialistas" e "técnicos", que se isolam esquematicamente em sua especialidade e sua técnica, o professor Paschoal Lemme alicerça a sua capacitação profissional numa cultura de ordem geral, o que lhe permite encarar e estudar os problemas do ensino e da educação sem jamais perder de vista as relações e correlações existentes entre tais problemas e todo o complexo da conjuntura nacional. Partindo dessa posição, que é evidentemente a única posição justa, sensata e fecunda, pode o autor examinar os referidos problemas com a necessária compreensão da realidade.

E a realidade do ensino e da educação no Brasil é uma triste realidade. Logo de saída, os dados estatísticos nos fazem corar com a constatação de que ainda hoje mais da metade da população brasileira é constituída de analfabetos. Em 1958, de uma população escolar — de sete a catorze anos — estimada em 12.686.000, apenas 5.775.246 conseguiram matrícula nas escolas existentes. Não há escolas bastantes. Mas por que não há? Eis aí o que se pode chamar o nó da questão. A carência de escolas resulta inelutavelmente das nossas condições de país subdesenvolvido — tal a tese central, 100% correta, sustentada nas páginas desse livro. Quer dizer: a situação do ensino e da educação no Brasil se acha entrosada e é inseparável do conjunto de componentes da situação de atraso geral em que ainda nos debatemos.

Isto é confirmado, de maneira particularmente expressiva, pelo fato, revelado por estatísticas oficiais, de existirem (antes de 1954) quase 2 milhões de brasileirinhos menores de quinze anos impedidos de se alfabetizarem, não somente pela falta de escolas, mas também, mas principalmente porque são obrigados desde muito cedo a pegar no cabo da enxada. As condições de trabalho impostas pelo latifúndio a milhões de famílias é que botam o cabo da enxada nas mãos dos meninos de ambos os sexos. A "explicação" oficial dada a semelhante situação é de arrepiar os cabelos: "Suprimindo o período escolar para ingressar desde cedo nas lides rurais, 1.943.459 brasileiros, menores de 15 anos (mais de 1/6 do total do pessoal ocupado nos estabelecimentos agropastoris) compensam, em seu trabalho, no campo, a elevada cota com que cooperam para o índice de analfabetos de nosso país". Reparem bem no sentido incrível que aí se dá aos verbos "compensam" e "cooperam". Inteiramente justa é a veemência com que o autor desse livro fulmina uma tal "explicação". Estamos de pleno acordo: "Compensar com trabalho precoce e escravo o analfabetismo a que estão condenados é uma formulação monstruosa, digna de 'técnicos' que perderam toda a sensibilidade para com o drama verdadeiramente dantesco a que está condenada a grande massa do povo brasileiro, abandonado, espoliado, morrendo de miséria e doença".

Razões de sobra levam o professor Paschoal Lemme a alertar, nesse sentido, os seus colegas de profissão: "Os educadores devem compreender, uma vez por todas, que não podem permanecer mais em sua *torre de marfim* das soluções puramente *pedagógicas*, com as quais todos concordamos, mas que só serão possíveis de plena aplicação na medida em que o país for saindo de suas condições de subdesenvolvimento, que coloca ainda a maioria do povo brasileiro à margem de qualquer aspiração de cultura".

Em comentário ao livro de Renato Bahia, *O estudante na história nacional*, o professor Lemme nos mostra como a participação ativa dos estudantes tem sido uma constante na vida política e social do país, desde os tempos coloniais, durante o período imperial e sobretudo depois da República. Efetivamente, as casas patrióticas e populares contaram sempre com o apoio decidido dos estudantes. Basta assinalar os grandes momentos da nossa história em que essa ação estudantil foi muitas vezes decisiva, a começar pela luta armada que os estudantes do Rio de Janeiro sustentaram, quase sozinhos, contra os franceses de Duclerc, que tentaram ocupar a cidade, em 1710. Na chamada "guerra dos mascates", em Pernambuco, intenso foi o concurso da estudantada de Olinda. Os estudantes brasileiros em Coimbra já em 1786 organizavam um clube com o objetivo de lutar pela independência da Colônia, vindo a somar os seus esforços ao que planejavam os inconfidentes mineiros. Depois da Independência, com a criação dos cursos jurídicos do Recife e de São Paulo, em 1827, as duas cidades se converteram em centros de agitação progressista, em focos de irradiação de lutas políticas, sociais e culturais. Na campanha abolicionista, o papel dos estudantes foi extremamente eficaz. A mesma coisa se verificou na propaganda republicana, realizada simultaneamente. Depois da República, mais ainda que durante o Império, os estudantes não se omitiram jamais: em todas as batalhas de caráter progressista, democrático, nacionalista, a sua participação tem sido constante, ombro a ombro com as camadas populares.

Essa tradição, que se mantém viva e se desenvolve em consonância com o próprio desenvolvimento da nacionalidade, é um patrimônio inestimável da nossa gente e da nossa cultura. É um título de glória da mocidade brasileira, e dela se orgulha com mil razões o nosso povo. Nem é à toa que a reação em todos os tempos tem investido furiosa contra os estudantes que se "intrometem" nas lutas políticas e sociais. Isto aliás é coisa que tem ocorrido sempre e ocorre ainda hoje em mais ou menos todos os países — de um lado, a mocidade com os seus ímpetos generosos jogando-se nas grandes campanhas nacionais de renovação e progresso; e de outro lado, a reação caduca e empedernida a clamar o seu horror às lutas estudantis. O prof. P. Lemme recorda, a esse propósito, o dito atribuído ao tzar Nicolau I em advertência feita a estudantes da Universidade de Kiev, num momento de dificuldades para o trono: "Os senhores podem dançar, jogar cartas, divertir-se com a mulher do próximo, frequentar as mulheres fáceis, mas fiquem longe da política, ou os jogarei fora da universidade". Como se sabe, menos de um século depois de pronunciadas essas palavras, o trono milenar dos tzares caía em pedaços, ignominiosamente, derrubado por uma revolução chefiada precisamente por um antigo estudante da universidade de Kasan chamado Vladimir Ilitch Ulianov.

Na segunda parte do volume, reproduz o autor o trabalho que elaborou a pedido da Federação Internacional Sindical do Ensino: trata-se de uma exposição documentada e crítica do panorama histórico e das condições atuais do ensino em nosso país, tendo em vista informar os confrades estrangeiros do professor P. Lemme, mas igualmente instrutivo para o leitor brasileiro.

A terceira e última parte do livro contém trabalho semelhante sobre a situação da educação na América Latina, apresentado à II Conferência Mundial de Educadores, reunida em Varsóvia, em julho de 1957, sob convocação da aludida federação. E como os problemas do ensino e educação nos países da América Latina são em seus aspectos básicos muito semelhantes, aqui encontramos muitos dados e muitas teses relacionadas com as nossas condições brasileiras.

Em suma, *Problemas brasileiros de educação* é livro utilíssimo, para ser lido por especialistas e não especialistas, por quantos se interessam pelo progresso material e espiritual do Brasil.

(1959)

LAZER OPERÁRIO

Não sei de nenhum livro brasileiro que trate cientificamente do assunto a que é dedicado o livro do professor Acácio Ferreira, da Universidade da Bahia, publicado sob o título *Lazer operário*. Prefaciando-o, escreveu Edison Carneiro que o "ensaio de Acácio Ferreira desbrava, como pioneiro, os caminhos para uma solução nacional do problema do lazer". É trabalho de pioneiro, efetivamente, mas de pioneiro possuidor da necessária qualificação científica para realizar semelhante tarefa, baseada em rigorosa pesquisa teórica e prática.

Divide-se o livro em três partes. Na primeira, o autor passa em revista o que há de mais importante na literatura consagrada ao problema, dando-nos a conhecer as contribuições de numerosos sociólogos e especialistas, quase todos de origem norte-americana. Na segunda parte, é a questão examinada sob o ângulo das condições peculiares ao Brasil. Com espírito objetivo, o professor Acácio Ferreira nos mostra que não podemos aplicar ao nosso meio, mecanicamente, aquelas soluções já postas em prática, de maneira sistemática, em países de alto desenvolvimento industrial. Em tese, o problema do lazer operário é o mesmo em qualquer parte. Mas o seu condicionamento prático, observa o autor, "modifica-se quando o inserimos no complexo nacional". As exigências são outras, num país subdesenvolvido como o nosso, com a maioria de suas cidades em clima tropical, e outras terão de ser, forçosamente, as soluções.

Na terceira parte, finalmente, o autor analisa os resultados da pesquisa de campo que realizou sobre o lazer operário na cidade do Salvador. Trata-se de pesquisa pessoal, de âmbito obviamente limitado, mas em todo caso proporcionando ao pesquisador — e ao leitor do seu trabalho — alguns dados interessantíssimos.

Por exemplo, no tocante ao gosto ou à preferência da leitura nas horas de lazer. O professor Acácio Ferreira entrevistou um total de 597 pessoas, homens e mulheres, velhos, jovens, maduros, todos trabalhadores assalariados. 52,93% dessas pessoas — mais de metade, portanto — declararam que liam diariamente. Leitura quase que só de jornais e revistas, assuntos esportivos, reportagens policiais, histórias de amor para moças; mas leitura, o hábito da leitura. O pesquisador informa ainda que notou uma grande "fome de conhecimentos" por parte dos entrevistados, os quais achavam ótima a ideia de bibliotecas ambulantes, que os poderes públicos poderiam criar. À vista dos dados obtidos nesse particular, o professor Acácio Ferreira observa judiciosamente:

"Acreditamos perfeitamente dispensável qualquer comentário sobre a enorme oportunidade cultural que esta situação encerra. Por outro lado, também achamos ociosa qualquer palavra sobre as razões desse baixo nível do tipo de leitura." A coisa é clara. O povo gosta de ler, e deseja aprender. Lê o que é possível, o que lhe é acessível, o que lhe dão para ler. Não lhe cabe a culpa da ruim leitura que lhe oferecem, nem muito menos da nossa alta percentagem de analfabetismo. Podemos então imaginar, sem grande dificuldade, o que significará para a cultura brasileira uma ampla difusão de boa literatura (e bom rádio, e boa televisão, e bom cinema, e bom teatro popular) entre as massas populares de todo o país, nas cidades e nos campos. O exemplo que a esse respeito podemos buscar nos países socialistas é dos mais convincentes: ali as massas de centenas de milhões podem satisfazer a sua "fome de conhecimentos", pois não lhes faltam os "alimentos" necessários.

Essa consideração nos leva a fazer um reparo ao excelente livro do professor Acácio Ferreira — a ausência, em suas páginas, de dados sobre o problema do lazer nos diversos países socialistas. Pensamos que seria de grande utilidade confrontar como é o problema encarado nos Estados Unidos e na União Soviética.

Segundo lemos nesse livro, os tratadistas americanos cuidam a fundo do problema, mas tendo sempre em vista, em primeiro lugar, os interesses dos empregadores. São tratadistas — sociólogos, psicólogos, professores — a serviço do capitalismo, pura e simplesmente. Na União Soviética e demais países socialistas, onde o capitalismo desapareceu ou vai desaparecendo, o problema, já se vê, é tratado de modo muito diferente.

No que se refere ao Brasil, estamos de pleno acordo com o professor Acácio Ferreira, quando conclui que a questão do lazer operário "se cifra em dinamizar suas extraordinárias potencialidades em favor do nosso desenvolvimento material e espiritual".

Se essa questão, de um modo geral, tem sido descuidada entre nós, isto se deve, em primeiro lugar, às próprias condições do nosso desenvolvimento industrial. Com o seu livro, o professor Acácio Ferreira coloca-a em termos que demandam solução adequada ao nosso meio, o que quer dizer solução que tenha em vista o caráter democrático de um desenvolvimento independente, que é o que a nação exige na hora presente. Trata-se, em verdade, de uma questão ao mesmo tempo social e cultural, com evidentes implicações de ordem nacional, conforme se vê claramente nas páginas desse livro.

(1960)

Capa da primeira edição do *Manifesto do Partido Comunista*, de Karl Marx e Friedrich Engels, impressa em 1848.

TRÊS NOTAS SOBRE O *MANIFESTO COMUNISTA*

I

No prefácio a uma nova edição do *Manifesto Comunista*, datado de 1º de maio de 1890, o próprio Engels afirmava que a história do *Manifesto* refletia até certo ponto a história do movimento operário mundial a partir de 1848. Podemos hoje verificar que não só a história do movimento operário até aos nossos dias, mas também, o que é realmente muito mais importante, que o movimento operário internacional se desenvolveu, durante os cem anos de existência do *Manifesto*, seguindo no fundamental a linha doutrinária e política traçada em 1848 por Marx e Engels. E isto porque o *Manifesto* — para citar palavras do referido prefácio — apareceu e se firmou praticamente como "o programa comum de muitos milhões de trabalhadores de todos os países, da Sibéria à Califórnia". Porque, em suma, ele correspondia, por sua orientação teórica e prática, às necessidades mais profundas das classes laboriosas do mundo inteiro.

No momento de sua publicação, o movimento operário dava os seus primeiros passos como força política independente. A Liga dos Comunistas, em cujo segundo congresso (Londres, novembro de 1847) se decidiu a sua elaboração, compunha-se de alguns grupos muito reduzidos de trabalhadores organizados secretamente nos principais países da Europa. Mas as insurreições populares de 1848 e 1849 revelaram que esses pequenos grupos formavam uma vanguarda atrás da qual se alinhavam massas consideráveis de combatentes, que surgiam pela primeira vez, na arena da história, como fator político novo. Eis ainda por que o *Manifesto*, que refletia e exprimia em suas páginas esse novo fator político, se confundiu, historicamente, com o próprio movimento independente da classe operária mundial.

As sucessivas fases do desenvolvimento da ação revolucionária do proletariado internacional, no decorrer dos cem anos transcorridos desde 1848, comprovaram, efetivamente, o acerto das perspectivas históricas traçadas no *Manifesto* e depois largamente desenvolvidas nas obras ulteriores de Marx e Engels. A fundação da I Internacional, em 1864; a Comuna de Paris, em 1871; a greve geral pela jornada de oito horas, na América do Norte, em 1886; a fundação da II Internacional, em 1889; o 1º de Maio de 1890; a Revolução Russa de 1905; a Revolução Russa de 1917; a fundação da III Internacional, em 1919; as revoluções proletárias em diversos países da Europa, em seguida à Primeira Guerra Mundial; as novas democracias populares que surgiram na Europa e na Ásia, depois da derrota militar do fascismo, em 1945 — tais os marcos cronológicos principais da luta pelo socialismo. Cada etapa vencida, mesmo quando a reação triunfava temporariamente, significava na realidade um enorme avanço para a frente das forças progressistas da sociedade, com o proletariado à sua frente.

Hoje, cem anos depois de publicado o imortal documento, aqueles pequenos grupos de trabalhadores da Liga dos Comunistas se multiplicaram por milhões, e, em lugar de uma pequena organização secreta de pioneiros, erguem-se os povos da União Soviética, poderosamente organizados em repúblicas socialistas, às quais se vão aliando as novas democracias populares da Europa e da Ásia. Em 1848 o socialismo aparecia como uma aspiração longínqua; em 1948 o socialismo é uma realidade viva, vivida e em crescente prosperidade, com a marca final da vitória definitiva fulgurando aos nossos olhos como possibilidade dos nossos próprios dias.

Não foi fácil, muito pelo contrário, o caminho percorrido pelas massas trabalhadoras nestes cem anos. A superação de cada fase histórica foi sempre a consequência de duras lutas, de sacrifícios sem conta, de sofrimentos e martírios, mas também de heroísmo e bravura, de fé e confiança sem limites no destino da classe operária. A fase atual, de que participam praticamente todos os povos da terra, desenvolve-se em escala mundial, numa luta gigantesca entre o velho e o novo, entre as velhas forças da reação dirigidas pelo imperialismo e as novas forças do progresso dirigidas pelo socialismo. Como no passado, estejamos certos, as forças do progresso acabarão por prevalecer e triunfar.

Essa é a grande lição que aprendemos no *Manifesto Comunista*, quando o estudamos em conexão com os acontecimentos que encheram a história do mundo nos últimos cem anos.

II

Por ocasião das comemorações, que se fizeram na Europa, do centenário do *Manifesto Comunista*, o suplemento literário do *Times*, de Londres, escreveu o seguinte:

"Pouca gente haverá hoje capaz de negar que há cem anos a sociedade burguesa vem sendo colocada gradualmente na defensiva, e que a sua sorte continua em jogo; e enquanto esta sorte não for decidida, enquanto uma nova síntese não for alcançada, devemos reconhecer que o *Manifesto Comunista* não disse ainda a sua última palavra."

Essas palavras, convém repetir, foram publicadas no *Times*, o grave, o sério, o sisudo, o autorizado *Times*, seguramente o jornal por excelência representativo da opinião conservadora não só da Inglaterra, mas pode-se dizer que do mundo inteiro. E há nelas, como se vê, a confissão declarada e melancólica de que a burguesia, isto é, o regime capitalista, vem levando na cabeça, cada vez mais fortemente, desde a publicação do *Manifesto Comunista*, em 1848.

Isto equivale a reconhecer, se bem que a contragosto, que o *Manifesto Comunista* contém nas suas páginas a interpretação justa de um fato histórico até então incompreendido em toda a sua extensão: o advento da classe operária como força dirigente da revolução social em marcha a partir precisamente daquele ano de 1848. Interpretação justa, acrescentemos nós, porque baseada numa análise científica igualmente justa da história das sociedades humanas. E essa justa interpretação, acrescentemos ainda, é que permitiu a Marx e Engels traçarem a estratégia e a tática da política proletária, e, bem assim, os pontos essenciais do programa, que permanece de pé, dos partidos operários do mundo inteiro.

As vitórias crescentes do proletariado, no decorrer dos cem anos que se seguiram à publicação do *Manifesto* de 1848, podem ser computadas numericamente, de modo a dar uma ideia por assim dizer visual e em bloco dos resultados já alcançados pela classe operária em ascensão.

Os próprios algarismos relativos à divulgação do *Manifesto Comunista* são bem significativos a esse respeito. Suas primeiras edições em alemão, francês e inglês não foram além de uns poucos milhares de exemplares. Um século depois contam-se do imortal livrinho 750 edições em 71 idiomas diferentes, publicadas em 36 países, num total de muitos milhões de exemplares. Só na União Soviética se contam 220 edições em 51 línguas, com uma tiragem superior a 6 milhões de exemplares.

A Liga dos Comunistas, assim se denominava o primeiro Partido Comunista organizado na Europa, contava em suas fileiras, em 1848, cerca de 300 membros. Nos Partidos Comunistas existentes no mundo, hoje em dia, há 20 milhões de membros. Bem entendido: 20 milhões de membros inscritos, organizados, ativos; na realidade, o número de adeptos do comunismo é muito maior. E se contarmos as populações dos países onde o Partido Comunista está no poder (União Soviética, áreas libertadas da China), onde constitui o principal partido do governo (Polônia, Tchecoslováquia, Hungria, Bulgária, Romênia, Iugoslávia, Albânia), onde dirige as maiores organizações de massas e possui grande eleitorado e correspondente representação parlamentar (França, Itália, Finlândia, Alemanha etc.), encontraremos algarismos que alcançam e mesmo passam a casa dos 400 milhões[1].

---

[1] Estas notas foram redigidas por ocasião do centenário do *Manifesto Comunista*. Os algarismos aí apontados quase duplicaram desde então, no concernente aos efetivos

O *Times* tem toda a razão em falar em defensiva secular da burguesia. Mas onde se engana é em supor que existe alguma possibilidade de salvação para o regime capitalista — uma "nova síntese" para resolver o antagonismo burguesia *versus* proletariado. Não, não há, nem pode haver "síntese" alguma para essa contradição histórica, e esta constitui exatamente a teoria estabelecida pelo *Manifesto Comunista* e confirmada na prática por cem anos de lutas de classe.

Lê-se no *Manifesto*:

A condição essencial de existência e de supremacia para a classe burguesa está na acumulação da riqueza nas mãos dos particulares, na formação e no crescimento do capital; a condição de existência do capital é o salariato. O salariato baseia-se exclusivamente na concorrência dos operários entre si. O progresso da indústria, de que a burguesia é agente passivo e inconsciente, substitui o isolamento dos operários pela união revolucionária por meio da associação.

Assim, o desenvolvimento mesmo da grande indústria destrói, em seus fundamentos, o regime de produção e de apropriação dos produtos, no qual se apoia a burguesia.

Acima de tudo, a burguesia produz os próprio coveiros. Sua queda e a vitória do proletariado são igualmente inevitáveis.

A experiência de todo um século tem demonstrado que não há outra solução para a contradição senão essa — a burguesia, como classe, enterrada pelos coveiros que ela própria produz. E visto que a burguesia, por sua mesma natureza, não pode deixar de produzir tais coveiros, logo se vê que não há nenhuma esperança de "síntese" que a salve da morte e do enterro. E esta será a última palavra do *Manifesto Comunista*.

---

dos partidos comunistas, que em 1962 atingiam 42 milhões, organizados em mais de noventa países; e quase triplicaram as populações dos países socialistas, com a vitória da revolução chinesa e a passagem ao campo do socialismo da República Democrática Alemã, da Coreia do Norte, do Vietnã, de Cuba — perfazendo um total aproximado de 1 bilhão de habitantes.

III

O *Manifesto Comunista* apareceu no Brasil, pela primeira vez, em forma de livro, no ano de 1923, traduzido por Otávio Brandão da versão francesa de Laura Lafargue[2]; mas era conhecido, naturalmente, muito antes dessa data. Pelo menos em dois jornais operários, um de 1911 e outro de 1919, foi sua publicação iniciada, não chegando ao fim por motivo de interrupção na saída dos referidos jornais. É de crer, no entanto, que sua divulgação, embora limitada, se fizesse anteriormente, não só em alguma edição portuguesa como de preferência em italiano, espanhol e alemão, idiomas de numerosa imigração, além de possíveis edições em francês ou inglês, mais lidos entre camadas de intelectuais de tendência socialista ou simples estudiosos das questões sociais. Não possuo, porém, nenhuma informação precisa a esse respeito[3].

---

[2] A tradução de Otávio Brandão foi publicada antes no jornal operário *Voz Cosmopolita*, do Rio de Janeiro, a partir de 31 de julho de 1923. Na mesma página em que começou a publicação, o tradutor fez a seguinte recomendação aos leitores: "Pedimos a todos os comunistas e simpatizantes, a todas as associações operárias do Brasil, a todos os trabalhadores de terra e mar, dos rios, das lagoas: 1º que leiam três, quatro vezes essa obra de Marx, pedra fundamental do comunismo, procurando compreendê-la o mais possível; 2º que os proletários travem discussões em torno dela, nos sindicatos, nas fábricas, nas usinas, nos engenhos, no alto-mar; 3º que transcrevam essas páginas imortais no maior número possível de jornais, revistas etc., 4º que façam palestras, conferências em torno dos trechos mais importantes. Só assim o proletariado do Brasil mostrar-se-á digno da causa do proletariado mundial". Em nota final, reproduzida na edição em folheto, o tradutor explicou: "Traduzido nos dias amargos de maio, junho e julho de 1923, como um protesto contra as perseguições ao Partido Comunista do Brasil. Rio, 25 de julho de 1923". Ainda com relação a essa primeira edição brasileira, impressa em Porto Alegre, é interessante assinalar que a agência dos Correios da capital gaúcha mandou queimar centenas de exemplares do folheto, isto em abril ou maio de 1924.

[3] Depois de escritas essas notas sobre o *Manifesto Comunista* temos encontrado alguns dados e indicações que podem esclarecer a matéria. Leônidas de Resende, em discurso de paraninfo dos bacharelandos de 1949 da Faculdade Nacional de Direito, disse o seguinte, referindo-se a Lafayette: "O *Manifesto Comunista* de Carlos Marx era publicado em 1848. Pois bem, estou informado que, em 56, já dele tinha [Rui] conhecimento; já o havia examinado; já considerava a Revolução Francesa como autêntica luta de classes". Leônidas porém não diz onde ou de quem obteve a informação. Raimundo Magalhães Júnior, em artigo sob o título "Karl Marx na Imprensa do Império" (*Jornal do Brasil*

Sabe-se das datas em que se publicaram as primeiras traduções do *Manifesto Comunista*: em francês e polonês, no mesmo ano de 1848, logo em seguida à edição original alemã; em dinamarquês, algum tempo depois; em inglês, 1850; em russo, 1860; em espanhol, 1886; em italiano, 1891. Ignoro quando foi editado, pela primeira vez, em Portugal.

Uma das mais antigas, senão a mais antiga referência ao *Manifesto* em periódico brasileiro, é a que se encontra no *Echo Americano*, número de 29 de fevereiro de 1872. Como a coisa me parece bastante curiosa, neste momento em que também nós comemoramos o centenário do imortal documento, aqui vão os pormenores relativos a essa referência.

Echo Americano, "periódico ilustrado", conforme se lê no cabeçalho, começou a publicar-se a 9 de maio de 1871, saindo regularmente duas vezes por mês, até pelo menos o fim de 1872 — a coleção que tenho à vista alcança até ao número 40, datado de 31 de dezembro de 1872. Era propriedade da firma McKay & Co., com a redação e impressão em Londres, mas redigido em língua portuguesa pelos jornalistas brasileiros Luís de

---

de 1º de junho de 1958), fez um levantamento de numerosas referências e citações do nome do dr. Carlos Marx aparecidas em nossa imprensa do século passado, sobretudo a partir de 1871, data da Comuna de Paris. Por exemplo, a *Gazeta de Notícias*, por ocasião da morte de Marx, estampou a 16 de abril de 1883 extensa nota biográfica, que Raimundo Magalhães Jr. transcreve na íntegra. A nota está cheia de enganos, mas redigida em tom simpático, e ao citar o *Manifesto Comunista*, entre as obras deixadas pelo morto, chama-o de "catecismo do socialismo moderno". Carlos Pontes, no seu *Tavares Bastos*, p. 77, relata que em 1855, na imprensa acadêmica de São Paulo, onde então se travavam grandes debates, "Antônio Carlos, o segundo, ao mesmo tempo que desfere rimas plangentes, discute *O Comunismo e a Propriedade*". Em que fontes se abeberavam Antônio Carlos e os outros? Teriam já conhecido o *Manifesto Comunista*? Não é de todo impossível. No Recife se passa mais ou menos a mesma coisa por essa época, com Antônio Pedro de Figueiredo e Abreu e Lima no centro dos debates. Mas só depois da Comuna de Paris é que as ideias de Marx e Engels aparecem com frequência nos debates da imprensa, segundo nos informa Paulo Cavalcanti: "*O Seis de Março*, jornal republicano, abria colunas, em 1872, para transcrever, como matéria de grande importância e oportunidade, longos comentários de publicistas de Espanha sobre as doutrinas de dr. Carlos Marx." (*Eça de Queiroz: agitador no Brasil*, Companhia Editora Nacional, 1959, p. 54.) Aí já são prováveis as referências ao *Manifesto Comunista*.

Bivar, Melo Morais Filho e outros. Vendia-se ao preço de 1.000 réis no Brasil e 500 réis em Portugal.

Echo Americano era uma revista de tipo comum então, formato de 40 por 30 centímetros, cheia de bonitas ilustrações e reproduções de quadros célebres, figuras, paisagens, cenas históricas, além de variada matéria literária, divulgação científica, crônicas e notas informativas, etc. Cada número estampava, na página de rosto, servindo de capa, o retrato de uma personalidade importante, brasileira ou estrangeira, e no texto a biografia do homenageado.

No seu número 20, datado de Londres, 29 de fevereiro de 1872, o *Echo Americano* escolheu para homenagear nada mais nada menos que o dr. Carlos Marx, publicando um ótimo retrato e uma boa biografia, em quase três colunas da revista, do genial fundador do socialismo científico. A biografia, em que notamos apenas um ou outro pequeno equívoco, é escrita com objetividade e perfeita isenção de ânimo, conforme se pode verificar pela seguinte apreciação de ordem geral:

> Tal é esse homem, que muita gente considera ser um ente intratável e um revolucionário empedernido; mas que não é senão um filósofo e um pensador, temível, é certo, pelas suas faculdades organizadoras e admiravelmente sintéticas, pela sua larga experiência das revoluções, sua vasta ciência, sua tenacidade característica, pela afabilidade de suas maneiras, pelo conhecimento de todos os idiomas europeus, e uma infatigável aptidão para os trabalhos mais áridos.

Todas as obras publicadas por Marx, desde *A sagrada família* até *O capital*, são devidamente mencionadas na biografia. Eis o trecho em que vem a referência ao *Manifesto*:

"De Paris, Marx voltou a Bruxelas, onde continuara sua vida de estudo e agitação. Publicou nesse lugar um *Discurso sobre a livre troca* (1846) e *Miséria da filosofia, Resposta à filosofia da miséria de M. Proudhon* (1847), e em alemão, com Friedrich Engels, o *Manifesto do Partido Comunista* (1848) que fora adotado por um Congresso de operários de diversas nações, havido em Londres em 1847."

A biografia não está assinada. Teria sido redigida por Luís de Bivar ou por Melo Morais Filho? Seria traduzida do inglês? E que repercussão teria produzido, no Brasil e em Portugal, a homenagem do *Echo Americano* ao "Dr. Carlos Marx"? Outra pergunta: será que Marx teria tomado conhecimento da publicação?

(1948)

Das Kapital.

Kritik der politischen Oekonomie.

Von

Karl Marx.

Erster Band.

Buch I: Der Produktionsprocess des Kapitals.

Das Recht der Uebersetzung wird vorbehalten.

Hamburg
Verlag von Otto Meissner.
1867.

New-York: L. W. Schmidt. 24 Barclay-Street

Coperta primei ediţii germane a volumului I al „Capitalului"

Capa da primeira edição de *O capital*, de Karl Marx.

O CAPITAL: NOTÍCIA DE ANIVERSÁRIO

A edição original do livro primeiro de *O capital*, de Karl Marx, saiu a lume na Alemanha, durante o outono de 1867, com o prólogo escrito pelo autor datado de Londres, 25 de julho de 1867; eis por que é o 25 de julho a data consagrada à comemoração do aparecimento da obra fundamental do socialismo científico. Ainda em vida de Marx, publicou-se a segunda edição desse livro primeiro, com um prólogo datado de 24 de janeiro de 1873. A terceira edição apareceu com um prólogo datado de 7 de novembro de 1883 e firmado por F. Engels: Marx havia falecido dois meses antes, a 14 de março. Sabe-se também que o segundo e o terceiro livros, cuja redação ficara incompleta, foram publicados por Engels, respectivamente em 1885 e 1894. O plano geral da obra compreendia ainda um quarto livro, que veio a ser editado por Karl Kautsky, de 1904 a 1910, como obra independente, sob o título *Teoria da mais-valia*; mas essa edição de Kautsky apareceu mutilada, sendo reeditada de forma completa, já em nossos dias, pelo Instituto Marx-Engels-Lênin, de Moscou.

*

O capital é o que se pode chamar, em todo o rigor da expressão, um portentoso monumento de saber, e sua elaboração consumiu dezenas de anos de gigantesco trabalho, de sacrifícios, de sofrimentos. Ele é seguramente o livro mais importante já escrito por um homem só, e de nenhum outro, em tempo algum, se poderá dizer que participou, que participa, que é parte integrante da história da humanidade a partir do momento em que foi publicado. Com razão escreveu V. Adoratski, prefaciador de sua edição completa de 1932, preparada pelo Instituto Marx-Engels-Lênin: "A história de *O capital*, dos trabalhos que lhe serviram de preparação, da sua redação, das edições publicadas em vários países, do modo como foi recebido, atacado e defendido, é também a história da luta de classes durante mais de meio século".

Os economistas da burguesia o receberam, de início, com desdém e silêncio; depois, não podendo mais fingir que o ignoravam, tentaram amesquinhá-lo e desfigurá-lo; por fim, à vista de sua crescente e esmagadora influência, tudo fizeram para refutá-lo. No combate à sua doutrina empenharam-se os mais diversos porta-vozes da economia política burguesa, desde os professores de universidades até aos "socialistas" revisionistas marca Bernstein, passando pelos "economistas" do Vaticano. Este último, não se contentando com o "refutá-lo", e na impossibilidade de levar o seu autor à fogueira inquisitorial, excomungou-o como obra do diabo[1]. Tudo, porém, debalde; as edições do livro se multiplicavam, de ano para ano, em todas as línguas cultas do mundo, e em nossos dias *O capital* é reconhecido por centenas de milhões de pessoas, em todos os continentes, como a base científica do socialismo. E esse fato se verifica, muito naturalmente, porque os acontecimentos históricos da nossa época têm confirmado rigorosamente a análise genial do sistema capitalista feita por Karl Marx, mostrando ao mesmo tempo como eram justas as perspectivas traçadas no seu livro imortal.

---

[1] Há sem dúvida no seio da Igreja homens compreensivos, que não aceitam passivamente a linha inquisitorial do Vaticano acerca da obra de Marx. Nos últimos anos tem mesmo crescido — e crescido qualitativamente, se assim se pode dizer — o número de estudiosos católicos, economistas e filósofos, que reconhecem o extraordinário valor de *O capital*, sobretudo no tocante à crítica histórica do sistema capitalista. E não é segredo para ninguém que a partir do pontificado de João XXIII vem o Vaticano empenhando-se em reformular sua linha política em face do socialismo e do marxismo.

Os economistas burgueses construíram laboriosas teorias para explicar o salário, o lucro, a superprodução, as crises e demais aspectos e componentes do sistema capitalista; mas todos eles, apesar da feição grave, pesada e "profunda" dada às suas especulações, permaneceram na superfície, na aparência das coisas. Somente Marx, com o seu método dialético de investigação e de análise, pôde atingir a essência mesma do capitalismo, desvendando os seus segredos, pondo a nu as suas contradições e as suas leis internas extremamente complexas. Ele pôde, por isso mesmo, prever cientificamente a marcha, o declínio e o fim da capitalismo, e a confirmação histórica das suas previsões demonstra o caráter objetivo e o poder de análise inerentes ao método dialético.

Com relação, por exemplo, à teoria das crises periódicas, fenômeno próprio do capitalismo, os "sábios" economistas a serviço da burguesia fizeram no passado e continuam a fazer no presente toda a sorte de malabarismos "teóricos" para destruir a teoria marxista. Tempo perdido, pestanas queimadas em vão: as crises aconteceram e se sucederam, necessariamente, provocaram guerras e revoluções, e com as guerras e revoluções veio a crise geral de que o capitalismo não mais se levantará.

Mas *O capital* não é só uma obra econômica — é também uma obra histórica e filosófica. Nesse particular é interessante ver como certos adversários da filosofia marxista admitem e até admiram *O capital* como estudo de economia política e de história da economia, negando-lhe, porém, qualquer alcance filosófico. E esses "admiradores" são geralmente de parecer que as teorias econômicas de Marx foram superadas pelo tempo e que o capitalismo moderno desmentiu as previsões marxistas. Negam a filosofia e botam a economia no museu de antiguidades.

A importância de *O capital* enquanto obra filosófica foi devidamente valorizada por Lênin, ao dizer que Marx, se não chegou a escrever um tratado de Lógica com L grande, deixou entretanto uma "lógica do *capital*". O próprio trabalho de aplicação da sua concepção filosófica à ciência econômica obrigava Marx a um trabalho simultâneo de aprofundamento e desenvolvimento da lógica, da dialética e da teoria materialista, do conhecimento[2].

*

Não há até hoje nenhuma edição de *O capital* em língua portuguesa, nem sequer do seu tomo primeiro — triste constatação do nosso atraso cultural luso-brasileiro. O que existe é a tradução em nosso idioma comum, publicada em Portugal no começo deste século (ou talvez antes), do resumo, *Le capital de Marx*, elaborado pelo socialista francês Gabriel Deville em 1883. Essa tradução foi reproduzida no Brasil, mais de uma vez, já em nossos dias. De data recente é também a tradução e edição brasileira de outro conhecido resumo — *Il compendio del "Capitale" di Marx*, feito pelo italiano Carlo Cafiero ainda em vida de Marx, 1879.

Entretanto, bem perto de nós, na Argentina, no Uruguai, no Chile, o tomo primeiro da obra era já divulgado desde 1898, em tradução castelhana editada em Madri. Essa tradução, a primeira em idioma castelhano e feita diretamente do texto alemão, foi realizada pelo dr. Juan B. Justo, fundador do Partido Socialista Argentino. Compare-se a data do trabalho devido ao dr. Justo com as datas das traduções para o russo (1872), o francês (1872/1875, em fascículos) e inglês (1887): o confronto, que deixa em posição de alta benemerência o nome do chefe socialista argentino, é também um atestado do grau

---

[2] "Para escrever *O capital*, obra econômica, Marx teve que resolver não poucos problemas filosóficos. Desde os anos de 40 que ele, em colaboração com Engels, havia já concebido a filosofia do materialismo dialético. Mas, na análise do regime econômico burguês, Marx não podia limitar-se a uma aplicação pura e simples do método dialético e da teoria materialista. A redação de *O capital* o levava a abordar problemas novos, que exigiam a concretização e o enriquecimento de todos os aspectos da filosofia marxista: o método, a teoria do conhecimento, a teoria do desenvolvimento social." (Mark Rosenthal, *Les problèmes de la dialectique dans Le capital de Marx*, Paris, Editions Sociales, 1959, p. 7).

de amadurecimento alcançado pela classe operária dos países nossos vizinhos já em fins do século XIX[3].

(Julho de 1949)

---

[3] Sabe-se que Tobias Barreto leu *Das Kapital* no original alemão, edição de 1883. Outros estudiosos brasileiros teriam lido a obra, de preferência na tradução francesa, mais acessível. Mas seriam casos meramente individuais e excepcionais, sem maior repercussão de ordem geral. Se até hoje *O capital* não foi traduzido em língua portuguesa... E só depois da Segunda Guerra Mundial começou o grande livro a ser divulgado no Brasil, e ainda assim limitadamente, através de traduções inglesa, francesa e castelhana, esta última sobretudo graças à edição mexicana de 1945 com a obra completa, em cinco volumes.

O CASO PASTERNAK

Falarei hoje de um livro que ainda não li. É um livro que virou moda de repente, abalou a imprensa mundial, fez concorrência às fumaças eleitorais da Capela Sistina, suscitou polêmicas entre o Ocidente e o Oriente. Entre nós, o livro em questão deu motivo a certos pronunciamentos de vária feição — uns precipitados e outros raivosos, uns ingênuos e outros imbecis, e tudo mais ou menos de oitiva, por ouvir dizer, por palpite e por mal falar. Ninguém o leu (ou pouquíssimos, um, dois três...) , mas todo mundo fala nele e dele. Já se sabe que me refiro ao livro de Pasternak, *Doutor Jivago*.

Não me arrisco a afirmar coisa alguma sobre o *Doutor Jivago*. Depois de o ler, veremos. Por agora tudo tem de ser suposição.

Mas o que é certo desde já é que o livro foi apenas tomado como pretexto, e nesse sentido é que muita gente tem opinado — certo ou errado, de boa ou má-fé, com boas ou más intenções. O livro em si mesmo já nem importa mais. O que realmente importa é o caso Pasternak, suscitado pelo Prêmio Nobel que lhe foi atribuído.

Está mais do que evidente que esse foi um prêmio ditado por motivos políticos e não literários. Aconteceu então o que não podia deixar de acontecer: se o prêmio é político e não literário, o assunto teria forçosamente que ser resolvido em termos de política. O resto que se diz por aí é bobagem, confusão, farisaísmo, ou simplesmente raiva antissoviética.

O fato é que os distribuidores do prêmio só se lembraram de Pasternak — cuja atividade literária remonta a mais de quarenta anos — não por sua obra anterior, mas precisamente pelo *Doutor Jivago*, livro que por algum motivo serve à propaganda anticomunista, como tal explorado pela reação ocidental como arma de luta na guerra fria contra os países socialistas, especialmente contra a União Soviética. E por que até hoje, em quarenta anos de existência da União Soviética, jamais se lembraram de conceder o prêmio a outro qualquer escritor soviético? Nunca se lembraram de Górki ou de Aleksei Tolstói, para citar dois entre os mortos. E dos vivos podemos citar, entre outros, Cholokhov ou Tvardovski. Quando se lembraram de um escritor russo, como foi o caso de Bunin, há alguns anos, é porque se tratava, não por acaso, de um escritor antissoviético, que vivia no estrangeiro exatamente por sua posição de inimigo ferrenho do socialismo e do regime soviético.

A campanha antissoviética desencadeada em torno do caso está acesa, mas, como outras muitas, dela restarão apenas as tristes cinzas. O próprio Pasternak botou água na fervura, ao recusar o malfadado prêmio, em termos claros: "Em face da significação que esse prêmio assumiu na comunidade a que pertenço, devo recusar a distinção imerecida que me foi outorgada".

Entretanto, para que reste algo da mal-intencionada agitação já se formulou uma nova "teoria" (na realidade, não tão nova assim) para o comportamento do intelectual — a do "herético solitário". Pasternak é incensado pelos porta-vozes da reação como exemplo e modelo de "herético solitário". Exemplo e modelo não só para lá das fronteiras do mundo socialista, mas, também, para cá, sobretudo para cá. Do lado de cá há muito intelectual "herético", que não topa as belezas do mundo comandado pelo Departamento de Estado e pelo Pentágono. Mas então que se comporte como um "herético solitário", isto é — metido na sua torre de marfim, afastado do povo, longe dos movimentos de massa, impermeável aos apelos da ação coletiva...

Curioso em tudo isso é ver certos intelectuais — tidos, havidos e confessados como "apolíticos" — aproveitarem-se do pretexto para engrossar raivosamente a onda anticomunista e apresentarem-se com ares de paladinos da Democracia, da Liberdade e da Cultura! Fariseus, meros fariseus.

O ensaísta português Antônio Sérgio escreveu certa vez o seguinte:

"Em Portugal, quem mais se incendeia de paixões políticas é sempre o cavalheiro que 'detesta a política'. É ouvi-lo dizer: 'detesto a política', e ficarmos sabendo que se traduz assim: 'adoro a política da reação'."

Boa definição dos fariseus, principalmente dos fariseus mascarados de intelectuais "apolíticos".

*

Não há remédio senão voltar ao caso Pasternak. O que anotei aqui, a semana passada, andou acendendo as iras de certo matutino carioca. Bom sinal: se esse jornal, notoriamente reacionário, obscurantista, jesuítico, não gostou do meu comentário, é porque o meu comentário machucou os seus calos reacionários, obscurantistas, jesuíticos. O que fortalece a minha convicção de que foi comentário sensato, acertado, oportuno.

Seu topiquista supõe que me deixaria confundido citando o caso do Prêmio Internacional Stálin concedido ao escritor americano Howard Fast, há alguns anos. Mas o topiquista mistura alhos com bugalhos. Esse prêmio foi concedido a H. Fast, em 1953, pelo Comitê dos Prêmios Internacionais Stálin "Pelo Fortalecimento da Paz Entre os Povos". Não era um galardão literário, mas um prêmio ao escritor e ao cidadão em reconhecimento do seu trabalho em favor da paz entre os povos. Coisa inteiramente diferente, por sua inspiração e seus objetivos, dos prêmios Nobel de literatura. Como se sabe, prêmio igual ao de Fast foi atribuído a numerosos escritores, artistas, cientistas, líderes políticos, sacerdotes de várias religiões, personalidades ilustres de muitos países capitalistas.

Mas o matutino em questão lembra o Prêmio da Paz caluniosamente chamado de "provocação russa" — para o fim especial de lançar-me em rosto o seguinte: que os Estados Unidos não se opuseram a que H. Fast o recebesse. Meu contendor não sabe o que diz ou, se sabe, pior — porque nesse caso agiu de má-fé, ludibriando vergonhosamente os seus leitores, pois é coisa arquissabida que o Departamento de Estado negou passaporte ao escritor, impossibilitando-o de ir a Moscou para receber o prêmio.

O Prêmio Nobel oferecido a Pasternak, este sim está suficientemente caracterizado como uma "provocação antissoviética". O que se pretendeu com ele foi unicamente fomentar desconfianças e ódios antissoviéticos. O "caso Pasternak" foi deliberadamente montado e explorado como arma de luta ideológica e política contra o socialismo e especialmente contra a União Soviética. É claro que os escritores soviéticos — e o povo soviético em geral — não podiam ficar indiferentes diante de semelhante manobra da reação, que utilizou o *Doutor Jivago* como herói da "guerra fria" dirigida pelo Departamento de Estado. Em defesa da União Soviética e do socialismo, cumpriram o seu dever de socialistas e patriotas — repelindo prontamente as insidiosas intrigas do inimigo.

Supõe ainda o topiquista do órgão reacionário que me deixaria desarvorado com a sua opinião acerca daquilo que ele maliciosamente e jesuiticamente chama de "tortuosidade da lógica bolchevista", e então joga-me em cima estas duas linhas de chumbo: "Tudo que vem de um lado é certo; tudo que vem do outro, é errado". Mas é isso mesmo, meu filho. A esta altura dos acontecimentos históricos, na era da construção do socialismo e da liquidação final do imperialismo, tudo que vem do lado do socialismo é originariamente e intencionalmente certo e tudo que vem do lado da reação imperialista é originariamente e intencionalmente errado.

Se aceitamos isto como um critério justo de julgamento, facilmente identificaremos onde está a verdade em toda essa atoarda desencadeada pelo "caso Pasternak".

*

A época que se estende de 1907 a 1917 foi aquela em que o pensamento irresponsável dominou, em que os escritores russos gozaram "inteira liberdade de criação." Essa liberdade se exprimia pela propaganda das ideias conservadoras da burguesia ocidental, postas em circulação após a Revolução Francesa de 1789 e reanimadas pontualmente após 48 e 71. Proclamou-se então que "a filosofia de Bergson marcava um progresso considerável na história do pensamento humano", que Bergson "havia completado e aprofundado a teoria de Berkeley", que "os sistemas de Kant, de Leibnitz, de Descartes, de Hegel eram sistemas mortos e que acima deles brilhava como um sol a beleza eterna das obras de Platão", o Platão responsável pelos mais nefastos erros do pensamento, isolado este da vida real que se desenvolvia, contínua e diversa, no trabalho e na criação.

D. Mereikovski, escritor influente na época, exclamava:

Venha o que vier, não importa!
Tudo importuna, desde muito,
As três deusas, eternas fiandeiras.
O que foi pó retornará ao pó!

Sologub, adepto de Schopenhauer, discípulo de Baudelaire e dos poetas "malditos", descrevia com uma nitidez notável "o absurdo cósmico da existência do indivíduo", e isto o levava a gemer amargamente em seus versos, sem todavia impedi-lo de viver como bom burguês e de em 1914 ameaçar os alemães com a destruição de Berlim assim que "a neve derretesse nos vales".

Pregava-se "o erotismo na política", "o anarquismo místico". Vassili Rosanov se tornara o campeão do erotismo. Leonid Andreiev escrevia novelas e peças que produziam medo e pavor, Artsybachev escolhera para herói de romance um libidinoso bode de calças.

Em suma, a década que se estende de 1907 a 1917 merece efetivamente a denominação de época a mais vergonhosa e triste da história intelectual russa. Nossos intelectuais democratas haviam sofrido menos provações históricas do que seus confrades do Ocidente; assim, a sua decomposição "moral", o seu empobrecimento intelectual foram mais rápidos. Isso entretanto é um fenômeno comum à pequena burguesia de todos os países e inevitável nos intelectuais que não encontram em si mesmos a força que os ligue resolutamente às fileiras do proletariado, cuja missão histórica consiste em transformar o mundo, em benefício de todos os homens que exercem um trabalho honesto.

As palavras acima, colocadas entre aspas, são traduzidas do relatório que Máksim Górki proferiu, há mais de vinte anos, perante o 1º Congresso de Escritores Soviéticos. Pareceu-me interessante divulgá-las neste momento, quando ainda está quente o caso Pasternak. A formação de Pasternak data precisamente da década de 1907 a 1917 — e não será talvez difícil encontrar aí os germes malsãos que viriam a produzir o *Doutor Jivago*, esse herói do individualismo exacerbado, que a reação mundial converteu, habilmente, em arma da guerra fria contra o socialismo e a União Soviética.

*

O caso Pasternak está rendendo. Rendendo inclusive renda propriamente dita. Os comandantes da guerra fria exploraram o *Doutor Jivago* a fundo, politicamente, transformando-o da noite para o dia em "herói" do mundo ocidental. Agora são os negocistas de todas as guerras, sob a forma de empresários editoriais e jornalísticos, que fazem polpudos e escusos negócios com o *Doutor Jivago*, publicando-o na imprensa e em livro, com escandalosa publicidade. Matam dois coelhos da mesma cajadada: servindo aos objetivos antissoviéticos da guerra fria e enchendo a própria burra particular. Viva o mundo da "livre empresa"! Viva a "liberdade" de explorar — de explorar tudo, de fazer dinheiro de tudo, até da lama da traição!

Sua alma, sua palma: os paladinos do "mundo livre" são precisamente esses senhores de almas azinhavradas, sedentos e famintos de pecúnia, farejadores de milhões, caçadores de lucros. E o que é muito curioso no caso do *Doutor Jivago* é que imprimem e divulgam o livro, já agora à revelia do autor, sem lhe pagarem direitos autorais, ou seja, em última instância, roubando-o. Tudo segundo as regras dominantes no ocidental mundo da "livre empresa", isto é, da livre pirataria.

Repito que não li ainda o *Doutor Jivago* e nada direi do livro enquanto não o tiver lido. Mas não tenho pressa. Não estou açodado, como certas pessoas do meu conhecimento, em penetrar num ambiente — ao que estou informado — de exacerbação individualista, restos podres do regime liquidado em 1917, em que viveu a triste criatura inadaptada — e parece que ainda vive até hoje o seu criador, não menos triste, nem menos inadaptado. Os corvejadores de podridões que se regalem. Questão afinal de afinidades mentais e morais.

Mas há certas opiniões já assentadas — e insuspeitíssimas — sobre o *Doutor Jivago* que confirmam plenamente o que há de chantagem na atribuição do Prêmio Nobel a Pasternak. Vejamos algumas.

O *Het Parool*, jornal burguês da Holanda, vê no romance "afetação, desalinho literário, simbolismo forçado e prolífera utilização de personagens".

O crítico alemão Gustavo Herling escreveu na revista *Merkur*, da Alemanha Ocidental, o seguinte: "Não se pode considerar o romance de Pasternak uma obra bem-feita, sua construção é caótica e nela pululam figuras de psicologia mal esboçada".

André Roussaux, conhecido crítico francês, opina: "Parece-me que o realismo de Pasternak [...] confina com o banal e até com o naturalismo vulgar. Como quer que seja, não se percebe nele a força irresistível que se apodera de nós ao lermos uma grande obra [...]".

O professor Vladimir Nabokov, escritor russo naturalizado norte-americano, afirma que "Pasternak, como poeta, é grande; como romancista, é medíocre".

O semanário francês *Arts*, tão divulgado na França quanto no estrangeiro, botou as coisas em pratos limpos, ao tratar do prêmio concedido a Pasternak: "Mais por sua importância política do que por sua importância literária é que se colocou o *Doutor Jivago* no primeiro plano".

Enquanto isso, há aí alguns indivíduos, ditos até de "esquerda", que estão babando de gozo com as aventuras contrarrevolucionárias do empedernido individualista *Doutor Jivago*. Mas é fácil verificar que se trata apenas de baba antissoviética.

É claro que as pessoas de boa-fé não se deixam levar nem empulhar pelo furioso tam-tam da publicidade — e buscam honradamente inteirar-se da verdade sobre o caso. A carta dirigida a Pasternak pela redação da revista *Novy Mir*, em 1956, na qual se analisa o romance e se apresentam as razões por que foi recusada a sua publicação, constitui o documento básico da questão. Sua divulgação, em folheto dado a lume pela editora Brasiliense[1], vem pôr à disposição do público esse documento indispensável ao exato conhecimento do assunto.

*

Morreu Pasternak, e sua morte fez avivar na imprensa reacionária a lembrança do "caso" suscitado pelo contrabando editorial do *Doutor Jivago*, proeza praticada por empresas capitalistas do mundo ocidental, cristão e decadente, sob o alto patrocínio do Prêmio Nobel.

Tivemos ocasião de tratar do assunto, aqui mesmo, e desde o início fizemos ver que o "caso literário" do *Doutor Jivago* era uma coisa e outra coisa o "caso político" do Prêmio Nobel concedido a Pasternak. É certo que não havia separação estanque entre um caso e outro; mas não é menos certo que, em dado momento, sua feição "política" degenerou e distanciou-se de sua feição "literária" — e distanciou-se por vias tortuosas, maliciosas, dolosas. Do ponto de vista editorial soviético, o romance fora colocado em termos corretos e amistosos pela redação da revista *Novy Mir*. E é claro que nesses termos a questão podia ser resolvida a contento de ambas as partes. Desde, porém, que Pasternak, de boa ou de má-fé, forneceu os originais do livro a uma editora capitalista estrangeira, e que esta última, a serviço da reação mundial, colocou o *Doutor Jivago* em termos de provocação política antissoviética — aí a coisa mudou de figura, tomando aspecto essencialmente político, e teve então de ser resolvida politicamente. Tudo isso é claro como água limpa.

---

[1] *O caso Pasternak e sua explicação*, São Paulo, Brasiliense, 1959. Contém os seguintes documentos: 1) "Carta dos editores de *Novy Mir* rejeitando o *Dr. Jivago*"; 2) "O *Pravda* analisa a atribuição do prêmio Nobel a Pasternak"; 3) "Pasternak e a União de Escritores da URSS".

O objetivo da reação, ao agitar com tamanha fúria o "caso" Pasternak, consistia precisamente em turvar a água para os seus fins de provocação antissoviética, tudo dentro do esquema da guerra fria dirigida pelo Departamento de Estado. Seus estrategistas, através de seus agentes no mundo capitalista, esbaldaram-se então na exploração anticomunista do "caso".

Mas o tempo passou, o *Doutor Jivago* foi esquecido e Pasternak, recolhido à sua vila nos arredores de Moscou, ficou a moer e remoer na solidão, melancolicamente, a amarga experiência que seus amigos e confrades do mundo antissoviético lhe propinaram sob a forma de Prêmio Nobel.

Agora, com a morte do escritor, tentam os porta-vozes da reação reavivar o "caso". Envenenaram seus últimos anos de vida; ajudaram o câncer a matá-lo; tentam ainda explorar o seu cadáver.

O Globo, por exemplo. *O Globo*, jornal americano em língua portuguesa, órgão escrachado do entreguismo e do anticomunismo, teria necessariamente de participar do coro fúnebre da difamação entoado sobre o túmulo do *Dr. Jivago*. O comendador Marinho chorou como carpideira de ofício.

Junto com as lágrimas de crocodilo, o vespertino marinho deixou pingar, sobre os leitores incautos, algumas gotas concentradas da mais presunçosa imbecilidade literária que é possível imaginar. Lê-se, com efeito, no seu elegíaco editorial consagrado ao morto, que Pasternak foi nada menos que — "um Tolstói singularmente dinamizado por uma consciência massacrada de Kafka". Ou então que Pasternak foi — "um Górki pré-revolucionário".

Eis aí um exemplo da coisa que se transforma dialeticamente no seu contrário: o elogio fúnebre, mercê da carga bestialógica do seu conteúdo, virando pesado castigo *post-mortem*.

Não há *Dr. Jivago* que possa sobreviver a tamanhos despautérios literários. *O Globo*, chorando o defunto Pasternak, afogou em óleo Esso a sua triste glória jivaguiana.

(1958/1959)

Apêndice

Astrojildo Pereira em uma rua de São Paulo, nos anos 1930.
Arquivo ASMOB/IAP/CEDEM.

ASTROJILDO PEREIRA (1890-1965)[1]

Se estivesse vivo, como Astrojildo Pereira estaria reagindo à crise do socialismo? Como encararia os acontecimentos da Europa Oriental? Qual seria a sua reação diante da imagem mostrada na televisão do guindaste que removeu a imensa estátua de Lênin?

Nascido em 1890, na cidade de Rio Bonito, no estado do Rio de Janeiro, Astrojildo estaria completando um século de vida. E estaria vendo coisas que nem em seus piores pesadelos podia ter imaginado.

Imagino o constrangimento, a perplexidade do sereno e discreto fundador do Partido Comunista do Brasil. Relembro seu vulto franzino, já velhinho, pouco antes de morrer, usando uma boina escura para proteger a calva. Revejo a expressão suave, mas teimosa do seu olhar, acostumado a enfrentar todos os tipos de tempestade. E torno a me perguntar: o que ele acharia dessa tempestade de agora?

Infelizmente, Astrojildo não está presente entre nós, no momento em que transcorre o seu centenário. Não podemos saber o que ele faria, o que ele diria.

Quando penso no vigor da sua fé, entretanto, sinto-me tentado a assegurar que o veterano lutador reiteraria sua confiança absoluta na causa a que servia. Tenho a impressão de que talvez dissesse: "O socialismo está morto? Então, viva o socialismo!".

---

[1] Esse texto foi publicado originalmente em Leandro Konder, *Intelectuais brasileiros & marxismo* (Belo Horizonte, Oficina de Livros, 1991).

Astrojildo Pereira não nasceu socialista (ao contrário do que poderia parecer aos que o conheceram mais tarde e que ficavam impressionados com a total adesão do homem às concepções de Marx e Lênin). Astrojildo *tornou-se* socialista.

Antes de assimilar o "marxismo-leninismo", foi um moço rebelde, inquieto e meio moleque, dividido, cheio de dúvidas, que pensou em se tornar frade, mas ao mesmo tempo (no Colégio Anchieta, de Nova Friburgo) redigia um jornalzinho pornográfico clandestino.

Abandonou o curso ginasial no terceiro ano, tornou-se antimilitarista, republicano e democrata radical. Com o fracasso da campanha civilista de Rui Barbosa, com a repressão desencadeada contra a revolta do marinheiro João Cândido e com o fuzilamento do pedagogo Ferrer, na Espanha, Astrojildo foi levado a radicalizar suas posições e passou a se interessar pelas ideias anarquistas.

Em 1911, partiu num navio, como passageiro de terceira classe, para a Europa, de onde regressou com uma mala cheia de livros de Kropótkin, Malatesta, Grave, Faure, Hamon e Bakunin. E a partir de então se dedicou à difusão do anarquismo em regime de tempo integral.

Trabalhou em vários dos pequenos jornais que constituíram a "imprensa alternativa" da época: *A Voz do Trabalhador, Guerra Social, Spártacus, O Cosmopolita* e outros. Para suprir a falta de colaboradores, desdobrou-se em numerosos pseudônimos, tais como Aurélio Corvino, Pedro Sambê, Tristão, Cunhambebe, Alex Pavel, Astper, etc. Chegou até a polemizar consigo mesmo, usando os colaboradores que tinha inventado para animar as publicações, tornando-as mais interessantes.

De 1918 a 1921, o anarquismo viveu um período de crise interna. Astrojildo, inicialmente, defendeu com paixão os ideais ácratas, definindo-se como "um intransigente libertário". Ganhou um prêmio em dinheiro na loteria e fez uma doação de vários contos de réis para o jornal anarquista *A Voz do Povo*.

Pouco a pouco, porém, o anarquista convicto passou a rever as teorias que serviam de base às suas convicções políticas e filosóficas. Sob o impacto das consequências da revolução leninista em escala mundial, fascinado pelo que estava acontecendo no recém-fundado Estado bolchevista, acabou aderindo ao comunismo e participou decisivamente da preparação da criação do Partido Comunista do Brasil, em 1922.

A opção de Astrojildo Pereira pelo comunismo deixou mágoas profundas em alguns dos companheiros anarquistas que não o acompanharam. Em José Oiticica, por exemplo, tais mágoas ainda estavam vivas em 1956, quanto ele se referiu, num artigo, aos danos causados ao movimento anarquista pela "intromissão sorrateira, venenosa, nefasta, do bolchevismo, operada, sem nenhuma ciência minha nem dos militantes anarquistas mais conscientes, pela cavilação manhosa de Astrojildo Pereira".

Oiticica, evidentemente, subestimava os diversos outros anarquistas que se tornaram comunistas, considerando-os demasiadamente influenciáveis, desprovidos de motivações próprias. Em certo sentido, porém, o combativo intelectual anarquista também estava prestando uma homenagem a Astrojildo, quando atribuía à sua influência pioneira o esvaziamento do anarquismo em 1921-1922. O próprio Astrojildo, com sua natural modéstia, jamais se atribuiria um papel tão destacado.

Astrojildo sempre primou pela discrição, pela modéstia. Quando o PCB foi fundado, a maioria dos comunistas já o reconheciam como líder. Mas ele preferiu ficar em segundo plano e apoiou Abílio de Nequete para o posto de secretário-geral (e só assumiu o comando da agremiação quando Nequete renunciou, poucos meses depois).

Heitor Ferreira Lima, que o conheceu em 1923, descreveu-o mais tarde, com simpatia: "Calmo, sério, falando sem pressa, tinha prosa agradável e variada. Jovial e simples, apreciava anedotas, bebendo às vezes cerveja, nos encontros de cafés com os companheiros".

Polemizou com ex-companheiros de militância anarquista e se esforçou para levar o Partido Comunista do Brasil a ser oficialmente reconhecido pela Internacional Comunista (reconhecimento necessário para lhe assegurar a sobrevivência).

Ao longo dos anos 1920, foi gradualmente esboçando na orientação política do seu partido um movimento capaz de tirá-lo do isolamento, capaz de lhe permitir pôr em prática uma política de alianças um pouco menos estreita do que aquela que vinha sendo seguida. Fez um acordo com o professor positivista Leônidas de Rezende para que os comunistas utilizassem o jornal diário *A Nação* em seu trabalho de propaganda. Organizou o Bloco Operário e Camponês (BOC) para participar das eleições. E procurou Luiz Carlos Prestes na Bolívia, levando-lhe literatura comunista, para tentar atrair o comandante da "Coluna Invicta".

Num dado momento, a vinculação com a Internacional Comunista, que na cabeça de Astrojildo garantia a sobrevivência ao PCB, começou a ser uma fonte de graves transtornos: um emissário da Internacional, o lituano August Guralski, foi para o Uruguai e de lá passou a "enquadrar" os comunistas brasileiros. Astrojildo foi chamado a Montevidéu para uma reunião, levou um pito, foi obrigado a dissolver o Bloco Operário e Camponês; em novembro de 1930, foi destituído de seu posto e mandado para São Paulo: deram-lhe uma chance de se "reabilitar", atuando nas bases do partido.

Por fim, em 1931, depois de muita humilhação, Astrojildo se retraiu, afastou-se do partido que tinha fundado. Não abandonou em nenhum momento seus princípios e suas convicções, porém deixou de ter militância. Foi um tempo triste e sombrio para ele. Felizmente, a vida lhe proporcionou um consolo: casou-se com aquela que viria a ser a sua companheira até o final da sua vida, d. Inês, filha de Everardo Dias, autor da *História das lutas sociais no Brasil*.

Nos anos 1930, Astrojildo trabalhou numa empresa dedicada ao comércio de bananas e arranjou tempo para se dedicar a uma velha paixão: a literatura. Quando tinha dezoito anos, Astrojildo soube que Machado de Assis estava morrendo. Resolveu visitar o grande escritor, a quem dedicava uma admiração enorme. Chegou, foi conduzido ao leito do agonizante.

Não disse nada: se ajoelhou e beijou a mão do mestre. Depois, se levantou e saiu, em silêncio. Euclides da Cunha, que relatou o episódio, comentou: "Naquele meio segundo — no meio segundo em que ele estreitou o peito moribundo de Machado de Assis, aquele menino foi o maior homem de sua terra"[2].

Nos anos 1930, Astrojildo escreveu sobre Machado de Assis, lembrou que ele era não só o mais universal dos nossos escritores como também o mais verdadeiramente nacional dos nossos romancistas. Recordou a frase de Machado sobre José de Alencar, dizendo que havia nele "um modo de ver e de sentir que dá a nota íntima da nacionalidade". E observou, com argúcia, que essas palavras se aplicavam mais ao próprio Machado. Hoje, essa interpretação de Machado é a que vem prevalecendo entre os melhores críticos; nos anos 1930, porém, Astrojildo a defendia remando contra a maré.

Astrojildo nunca pôde desenvolver uma concepção especificamente *estética* a partir do marxismo: em geral, limitou-se a empregar as ideias de Marx no âmbito limitado de uma *sociologia da literatura*. Tendia a salientar nas obras, unilateralmente, o valor de documentos históricos. Não discutia os problemas do universo ficcional, a criação da fantasia no texto. Apesar dessa limitação da sua aparelhagem teórica, entretanto, o bom senso e o bom gosto o ajudavam a distinguir, na arte literária, o que era realmente bom e o que era ruim. Assinalou os limites artísticos de Joaquim Manuel de Macedo. Reconheceu as qualidades literárias de *Policarpo Quaresma*, de Lima Barreto. E saudou com admiração o aparecimento de *Vidas secas*, de Graciliano Ramos, em 1938.

Em 1945, teve participação destacada nos trabalhos do 1º Congresso Brasileiro de Escritores, que exigiu as liberdades democráticas que vinham sendo negadas pela ditadura de Getúlio Vargas. Depois, pediu seu reingresso no Partido Comunista, que o aceitou de volta, mas lhe impôs uma autocrítica dolorosa e injustificada.

[2] *Jornal do Comércio*, 30 set. 1908.

Adaptou-se às características da atividade política do PCB, como ele mesmo admitiria mais tarde, deixou de lado seu espírito crítico e praticou o culto da personalidade de Stálin e de Prestes.

Com a "desestalinização" de 1956, contudo, reanimou-se e retomou a reflexão, o exame das complicações que a vida estava criando. Insurgiu-se contra as esquematizações simplistas e sectárias. Retornou ao seu caríssimo Machado de Assis e lhe dedicou alguns ensaios reunidos no livro *Machado de Assis: ensaios e apontamentos avulsos*, lançado em 1959 pela Livraria Editora São José.

Depois de sua volta ao PCB, Astrojildo dirigiu a revista *Literatura* (1946-1848) e a revista *Estudos Sociais* (1958-1964). E publicou o livro *Formação do PCB*, que veio a ser severamente criticado por seu antigo companheiro de partido, Octávio Brandão.

A pendenga era antiga. Mesmo quando atuaram politicamente juntos, Astrojildo Pereira e Octávio Brandão sempre foram personalidades radicalmente diversas. Astrojildo era discreto, aberto ao diálogo, sensível às sutilezas e complexidades da realidade humana; era jovial, cordato, acessível, indulgente. Octávio Brandão era um asceta, carismático, presunçoso, ostentava uma cultura que nunca chegou efetivamente a dominar; simplificava tudo, falava como se fosse o dono da revolução e era drástico em seus juízos. Enquanto Astrojildo admirava Machado de Assis, Octávio Brandão o desprezava e escreveu sobre ele um livro sintomaticamente intitulado *O niilista Machado de Assis* (Ed. Organização Simões Editora, 1958), condenando o nosso maior escritor porque, tendo vivido na época de Marx e Engels, ignorou os ensinamentos dos fundadores do "socialismo científico"...

O golpe de 1º de abril de 1964 surpreendeu Astrojildo em sua casa, na rua do Bispo, 151 (número X), no Rio Comprido, no Rio de Janeiro. Ele teve de sair de casa e de mergulhar na clandestinidade. Depois de uns poucos meses, contudo, a vida clandestina lhe pareceu sem sentido: apresentou-se voluntariamente ao comandante de um dos IPMs em que era indiciado. Foi preso e submetido a longos interrogatórios, pautados pela idiotice daquilo que o humorista Stanislaw Ponte Preta chamou de Febeapá (Festival de Besteira que Assola o País). Fizeram-lhe uma porção de perguntas sobre a fundação do PCB, sobre os anos 1920, sobre o período em que fora secretário-geral do PCB. Em janeiro de 1965 (poucos meses antes do seu falecimento), os carcereiros o soltaram. E ele comentou, com sutil ironia, o comportamento daqueles que o tinham detido: "São pesquisadores de um novo tipo. Colocam no xadrez as fontes de informações históricas".

Leandro Konder
24/4/1990

Astrojildo Pereira em sua casa na rua do Bispo, Rio de Janeiro.
Acervo ASMOB/IAP/CEDEM.

SOBRE O AUTOR

Astrojildo Pereira Duarte Silva nasceu em Rio Bonito, no estado do Rio de Janeiro, no dia 8 de outubro de 1890. Filho de uma família de comerciantes e políticos locais, fez seus primeiros estudos no tradicional Colégio Anchieta, em Nova Friburgo, e no Colégio Abílio, em Niterói. Cultivou desde a juventude interesse pela literatura e especialmente por Machado de Assis (1839-1908). Em 1908, sabendo da gravidade do estado de saúde do Bruxo do Cosme Velho, o visitou em seu leito de morte. O encontro foi imortalizado pelo texto de Euclides da Cunha (1866-1909) "A última visita". No mesmo ano, Astrojildo abandonou a educação formal e assumiu-se ateu, antimilitarista, republicano e democrata radical. Participou, em 1910, da campanha civilista do presidenciável Rui Barbosa, enquanto trabalhava como tipógrafo na capital da República.

Desiludiu-se rapidamente com o projeto liberal radical e em 1911 fez uma viagem à Europa ocidental, onde travou contato com os ideais anarquistas. Retornou ao Rio de Janeiro convencido de que deveria se engajar nas lutas operárias. Nos anos seguintes, esteve plenamente vinculado ao movimento anarquista, escrevendo para jornais como *A Voz do Trabalhador, Guerra Social, Spártacus, Germinal* e *O Cosmopolita*. Contribuiu também para a construção do II Congresso Operário Brasileiro, realizado em 1913, e da Central Operária Brasileira (COB). A partir de 1917, tomou parte nas greves gerais que agitaram diversas capitais brasileiras. Escreveu em 1918 um panfleto para defender a Revolução Russa intitulado "A Revolução Russa e a imprensa", utilizando o pseudônimo Alex Pavel[1].

Entre 1919 e 1921, afastou-se do anarquismo e aproximou-se dos ideais comunistas, fascinado com a Revolução Russa. Estava plenamente convencido de que deveria criar um partido comunista no Brasil. Organizou e viabilizou a realização do congresso de fundação do Partido Comunista do Brasil (PCB) em março de 1922. Após a desistência de um companheiro de legenda, assumiu a posição de secretário-geral. Ao longo dos anos 1920, foi uma das principais lideranças do partido, juntamente com Octávio Brandão, Paulo de Lacerda e outros. Fez repetidas viagens à União das Repúblicas Socialistas Soviéticas (URSS) naquela década. Em 1927, foi para a Bolívia encontrar-se com Luiz Carlos Prestes (1898-1990), buscando trazer o tenente para o partido. Começou a ter sua liderança questionada em 1929, sendo expulso do partido no ano seguinte.

Casou-se com Inês Dias no princípio dos anos 1930, ao mesmo tempo que se engajava na luta contra o Integralismo. Publicou o seu primeiro livro, *URSS Itália Brasil*, no fim de 1935. Nessa obra, reuniu uma série de textos, lançados originalmente na imprensa entre 1929 e 1934, em que divulgara e defendera as ideias comunistas. Na segunda metade da década, permaneceu afastado da política. Sobreviveu como vendedor de bananas e concentrou-se nos seus estudos literários sobre Machado de Assis, Lima Barreto (1881-1922) e outros autores. Essas investigações resultaram em seu segundo livro, *Interpretações*, editado em 1944.

Prestigiado como crítico literário após a publicação de *Interpretações*, participou do I Congresso Brasileiro de Escritores em janeiro de 1945 como representante do Rio de Janeiro. O evento exigiu a retomada das liberdades democráticas no país, ao questionar a ditadura do Estado Novo (1937-1945). Com a legalização do Partido Comunista em maio de 1945,

---

[1] Publicado como apêndice no livro *Formação do PCB* da presente coleção (São Paulo/Brasília, Boitempo/Fundação Astrojildo Pereira, 2022).

Astrojildo solicitou o seu retorno à legenda. Foi aceito com a imposição de uma humilhante autocrítica pública. Retomou suas atividades políticas a partir desse ano. Em 1946, esteve presente na III Conferência Nacional do PCB, sendo indicado como membro suplente do Comitê Central. Candidatou-se sem sucesso a vereador pela capital carioca em 1947. Coordenou a revista *Literatura* entre 1946 e 1948 e escreveu regularmente para jornais comunistas como *A Classe Operária* e *Voz Operária*.

Na década de 1950, não ocupou nenhum cargo no Comitê Central, nem mesmo na suplência. Atuou no setor cultural, colaborando na imprensa. Coordenou de 1958 a 1964 a revista *Estudos Sociais*, publicação que ajudou a formar importantes intelectuais, como Carlos Nelson Coutinho (1943-2012) e Leandro Konder (1936-2014). Em 1959, lançou o seu terceiro livro, *Machado de Assis*, reunindo seus principais escritos sobre o fundador da Academia Brasileira de Letras (ABL).

Em 1962, publicou *Formação do PCB*. Escrita para as comemorações dos quarenta anos da fundação do partido, a obra reconstitui historicamente o processo de criação da legenda. No ano seguinte, lançou seu último livro, *Crítica impura*, com textos de crítica literária. Foi preso em outubro de 1964, cerca de seis meses após o golpe militar. Permaneceu encarcerado até janeiro de 1965, período em que sua saúde debilitou-se profundamente. Faleceu em 10 de novembro de 1965, aos 75 anos.

Capa da primeira edição de *Crítica impura*
lançada pela editora Civilização Brasileira em 1963.

Publicado em março de 2022, cem anos após a fundação do Partido Comunista do Brasil (PCB), este livro foi composto em Adobe Garamond Pro, corpo 11/15,4, e impresso pela gráfica Rettec, para a Boitempo e para a Fundação Astrojildo Pereira, com tiragem de 2.500 exemplares.